长江经济带绿色创新发展指数报告（2023）

庄毓敏 等◎编著

中国财富出版社有限公司

图书在版编目（CIP）数据

长江经济带绿色创新发展指数报告. 2023 / 庄毓敏等编著. -- 北京：中国财富出版社有限公司，2024. 11. -- ISBN 978-7-5047-8258-8

Ⅰ. F127.5

中国国家版本馆 CIP 数据核字第 2024FN4741 号

策划编辑	李彩琴	**责任编辑**	孟　婷	**版权编辑**	武　玥
责任印制	荀　宁	**责任校对**	孙丽丽	**责任发行**	于　宁

出版发行	中国财富出版社有限公司		
社　　址	北京市丰台区南四环西路 188 号 5 区 20 楼	**邮政编码**	100070
电　　话	010－52227588 转 2098（发行部）		010－52227588 转 321（总编室）
	010－52227566（24 小时读者服务）		010－52227588 转 305（质检部）
网　　址	http：//www. cfpress. com. cn	**排　　版**	宝蕾元
经　　销	新华书店	**印　　刷**	北京九州迅驰传媒文化有限公司
书　　号	ISBN 978-7-5047-8258-8/F · 3835		
开　　本	710mm×1000mm　1/16	**版　　次**	2025 年 8 月第 1 版
印　　张	14. 25	**印　　次**	2025 年 8 月第 1 次印刷
字　　数	226 千字	**定　　价**	88. 00 元

编　委　会

前　言

推动长江经济带发展是党中央作出的重大决策，是关系国家发展全局的重大战略。自2016年《长江经济带发展规划纲要》正式印发，习近平总书记先后三次召开座谈会，为长江经济带发展谋篇布局、把脉定向。2018年，中共中央、国务院明确要求充分发挥长江经济带横跨东中西三大板块的区位优势，以生态优先、绿色发展为引领，推动长江上中下游地区协调发展和沿江地区高质量发展。2023年，习近平总书记在参加第十四届全国人民代表大会第一次会议时强调："要完整、准确、全面贯彻新发展理念，加快构建新发展格局，深入实施科教兴国战略、人才强国战略、创新驱动发展战略……推动经济社会发展绿色化、低碳化，推动经济实现质的有效提升和量的合理增长，不断壮大我国经济实力、科技实力、综合国力。"2023年10月12日，习近平总书记在南昌主持召开进一步推动长江经济带高质量发展座谈会，强调"要完整、准确、全面贯彻新发展理念，坚持共抓大保护、不搞大开发，坚持生态优先、绿色发展，以科技创新为引领，统筹推进生态环境保护和经济社会发展……进一步推动长江经济带高质量发展，更好支撑和服务中国式现代化"。

为深入贯彻落实习近平总书记对长江经济带发展的系列重要指示精神，紧密围绕"绿色转型""创新驱动"的理念，强调绿色发展与创新发展的融合关系，本报告系统分析、综合评价长江经济带110个城市绿色创新发展现状及竞争力。通过对比分析各城市绿色创新发展政策与实践，科学构建多维度指标评价体系，动态反映各城市在绿色创新投入、绿色创新产出方面取得的成效，综合衡量长江经济带110个城市的绿色创新发展水平。本报告的研究成果有利于长江经济带各城市更好地把脉绿色创新质量，找准发展中存在的主要短板和突出问题，对标先进城市，见贤思齐，为长江经济带全流域绿色创新发展提供准确数据参考和科学决策依据。

本报告从绿色、创新概念和基础理论出发，阐述了构建指数的理论框架、基本原则和方法。通过归纳总结国内外相关指数的编制经验，遵循科学性、系统性、可比性原则选取指标，运用“投入—产出”分析框架，从绿色创新投入和绿色创新产出两大维度构建指标体系，全面评价长江经济带城市的创新驱动和绿色发展情况。其中，绿色创新投入维度（指数）包含创新制度、研发投入、创新基础、创新转化 4 个二级指标，绿色创新产出维度（指数）包含创造产出、绿色经济、生态环境、健康生活 4 个二级指标。运用二阶验证性因子分析模型，基于标准化因子载荷计算指标权数，通过科学的指数编制方法，测算出 2017—2021 年长江经济带 110 个城市的绿色创新发展指数。

与其他指数相比，绿色创新发展指数有四大创新和亮点：一是在每一个维度、每一个二级指标设计中将创新驱动和绿色发展深度融合；二是在绿色创新投入指数中引入了创新转化指标，突出创新驱动的成效；三是绿色创新产出指数下的 4 个二级指标在逻辑上层层递进，体现了绿色创新发展的协同性；四是多层次展现各城市绿色创新发展水平，方便不同区位、不同规模的城市相互学习和比较。报告除了对长江经济带 110 个城市进行整体比较分析，还按照长江上中下游以及城市性质两个维度，分组对比与分析。本报告可以为新时期长江经济带高质量发展提供一个新的抓手，为政府绩效考核提供一个新的评价指标，同时对各城市的债务评级提供新的参考工具，具有较大的实用价值。

根据长江经济带绿色创新发展指数（本报告中简称绿色创新发展指数）测算，2017—2021 年上海稳居长江经济带绿色创新发展榜首，南京、杭州、武汉、苏州、长沙、合肥、成都 7 个城市稳居长江经济带十强。按照长江上中下游城市来划分，33 个上游城市各年度十强排名大致稳定，成都绿色创新发展持续稳居榜首，重庆、昆明、贵阳、绵阳、遵义、宜宾、雅安 7 个城市稳居长江经济带上游城市十强，攀枝花作为后起之秀，2021年在上游内部排名大幅提升；中游的36个城市中，武汉稳居第一且在创新制度、创新基础和创新转化以及创造产出指标上领跑中游地区甚至整个长江经济带地区，长沙、湘潭、株洲、南昌、十堰、宜昌6个城市绿色创新发展步伐较稳，在中游地区保持前十；41个下游城市各年度十强排名较为稳定，上海高分问鼎，南京、杭州、苏州、合肥、宁波、无锡和绍兴7个城市稳居前十，芜湖发展迅速，排名首次进入下游前十。按照城市性质进行分组的结果来看，直辖市及省会（含副省级）城市各年度排名基本稳定，上海持续强势霸榜，杭州在绿色创新产出方面维持了2020年佳绩，保持排名第一；其他城市中，苏州排名相对稳定，其余十强城市有较大波动。

报告还从8个子指标维度，分别介绍了排名前十城市的先进经验。在创新制度方面，上海、南京、武汉出类拔萃，均配套完善的绿色创新制度体系，辅以大力宣传绿色创新发展，带动绿色产业发展；在研发投入方面，湘潭、娄底、衡阳表现突出，各类研究机构推进技术攻关，放大研发投入乘数效应；在创新基础方面，武汉、成都、重庆成绩斐然，加快数字化基础设施建设，搭建新城建智慧运营体系，为高质量发展添砖加瓦；在创新转化方面，上海、苏州、成都遥遥领先，重视高企、小微企业等创新型市场主体发展，完善创新转化服务体系；在创造产出方面，南京、杭州、上海首屈一指，发展数字基础设施，抢占人工智能创新高地，积极发挥人才优势；在绿色经济方面，扬州、镇江、泰州位列前三，加快推动传统产业进行绿色化改造和技术升级，因地制宜促进产业绿色发展；在生态环境方面，黄山、丽水、赣州名列前茅，注重生物多样性保护，推进生态保护和修复，筑牢生态安全屏障；在健康生活方面，杭州、南京、上海领跑全国，建设数字化健康管理系统，构建“全生命周期”健康服务体系。

最后，本报告针对长江经济带各城市在绿色创新投入及产出中存在的共性问题和突出短板，汲取优秀城市经验，促进区域协调发展，提出了以下5条政策建议：一是坚持加强政策引领，促进企业成长为创新重要发源地；二是鼓励企业加大研发投入，加快科技自立自强；三是提升知识产权公共服务效能，激发企业自主创新活力；四是建设高水平科技人才队伍，提供科技创新动力源；五是加强专利链与产业链融合，促进科技成果转化。

庄毓敏

2025 年 3 月

目　录

1 绿色创新发展指数概况

绿色创新发展指数由2个一级指标（子指数）、8个二级指标和25个三级指标构成，全面评价了长江经济带110个城市的创新驱动和绿色发展情况。

1.1 长江经济带城市整体分析

长江经济带覆盖上海、江苏、浙江等沿江11个省市，横跨中国东、中、西三大区域，是中央重点实施的“三大战略”之一，是具有全球影响力的内河经济带、东中西互动合作的协调发展带、沿海沿江沿边全面推进的对内对外开放带，也是生态文明建设的先行示范带。推动长江经济带发展，是以习近平同志为核心的党中央作出的重大决策，是关系国家发展全局的重大战略，对实现“两个一百年”奋斗目标、实现中华民族伟大复兴的中国梦具有重要意义。习近平总书记强调，要坚定不移贯彻创新、协调、绿色、开放、共享的新发展理念，推动长江经济带高质量发展，使长江经济带成为我国生态优先绿色发展主战场、畅通国内国际双循环主动脉、引领经济高质量发展主力军。本报告深入贯彻落实习近平生态文明思想和对长江经济带发展的系列重要指示精神，紧密围绕“以绿色带动创新，以创新促进绿色”的理念，强调绿色发展与创新发展的融合关系，系统分析了长江经济带110个城市绿色创新发展竞争力，对比分析了各城市绿色创新发展政策与实践，通过科学构建指标评价体系、开展各级指标数据分析，动态反映各城市在污染治理、生态修复、绿色创新融合发展等方面取得的成效，科学衡量长江经济带110个城市的绿色创新发展水平。

总体来看，十强城市各年度排名基本稳定，从总指数得分和子指数动态发展来看，一些城市绿色创新驱动更强劲、绿色发展成效更显著。具体来看：

2021 年，总排名前十的城市依次为上海、南京、杭州、武汉、苏州、合肥、成都、长沙、重庆、宁波。

上海、南京、杭州、武汉五年来保持强势领先地位，依托较好的发展基础引领长江经济带绿色创新发展。2017—2021 年，上海创新制度和创新转化指标始终排名第一，领先优势明显。上海构建了完善的绿色创新政策系统，并且在绿色创新制度宣传方面表现出色，同时创新转化能力高居榜首，领先优势十分明显。南京在 2017—2019 年稳居第二，2020 年小幅下降至第三又于 2021 年回升至第二。南京创新制度指标得分稳定居于前位，绿色创新政策卓有成效，同时创造产出指标得分也表现优异，其秉持“共创、共享、共赢”的理念，助力科技自立自强和产业质效提升。杭州在 2017—2019 年排名稳居第三，2020 年小幅下滑至第四，2021 年又回升至第三。杭州绿色创新制度宣传有力，绿色创新政策执行到位，在健康生活方面领跑全国，不断加快构建全生命周期服务体系，公共卫生保障与监测能力不断提升。武汉排名相对稳定，2017—2019 年排名第四，2020 年首次位列第二，2021 年又回到第四。武汉加快数字化基础设施建设，搭建新城建智慧运营体系，其在创新制度、创新基础等指标上领跑长江经济带。

成都、苏州、合肥、长沙排名稳定，发挥自身特长，稳固已有优势，探索出具有城市特色的绿色创新发展之路。成都在创新基础方面一直强势领先，科学构建超大城市立体交通体系，并推进高水平新型基础设施布局，建设践行新发展理念的公园城市示范区。苏州创新转化能力突出，排名稳居第二，支持政策多管齐下，贯穿创新转化的多个环节，辅以体系建设，打造全球产业科技创新高地。合肥 2021 年在研发投入和绿色经济指标上都表现良好，处于领先地位。长沙创新基础指标发展较好，指数连续五年稳居前五，主要源于其强化以电力、算力、动力为代表的三大支撑，以全面加强基础设施建设为前提，提升城市能级、拉动经济增长。

重庆排名相对波动，可继续补弱项固优势；宁波排名上升，绿色创新发

展阔步向前。2017—2021 年，重庆三度进入十强，排名在第九和第十一间波动，于 2019 年被挤出十强后在 2020 年重新回到第九并维持在这一位次。重庆在创新制度方面有所进步，源于其加大绿色创新宣传力度，并积极尝试改革绿色创新制度。在创造产出、生态环境和健康生活指标上重庆仍有较大的发展空间，需要结合城市特色和实践继续有针对性地提升绿色创新水平，探索适合自己的绿色低碳发展之路。宁波在创新制度和健康生活上表现突出，2020 年短暂离开十强，2021 年重新跻身前十之列，总指数提升至 49. 31。

2017—2021 年长江经济带十强城市整体排名情况如图 1-1 所示。

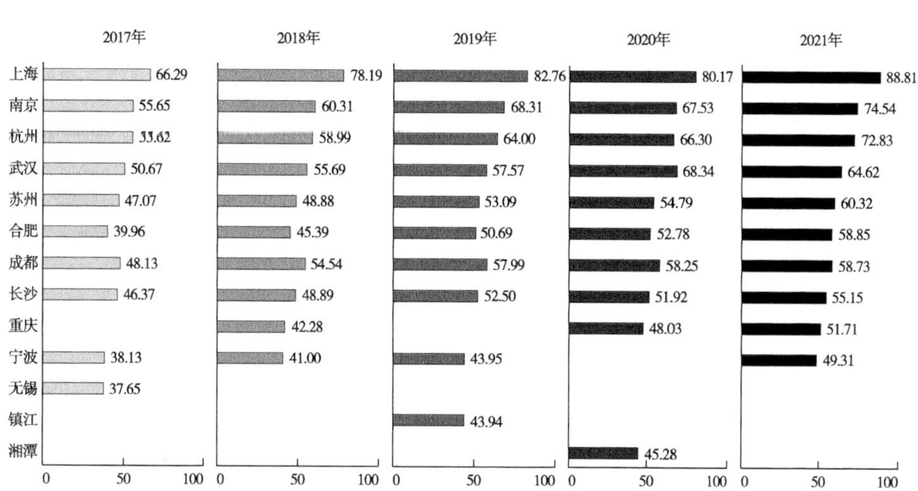

图 1-1　2017—2021 年长江经济带十强城市整体排名情况

1.2　上中下游城市分析

长江经济带 110 个城市中，33 个位于长江上游地区、36 个位于长江中游地区、41 个位于长江下游地区。由于在自然资源、对外交通联系、科技教育水平、经济发展水平等方面均存在较大差异，上中下游城市创新驱动绿色发展的方式各有千秋。分流域考察绿色创新发展情况，可以更加深入地了解各流域绿色创新发展的水平和特点，有利于各城市之间互相学习与借鉴，以绿色引领为帆，化创新驱动为桨，促进长江经济带高质量发展。

1.2.1 长江上游地区

长江上游地区，排名前列的城市位次较为稳定，各城市的绿色创新发展动力存在明显差异。2021 年上游城市前十名依次为成都、重庆、昆明、贵阳、绵阳、遵义、宜宾、玉溪、雅安、攀枝花。

成都 2017—2021 年绿色创新发展水平持续稳居榜首，其创新基础、创新转化、创造产出指标均存在显著领先优势。2017—2021 年，重庆、昆明、绵阳、贵阳、宜宾、雅安、遵义 7 个城市稳居长江经济带上游城市十强，绿色创新发展稳步向前。2021 年泸州、自贡被挤出十强；攀枝花因在生态环境方面进步明显而进入前十。

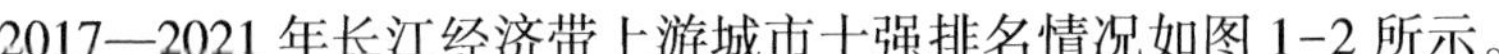

2017—2021 年长江经济带上游城市十强排名情况如图 1-2 所示。

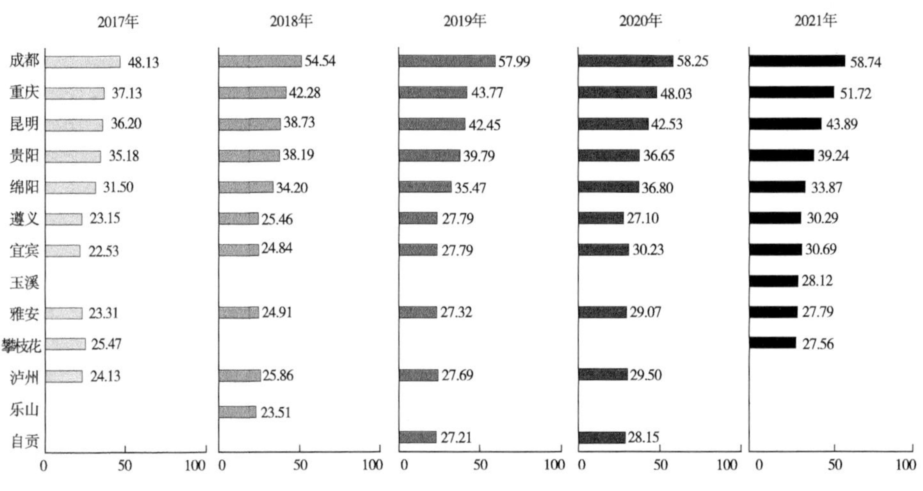

图 1-2 2017—2021 年长江经济带上游城市十强排名情况

1.2.2 长江中游地区

长江中游地区，各城市指数整体呈现上升趋势，前十城市各年度排名变动较大。2021 年中游城市前十名依次为武汉、长沙、湘潭、南昌、衡阳、株洲、宜昌、怀化、萍乡、十堰。

2017—2021 年，武汉在长江经济带中游 36 个城市中，绿色创新发展水平遥遥领先，且在创新基础、创新转化以及创造产出指标上领跑中游甚至整个长江经济带地区。长沙、湘潭、株洲、南昌、十堰、宜昌 6 个城市绿色创新发展步伐较稳，一直在中游地区保持前十，但排名有所变动。衡阳注重研发投入，2019 年重新进入十强，2021 年总指数排名上升至第五；怀化于 2018 年首次进入十强，此后始终位居十强且总指数基本呈上升趋势，这主要得益于其研发投入指标得分大幅提高。2021 年，益阳被挤出十强，萍乡进入前十。

2017—2021 年长江经济带中游城市十强排名情况如图 1-3 所示。

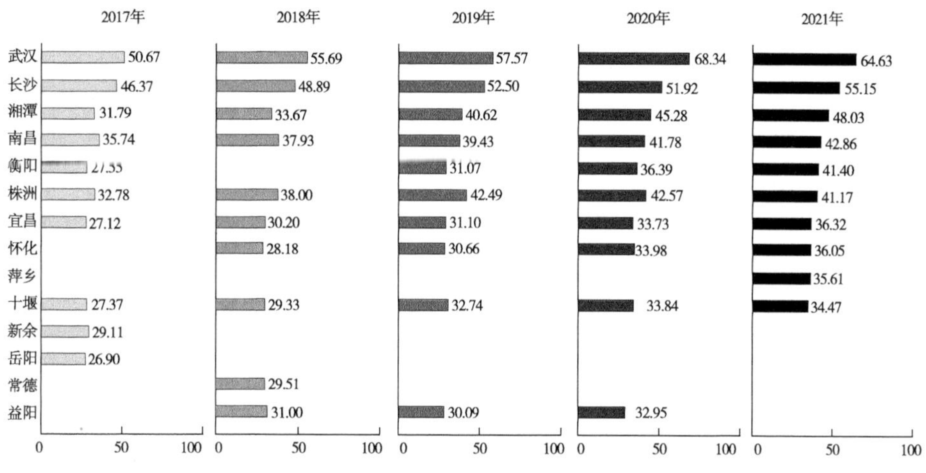

图 1-3　2017—2021 年长江经济带中游城市十强排名情况

1.2.3　长江下游地区

长江下游城市十强排名较为稳定，但前列城市占据牢固领先地位，与中上游十强城市相比，下游地区十强城市指数较高，绿色创新发展能力较强。2021 年，下游城市十强依次为上海、南京、杭州、苏州、合肥、宁波、无锡、绍兴、芜湖、镇江。

2017—2021 年，上海在长江经济带下游 41 个城市中，绿色创新投入和产出指数都遥遥领先，优势明显。南京、杭州、苏州、合肥、宁波、无锡、绍兴 7 个城市稳居前十，但排名略有变化。南京绿色创新制度宣传到位，绿色创新政策卓有成效，创造产出指标居于前列，用产业的思维抓创新，秉持

“共创、共享、共赢”理念，助力科技自立自强和产业质效提升；杭州健康生活建设始终居于首位，领跑全国，不断加快构建全生命周期服务体系，公共卫生保障与监测能力不断提升；苏州支持政策多管齐下，贯穿创新转化的多个环节，辅以体系建设，打造全球产业科技创新高地，创新转化排名稳居前列；合肥在研发投入和绿色经济方面不断进步，探索出具有城市特色的发展之路；宁波和无锡在创新制度和健康生活方面都有较好表现，可继续发挥城市特长，补足弱项、巩固优势。2021 年，芜湖首次进入十强，主要源于其在研发投入和绿色经济方面优势突出、进步明显。

2017—2021 年长江经济带下游城市十强排名情况如图 1-4 所示。

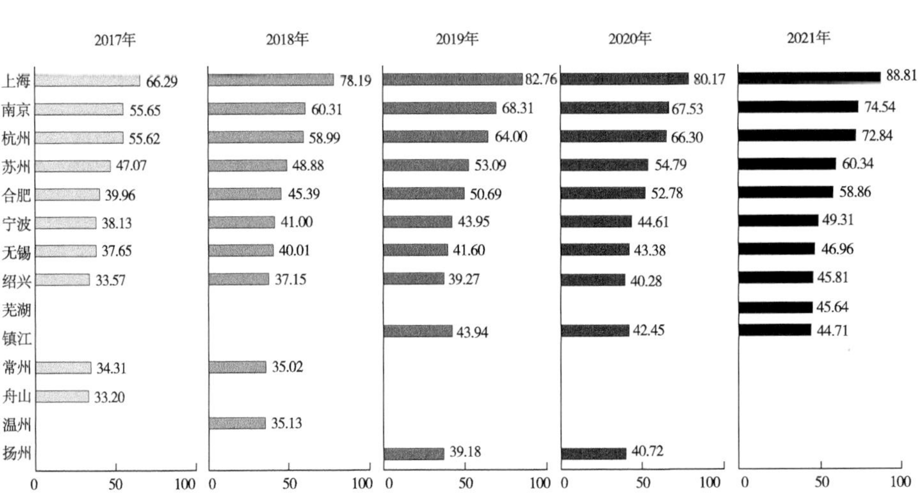

图 1-4　2017—2021 年长江经济带下游城市十强排名情况

1.3　按城市性质分类分析

长江经济带 110 个城市中，包含上海、重庆 2 个直辖市，武汉、长沙、成都、杭州、宁波、南京、贵阳、昆明、南昌、合肥 10 个省会（含副省级）城市，以及 98 个其他城市。城市性质不同，城市能级也存在很大差异。按照城市性质划分，进一步分析对比各城市绿色创新发展情况，可以更加深入地了解不同城市绿色创新发展的水平和特点，有利于各城市之间互相借鉴，以制定可以落地的政策措施，探索出一条适合自身的绿色创新发展之路。

1.3.1 直辖市和省会（含副省级）城市

总体来看，直辖市和省会（含副省级）城市总指数呈现逐年上升的趋势，各年度排名基本稳定。2017—2021年，上海总指数始终领跑，并在创新制度、创新转化指标上连续五年居于首位。上海着力构建市场导向的绿色技术创新体系，在创新机制设置方面，加强对绿色技术创新方向以及绿色技术标准的引导，推广绿色采购、绿色评价认证和ESG（环境、社会和公司治理）信息披露。其余11个直辖市和省会（含副省级）城市排名基本稳定。杭州总指数在2021年有较大提升，绿色创新产出指数连续两年排名第一，其中，健康生活指数连续五年位居第一，创造产出指数上升至总排名第二。南京始终稳居前列，2021年总指数、绿色创新投入指数和产出指数皆位列第二。

2017—2021年长江经济带直辖市及省会（含副省级）城市十强排名情况如图1-5所示。

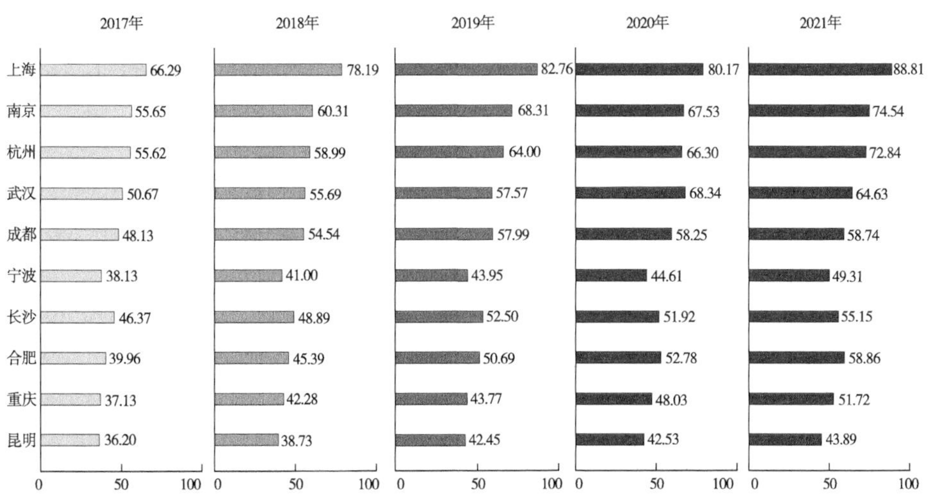

图1-5 2017—2021年长江经济带直辖市及省会（含副省级）城市十强排名情况

1.3.2 其他城市

在98个其他城市中，苏州保持明显领先优势，蝉联第一，其余十强城市

有所变动。2021 年，其他城市榜单前十依次为苏州、湘潭、无锡、绍兴、芜湖、镇江、常州、衡阳、舟山、株洲。

苏州的创新制度和创新转化指标表现亮眼，其中创新转化指标连续五年位居全部城市榜单的第二位。常州、绍兴、无锡、湘潭、镇江、株洲连续五年位列十强，排名小幅波动。其中，湘潭连续两年位列第二，2021 年其研发投入指标排名跃居城市榜单首位；无锡 2021 年研发投入和绿色经济指标排名小幅上升，其余指标表现稳定；绍兴绿色经济、健康生活指标较为突出，较 2020 年有明显上升；镇江绿色经济指标表现优异，研发投入和生态环境两个指标有待改善；常州指标表现“偏科”，需补齐生态环境短板；株洲研发投入指标排名相较往年有所下降，需采取措施恢复研发投入优势。芜湖连续两年进入十强，2021 年排名有所上升，其在研发投入和创造产出方面进步明显；衡阳 2021 年首次进入前十，主要归功于其研发投入指标的大幅提升，衡阳近年来积极开展节约型机关创建行动，加快新能源交通工具推广，淘汰“高排放”车辆，更换纯电动公交车，推动能源结构优化，停用、拆除、淘汰高耗能的燃煤锅炉，“十三五”期间全市新增新能源项目装机 68.66 万千瓦。

2017—2021 年长江经济带其他城市十强排名情况如图 1-6 所示。

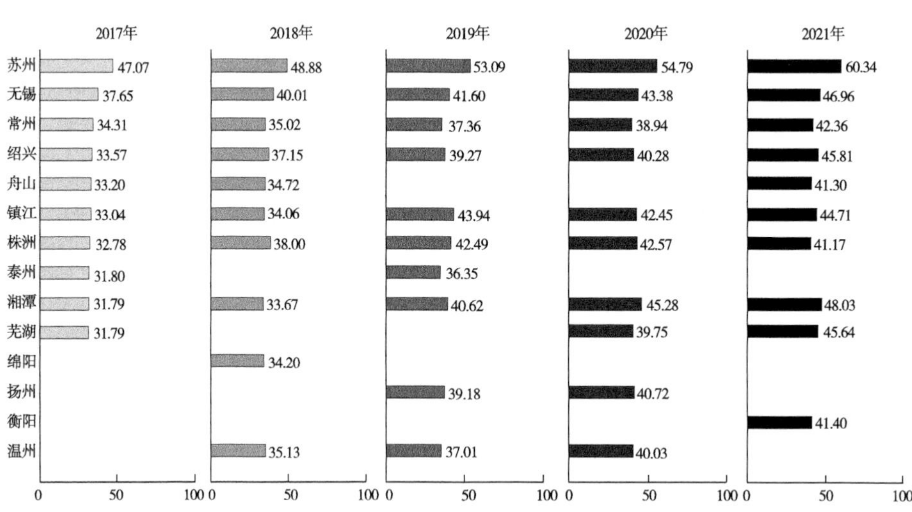

图 1-6　2017—2021 年长江经济带其他城市十强排名情况

2 绿色创新发展指数结构分析

2.1 绿色创新投入指数

要想实现高质量发展，将以往以要素投入为主的模式转变为创新驱动、绿色发展的模式，必然需要在多方面进行变革和投入，与其相关的指标在绿色创新投入指数中予以涵盖。绿色创新投入指数主要反映不同城市为了达成绿色创新转型，实现经济高质量发展所必需的制度、资金、人力资本、基础设施、信息服务等方面基础支撑和必要投入情况，主要包含创新制度、研发投入、创新基础、创新转化 4 个指标。2021 年绿色创新投入指数排名前十的城市分别为上海、南京、武汉、苏州、成都、杭州、重庆、合肥、长沙、南昌，如图 2-1 所示。

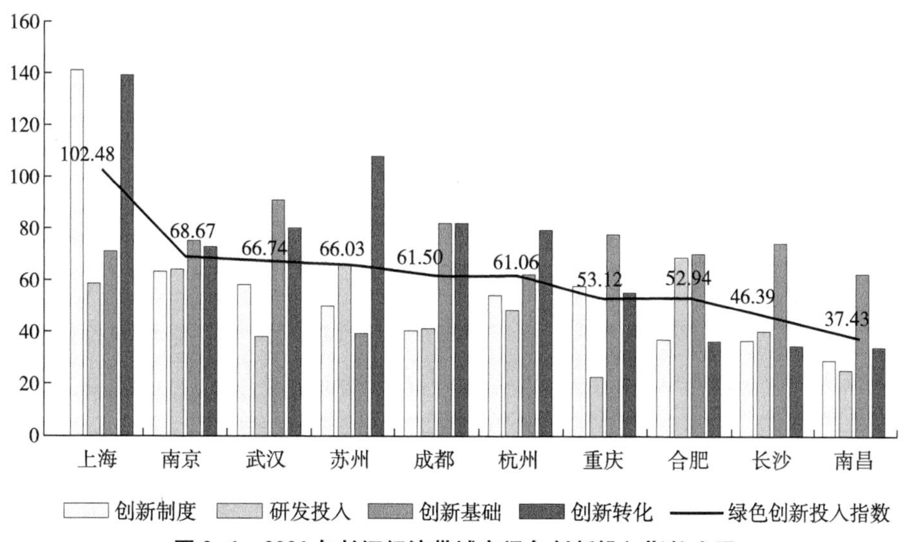

图 2-1 2021 年长江经济带城市绿色创新投入指数十强

上海对绿色创新领域的投入继续大幅领先，创新制度和创新转化指标成绩亮眼。上海在绿色创新投入的 4 个指标中均排名前十，发展协调度较高，尤其是创新制度和创新转化指标连续五年稳居第一。2021 年，上海印发《上海市关于加快建立健全绿色低碳循环发展经济体系的实施方案》，从生产、流通、消费等方面提出绿色低碳循环发展的指导意见，统筹布局，在创新制度方面对长江经济带其他城市有示范效应。此外，上海支持企业、高校、科研机构等多方主体建立绿色技术创新孵化项目，并完善绿色技术转移转化市场交易体系，推动绿色技术创新综合示范。

南京、武汉、苏州、成都、杭州创新投入水平相近，在具体维度的表现上略有差异。武汉、成都在研发投入上相对较弱，但在创新基础、创新转化上具有比较优势，在创新基础指标中分别位列总榜单的第一、第二。武汉一方面规划建立各具特色的低碳产业园，另一方面进一步深化碳市场建设，完善碳交易市场化机制，推动碳科技、碳产业、碳交易、碳金融等业态快速发展，引导产业结构向“绿色”转型；成都实施产业建圈强链行动，建设绿色产业载体，实施绿色园区示范工程。杭州创新制度和创新转化指标均位列前五，其实施绿色产业发展计划，依托数字技术优势，向新能源、新材料、智能网联等产业转型。南京发展均衡，各项绿色创新投入指标皆位列 110 个长江经济带城市前十。苏州的创新转化指标排名第二，表现亮眼，苏州高新区通过建设一批绿色技术创新载体，联合科研院所孵化一批绿色高科技企业，将成果应用于绿色实践，强化产业发展与技术创新供给。

重庆、合肥、长沙、南昌绿色创新投入指数相近，但各维度发展较不均衡。重庆的创新制度、创新基础指标皆位于长江经济带 110 个城市中的前五位，2021 年，位于重庆的长江绿色技术创新中心、长江绿色工程研究中心建设工作正式启动，进一步吸引、聚集科研优势资源，构建和完善绿色低碳技术体系，推动相关产业迈向高端价值链；但与此同时，重庆在研发投入方面有待进一步加强。合肥比较优势在于研发投入，该项指标在 110 个城市中排名第五。长沙的创新基础指标表现优异，位列五强。南昌的创新基础和创新转化指标表现优异。

2.2 绿色创新产出指数

要想实现高质量发展，将以往以要素投入为主的模式转变为创新驱动、绿色发展的模式，最为核心的就是要看经济发展、企业生产、人民生活的相关指标是否符合绿色创新的内涵，这些指标体现在绿色创新产出指数之中。绿色创新产出指数主要反映不同城市在经济社会发展过程中体现出来的可持续发展、绿色生产、低碳生活等方面的效率改进和创新成果，主要包含创造产出、绿色经济、生态环境、健康生活 4 个指标。2021 年绿色创新产出指数排名前十的城市分别为杭州、南京、上海、绍兴、镇江、合肥、长沙、舟山、宁波、温州，如图 2-2 所示。

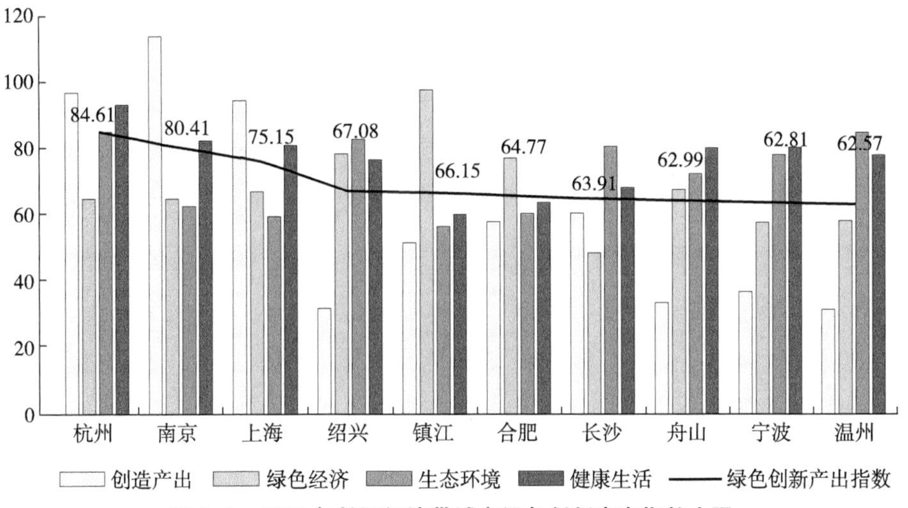

图 2-2　2021 年长江经济带城市绿色创新产出指数十强

杭州、南京、上海的绿色创新产出水平位居长江经济带沿线 110 个城市前三，在产出方面具备明显优势。杭州健康生活指标连续五年领跑，当地持续开展健康杭州行动，通过推动重大项目、谋划区域资源统筹和强化医疗资源下沉等措施，推进优质医疗资源共建共享。南京和上海的创造产出指标表现优异，分别位于榜单的第一和第三。南京不断聚力提升产业链现代化水平，全市产业结构不断“调轻、调优、调新、调绿”，同时积极推动电网升级，加快构建清洁低碳安全高效的新型能源体系；上海通过海上风电、“光伏+”工程实现电力结构低碳化趋势，同时推动既有建筑节能改造，建造智能交通、绿色港口、绿色机场等。

绍兴和镇江绿色创新产出水平相当，分别位于绿色创新产出榜单的第四和第五，绿色经济指标表现亮眼。绍兴大力发展以能源资源循环利用为核心的绿色经济体系，能源资源利用效率持续提高，引导形成崇尚节俭、绿色低碳的社会风尚；镇江首创“碳平台”，构建起覆盖全域的智能化碳排放数据收集、分析系统，形成“可查、可管、可追溯、可取证”的新型城市低碳管理模式，从低碳试点成为全国样本。

合肥、长沙、舟山、宁波、温州绿色创新产出水平相当，但在优势指标上各有侧重。合肥、长沙重回绿色创新产出排行榜前十，创造产出指标表现亮眼。合肥大力实施绿色制造工程，一方面通过应用低温焊接等先进技术节能降耗，另一方面推动传统产业向新能源产业转型升级；长沙搭建环境治理技术及应用产业链，利用集群优势，在城市矿产、再制造、餐厨垃圾资源化利用等方面形成“湖南模式”。舟山、宁波、温州的比较优势体现在健康生活指标上。舟山实施“健康细胞”培育工程，积极构建健康示范场所、健康家庭；宁波开展数字赋能推进卫生健康治理体系建设，构建具有宁波特色的“1+3+N”智慧卫监新型监管体系，主要健康指标均居国内同类城市领先水平；温州着力推动全民健身，通过政府主导、依托社会力量合办，建成免费或公益低收费向居民开放的“15 分钟健身圈”。

3 长江经济带城市先进经验借鉴

3.1 创新制度

根据2021年创新制度指标评价结果，上海、南京、武汉、重庆、杭州、苏州、无锡、宁波、成都、常州位列前十。

3.1.1 绿色创新政策引领城市规划发展

上海发布了多份绿色创新相关规划与实施意见，包括《上海市建设具有全球影响力的科技创新中心“十四五”规划》《上海市人民政府关于加快推动基础研究高质量发展的若干意见》《上海市关于加快建立健全绿色低碳循环发展经济体系的实施方案》《上海加快打造国际绿色金融枢纽服务碳达峰碳中和目标的实施意见》等，推动科创基础设施建设，加大对绿色企业的支持，吸纳培养更多科技人才。南京、重庆、成都、宁波开拓绿色金融创新渠道，大力支持绿色企业发展。南京、重庆、武汉、成都、无锡、杭州以低碳为重点，致力于达成“双碳”目标，在制度创新、宣传教育、技术研发等各方面支持绿色低碳循环发展。无锡、杭州、南京、重庆在产业结构和能源结构层面进行优化升级，取得阶段性成果。宁波、杭州、重庆加快建设生态文明建设示范区和“绿水青山就是金山银山”实践创新基地，重视生态文明建设，打造生态文明城市。

3.1.2 绿色创新制度宣传助力制度实施

上海始终高度重视绿色创新制度的宣传和报道工作，尤其是在“党政机关报和政府门户网站中相关关键词的出现频率”这一三级指标上表现亮眼，2021 年出现频率统计超过 20000 次，“中国最具影响力的综合报纸对当地发展经验的报道频率”也接近 2000 次，均遥遥领先其他城市。重庆对绿色创新进行了大力宣传，“党政机关报和政府门户网站中相关关键词的出现频率”统计达 10000 次，“中国最具影响力的综合报纸对当地发展经验的报道频率”较 2020 年有所增加，指标排名由第四位上升为第三位。南京在“党政机关报和政府门户网站中相关关键词的出现频率”和“中国最具影响力的综合报纸对当地发展经验的报道频率”这两项指标中分列第三位和第二位，绿色创新政策宣传表现亮眼。

3.1.3 建设发展示范区，推动生态优势转化

2021 年是长三角生态绿色一体化发展示范区建设的第二年，在发布的 18 项制度创新成果中，生态环保领域共有两项：一是印发“一河三湖”等主要水体的环境要素功能目标、污染防治机制以及跟踪评估制度文件，为提升示范区流域一体化治理水平、夯实生态优势转化基底提供制度支撑；二是发布固定污染源废气现场监测、环境空气质量、挥发性有机物走航监测等首批生态环境统一标准，在示范区先行先试这 3 项环境空气检测领域标准。这一系列制度创新旨在深化区域间的协作，充分发挥跨城市之间绿色创新的协同潜能，为生态文明的全面建设提供强有力的支持。

3.2 研发投入

根据 2021 年研发投入指标评价结果，湘潭、娄底、衡阳、怀化、合肥、芜湖、苏州、南京、上海、荆州位列前十。

3.2.1 社会研发经费稳步提升，全力打造高水平国家创新型城市

湘潭 2021 年全社会研发经费投入 74.65 亿元，比 2020 年增加 15.48 亿元，投入强度为 2.93%，高于全省平均值 30%，排名全省市州第二，创历年

最好成绩；2021 年企业研发经费投入 62. 76 亿元，较上年增长 20. 97%，增速比上年提高 3. 57 个百分点；出台《湘潭全力推进国家创新型城市建设三年行动方案（2022—2024 年）》等文件。南京全社会研发经费投入从 2012 年的 209. 97 亿元增长到 2021 年的 588 亿元，研发投入强度从 2012 年的 2. 92%增长到 2021 年的 3. 6%，科技进步贡献率提升到 2021 年的 67. 6%。在世界知识产权组织发布的全球创新城市排名中，南京从 2017 年的第 94 位上升到 2021 年的第 18 位。南京在全省、全国科技创新发展格局中的作用日益凸显，逐步成为区域科技创新的重要中心。芜湖 2021 年以来加快构建科技创新攻坚力量体系和科技成果转化运用体系，全力推进科技政策扎实落地，国家创新型城市建设顺利通过科技部验收评估，城市科技创新驱动力指数排名长三角第六位，较 2020 年提升 3 位。芜湖 2021 年全社会研发经费投入达 125. 28 亿元，增长 12. 3%；研发投入占 GDP（国内生产总值）比重达 3. 34%，较上年提高 0. 26 个百分点。芜湖高标准规划布局梦溪科创走廊等十大创新园，拨付市重点研发创新平台绩效考核奖补资金 3. 37 亿元。

3. 2. 2 各类研究机构推进技术攻关，放大研发投入乘数效应

上海形成科创中心基本框架，大力推动研发攻关，走在政策先行先试的最前沿，成立上海期智研究院、上海国家应用数学中心、上海处理器技术创新中心等新型研发机构。上海牵头承担国家重大专项项目 929 项、国家重点研发计划项目 554 项，获国家自然科学基金委项目 4472 项。衡阳大力集聚高端创新人才，落实“人才雁阵”计划、“万雁入衡”行动，联合建设院士专家工作站，打造一批技术攻关和科技成果产业化标志性工程，加快推进南华大学、衡阳师范学院、湖南工学院、市农科院、市蔬菜所等高校和科研院所技术成果运用、转化和产业化，推进驻衡高校与“大院大所”“名校名所”开展政产学研合作。怀化重点支持在怀高等院校、市本级科研院所和医疗机构，围绕怀化主导产业、特色产业和战略性新兴产业创新发展，组织开展相关前沿技术及共性关键技术攻关，为增强自主创新能力提供技术和人才储备。

3.2.3 落地人才引进专项行动，吸引全国英才助力创新

合肥陆续推出引进急需紧缺人才、实施基层成长计划、拓宽人才能力提升渠道、加强创业资金扶持、加大安居保障力度等一系列人才新政，不断营造更加优良的就业环境、创业环境、科研环境，进一步吸引支持各类人才来肥创新创业。湘潭实施创新人才强基攻坚行动，创新活力显著提升。落实省“芙蓉计划”、“三尖”创新人才工程，实施“聚才湘潭，价值莲城”人才强市战略。怀化开展“五溪智汇”柔性人才引进专项行动，采用兼职、挂任、聘用等柔性引进方式，引进一批高尖端行业领军人才，同时在怀化籍企业家较多的城市举办怀化籍企业家代表见面会，与他们共叙乡情，支持其回乡创业。

3.3 创新基础

根据 2021 年创新基础指标评价结果，武汉、成都、重庆、南京、长沙、上海、合肥、昆明、杭州、南昌位列前十。

3.3.1 加快数字化基础设施建设，搭建新城建智慧运营体系

武汉研发“武汉云”，全面推进“一云三谷”协同发展，与东湖高新区武汉超算中心、新洲区卫星遥感云智慧研究院、东西湖区国家级网络空间安全实验室形成集群效应，打造城市建设智能体。成都重点推进城市信息模型平台、城市综合管理服务平台、“互联网+监管”平台等项目建设，推动全场景智慧之城阶段性建设。重庆聚力构建新技术基础设施，积极融入国家量子通信骨干网，创建国家量子工程中心，推动量子国家实验室重庆基地建设，加快形成可落地、可实施的量子通信信息安全加密服务。上海建设五大新城数字化转型示范区，规划“全域感知、全数融通、全时响应、全景赋能”的未来之城先行区，截至 2021 年 5 月，上海累计建成 5G 室外基站超 4.1 万个，建立信息基础设施动态监测平台。

3.3.2 推进智能轨道交通落实，促进城际间互联互动

武汉建成首条全自动驾驶地铁线路，同步铺设到位第一阶段5G专网，以及全国首条新一线城市级线网的城轨云，实现轨道行业新飞跃。重庆动工建设国内首条采用PPP+TOD模式建设的轨道交通线路，加快打造渝西高质量发展重要增长极，推动成渝地区双城经济圈建设，加强城际间要素沟通。上海探索政企联合机制，推进上海出行即服务（MaaS）系统建设，成功举办"2021上海国际交通工程、智能交通技术与设施展览会"，打造智慧出行服务链。合肥全面提升"交通超脑"感知、分析能力，新增多处交通基础设施点位，形成"五线运营、九线在建"轨道格局，推进高品质绿色交通集约循环。昆明提出打造昆明长水机场智能化示范试点和高铁昆明南站智能化示范试点等任务，协同开发第三方安全监控系统，加强旅游交通区域协调的智慧化建设。

3.3.3 加速城市特高压技术发力，助力新能源资源消纳

合肥全面组立±800千伏特高压直流输电工程白江线（安徽段）铁塔，220千伏珠江路输变电工程完成主体建设，合肥电网"十大"重点电网工程陆续完成建设、启动送电，助力经济社会发展全面实现绿色转型。杭州核心城区建立"五个9"高可靠性示范区，采用无人机机巢航母式巡视，推进"大受端"电网和智能配电网建设。长沙正式迈入特高压时代，南昌—长沙1000千伏特高压交流工程竣工投产，作为"十四五"期间我国开工建设的首项特高压输变电工程，打造特高压工程新样板。

3.4 创新转化

根据2021年创新转化指标评价结果，上海、苏州、成都、武汉、杭州、南京、重庆、合肥、常州、长沙位列前十。

3.4.1 完善创新转化服务体系，发展科技服务业

上海大力发展技术转移服务平台，建立适用于科技创新和技术转移特征的交易制度和服务能力体系。苏州利用资源优势和孵化经验建设一批众创空间，吸引民营孵化器、企业、风险资本等积极参股和管理，加强创业孵化服务衔接配合，支持建设创业孵化服务链条。成都制定《成都市深化职务科技成果权属改革促进科技成果在蓉转化实施方案》，支持建设中试基地、众创空间等孵化载体，为成果转化提供从实验研究、中试熟化到生产过程的“一站式”科技服务。武汉通过成立集技术研发、产业孵化、企业服务等功能于一体的工研院完善“科研—转化—产业”实践路径。

3.4.2 重视高企、小微企业等创新型市场主体发展

苏州建设科技型中小企业，鼓励其申报国家高新技术企业和市高企培育库，促进科技型中小企业向新技术、新模式、新业态转型。杭州推进高新技术企业和科技型中小企业数量“双倍增”，落实对自主创新科技型中小企业的扶持政策，打造一系列创业创新示范基地，基于“互联网+”建设小微企业公共服务体系，持续优化“创新券、活动券、服务券”制度，完善科技资源向社会开放的运行机制。南京大力发展新型创业孵化载体，推广“孵化+创投”等新机制。长沙 2021 年启动建设国家科技创新中心等“双创”载体，加强投融资对接服务，构建全链条创新创业服务体系，促进高新技术企业培育，推动高新技术企业“量质双升”。

3.4.3 促进科研院所与业界在转化方面广泛合作

上海着力完善科技成果转化体系，与金融机构合作推动高校院所科技创业和资本赋能成果转化效益；部分在沪高校构建了专业技术许可办公室，技术转化和产学研合作的合同金额增长显著。杭州一直在大力发展高等教育，除了支持本地高校发展，还大力引进高校落户，如西湖大学、北京大学信息技术高等研究院、北京航空航天大学杭州创新研究院等。南京构建“一校一

策”校地融合新模式，筹备建设多个具有高水平学科基础的大学创新港和在宁高校—企业协同创新中心。长沙积极吸引和支持国内外知名天使投资机构、创业投资机构入驻，与高校院所联合设立各类创业投资子基金，支持科技成果产业化。

3.5 创造产出

根据2021年创造产出指标评价结果，南京、杭州、上海、武汉、马鞍山、宣城、芜湖、长沙、合肥、成都位列前十。

3.5.1 建设城市大脑，智能统筹城市全局

人工智能技术是城市发展的下一个突破点，建设城市大脑、统筹城市生产生活全局，依托大数据技术简政放权，收集与识别企业发展中的瓶颈，有助于政府制定政策、及时适度地调整政策。合肥等城市正逐步实现城市运营数据全量汇聚，建成支撑各领域业务应用的基础通用智慧中台，拓展升级市级大数据平台，提升城市中台支撑能力。宣城等城市利用城市大数据构建市情洞察和精准治理监测预警分析平台，让城市各领域问题一目了然，实现轻松管理、快速决策。宣城城市大脑致力于推动惠企政策便捷化，引入“一键达”模式，政府财政奖补全流程实现“一窗汇聚、一窗办理、免申即享”。

3.5.2 发展数字基础设施，抢占人工智能创新高地

人工智能技术是推动企业和城市创新的数字基础设施。武汉依托人工智能基础设施，大力发展相关产业。武汉率先启动建设人工智能计算中心，并于2021年5月建成投入运行。南京利用数字化技术实现“生根出访”，利用云出访、云招商、云签约、云服务等办法，与22个创新大国和关键小国建立稳固合作关系，充分发挥29家海外协同创新中心作用，加强技术交流、人才引进、项目落地，汇集全球创新资源。

3.5.3 创新的基础是人才，以真金白银激励人才，以真情实意服务人才

构建开放的引才用才体系。南京在“海智湾”建设上，一手抓前端引进，广泛借助人力资源机构、海外校友会等第三方力量，拓宽引才途径；一手抓后端承接，打造高品质硬件设施和接轨国际软环境，畅通人才事业接续渠道，统筹全市资源，切实解决病有所医、学有所教、住有所居等人才关切问题，通过“一人一策”锁定和支持顶尖人才，让人才了解南京、留在南京。长沙紧扣产业发展需求，出台实施“长沙人才政策22条”“乡村人才振兴8条”等系列人才政策，以真招实策吸引人才，以真金白银激励人才，以真情实意服务人才，营造良好的创新创业环境和人才发展生态。

3.6 绿色经济

根据2021年绿色经济指标评价结果，扬州、镇江、泰州、绍兴、合肥、舟山、常州、上海、无锡、杭州位列前十。

3.6.1 大力推进节能减排技术，推动新能源推广应用

合肥每年制定年度节能目标任务，定期发布季度“能耗晴雨表”，发起用能权（节能量）交易，搭建能耗在线监测系统，及时预警调控。舟山依托丰富的风能和潮汐能资源，大力推进海水制氢、远海风电、漂浮式海上光伏发电，促进潮流能科研成果推广示范，落实风光互补供电系统在海岛的应用示范。上海、无锡、杭州在新能源方面取得显著进展，三市围绕能源结构优化调整，深入开展工业、交通等重点领域节能减排和能效提升工作，新能源汽车产业取得快速发展，新能源汽车保有量在全国遥遥领先，探索出更高效、更节能的低碳交通体系。

3.6.2 对传统产业进行绿色化改造和技术升级，优化产业结构

泰州在已有中国医药城及健康产业基础上，重点建设精准医疗、健康疗养、健康食品、健康旅游四条大健康融合发展产业链，聚焦打造医药地标产

业。宜宾通过广泛运用固体废弃物处理及资源化利用等技术，加快对白酒、化工等具有较高市场占有率的重要产业进行绿色化改造，以提质增效，促进资源高效利用和产业结构优化升级。株洲在改造清水塘老工业区的过程中探索出一条“土地收储+搬迁奖补+转型支持+就业帮扶”的新路。

3.6.3 充分利用当地各种资源，促进产业绿色发展

扬州通过构建旅游产业、餐饮产业、沐浴产业相结合的发展模式，实现产业结构升级换代，致力于培育现代服务业高质量发展领军企业。泰州结合“生态+产业”模式，大力发展生态旅游业和生态农业，优质稻米、特色畜禽、生态河蟹等成为农业支柱产业。合肥科技孵化基地众多，以新能源汽车为代表的低碳产业已成功将科技优势转化为产业优势。杭州依托数字化优势，利用大数据、云计算等技术，开展城市碳排放监测和预测工作，为政策制定提供科学依据。

3.7 生态环境

根据2021年生态环境指标评价结果，黄山、丽水、赣州、普洱、丽江、保山、张家界、怀化、临沧、衢州位列前十。

3.7.1 大力推进生态保护和修复，筑牢生态安全屏障

黄山建设高水平新安江—千岛湖生态保护补偿试验区，通过实施生态补偿机制，水环境治理效果显著。赣州在治理实践中，按照“宜草则草、宜果则果、宜游则游”的治理原则，探索出因地制宜的“生态修复型、生态开发型、生态旅游型”三种方式，“三型共治”加快崩岗治理。衢州统筹地形地貌、环境功能、产业规划等因素，通过循环出让、生态复绿、土地复垦等模式分类处置，变矿渣场地为连片耕地。

3.7.2 注重生物多样性保护，建立科学管理体系

普洱在全省率先编制实施保护生物多样性的地方性法规，生物多样性保

护工作逐步走上制度化、规范化、法治化轨道。丽江基本建成以 3 个自然保护区、2 个国家级风景名胜区、7 个重要湿地、2 个地质公园等不同类型管理实体为主的生物多样性保护体系，开展宁蒗彝族自治县拉伯乡加泽大山野生红豆杉资源挂牌管护、玉龙雪山省级自然保护区玉龙蕨种群监测和保护、老君山滇金丝猴巡护等项目，推进珍稀濒危物种保护。保山严格按照《自然保护区管理条例》《风景名胜区管理条例》等法律法规划定保护地边界，开展保护区规划修编，设立标志标牌，对保护区进行更严格管理。

3.7.3 依托优质特色自然资源，促进文旅产业发展

黄山与杭州积极开展区域合作，实施“千岛湖—新安江大画廊”文旅合作项目，杭州到黄山成为长三角地区首选的休闲度假旅游路线。丽水着重运用艺术引领、传统复兴、红色赋能三种手段，聚力打造共同富裕山区模式。怀化以文旅产业作为重点产业，孕育出雪峰山、中坡山、穿岩山、排牙山等国家森林公园和借母溪国家级自然保护区等众多美丽的“原生态植物园”，协同推进乡村振兴与绿色发展。衢州结合特色生态产品，积极创建世界食品安全创新示范基地，做大做强“三衢味”农产品区域公用品牌。张家界依托闻名遐迩的自然景观及独特的人文风度，积极开发生态旅游，发挥优质特色自然资源优势，加大生态保护力度，提升旅游服务品质，推动生态旅游高质量发展。

3.8 健康生活

根据 2021 年健康生活指标评价结果，杭州、南京、上海、舟山、宁波、丽水、衢州、温州、绍兴、湖州位列前十。

3.8.1 建设数字化健康管理系统

杭州依托全民健康云和城市大脑多跨协同数据，围绕健康杭州建设总体目标，对准健康大脑三条跑道，打造“1+3+N”健康大脑体系架构。宁波推

动市级医疗机构全部建成互联网医院，依托云医院平台，为患者提供云咨询、云诊疗、云护理、云药房和云健康管理等多项线上医疗卫生服务。温州围绕“1+1+5”任务体系，即防疫大脑、健康大脑和5个场景应用，促进理念更新、工作推进、成果迭代，在硬核改革中不断创新就医流程和服务模式。绍兴积极谋划数字化多跨协同综合应用，推进一批典型应用上线，老年数字健康服务等5个项目入选首批省卫生健康委创新项目储备库。

3.8.2 构建“全生命周期”健康服务体系

杭州推动“全生命周期”健康管理普惠共享，完善婴幼儿照护服务体系，做好妇幼保健服务，创新老年人健康服务。丽水公共卫生服务突出全人群、全周期，疾病防控深入推进，儿童免疫规划疫苗接种率保持在95%以上，积极构建鼓励按政策生育的良好环境，全面完成不利于优化生育政策实施的规章制度的清理，积极推进老龄健康服务，在全省乃至全国率先以市政府名义出台关于推进老年宜居环境建设的实施意见。绍兴规范建立城乡居民电子健康档案465.55万份，持续加强高危孕产妇管理，建设老年健康服务示范点10家，老年人健康管理率72.65%。

3.8.3 推进完善公共卫生体系建设

南京完善医疗资源布局规划，严格控制老城区医疗机构建设规模，积极鼓励引导医疗资源向新城区拓展，建成市公共卫生医疗中心，初步构建大传染病防治格局。上海落实“1+5+1”公共卫生政策法规体系，市疾控中心新建工程按期推进，中心实验室检测参数扩项至1700项，位列全国省级疾控中心第一。丽水全面开展健康促进县（区）建设，全市二级以上医院实现健康促进医院全覆盖，健康促进学校覆盖率达92.8%。温州推动建设强大公共卫生体系，建成规范化发热门诊32家、基层发热诊室196家；浙南公共卫生紧急救援基地、市六医院二期等80个医疗卫生项目完成投资30.37亿元，新增床位2285张。

4 政策建议

4.1 坚持加强政策引领，促进企业成长为创新重要发源地

一是建立企业常态化参与科技创新决策的机制。建立企业家科技创新咨询座谈会议制度，定期组织沟通交流，开展问计咨询；构建企业创新高端智库网络，引导支持企业提升科技创新战略规划能力；加大科技创新规划和重点领域专项规划面向企业的宣传力度；健全需求导向和问题导向的科技计划项目形成机制，强化从企业和产业实践中凝练应用研究任务；在编制科技计划时，进一步聚焦重点产业领域，广泛征集企业在技术方向上的实际需求与专业建议；对于与产业发展密切相关的重点专项，提高指南编制及项目评审中企业专家的比例。**二是引导企业加强关键核心技术攻关。**制定鼓励企业研发的重点领域指导目录，引导企业围绕产业需求开展技术创新；鼓励企业牵头组织实施科学技术创新项目，探索政府和社会资本合作开展关键核心技术攻关；支持数字经济、平台经济企业加强硬科技创新；支持中央企业、民营科技领军企业聚焦国家重大需求，牵头组建体系化、任务型创新联合体；对于企业牵头的科技计划项目，强化以创新联合体方式组织实施。**三是加强优质企业梯度培育，激活创新链。**健全优质企业梯度培育体系，夯实优质企业梯度培育基础，支持掌握关键核心技术的专精特新“小巨人”企业和单项冠军企业创新发展；完善“众创空间—孵化器—加速器—产业园”孵化链条，推广“投资+孵化”模式，提升各类创新创业载体的专业化服务能力。

4.2 鼓励企业加大研发投入，加快科技自立自强

一是推动惠企创新政策扎实落地。推动研发费用加计扣除、高新技术企业税收优惠、科技创业孵化载体税收优惠、技术交易税收优惠等普惠性政策“应享尽享”；加快落实和推广中关村新一轮先行先试改革措施，进一步放大支持企业创新的政策效应。**二是强化精准施策，构建全面化、精准化的创新政策服务体系。**落实国有企业创新的考核、激励与容错机制，健全民营企业获得创新资源的公平性和便利性措施，形成各类企业“创新不问出身”的政策环境；搭建面向企业的创新政策综合服务平台，组织开展企业创新政策的系列宣讲培训，提供更加精准的政策推送服务；健全企业创新政策落实的跟踪问效机制，并将政策落实情况作为地方督查激励考核的重要参考。**三是强化对企业创新的风险投资等金融支持。**建立金融支持科技创新体系常态化工作协调机制；鼓励各类天使投资、风险投资基金支持企业创新创业，深入落实创业投资税收优惠政策，引导创投企业投早、投小、投硬科技；用好用足科技创新再贷款、重大科技成果产业化专题债等政策工具，充分发挥各类金融机构的作用；推广企业创新积分贷、仪器设备信用贷等新型科技金融产品，为企业增信授信；推广科技项目研发保险、知识产权保险等新型科技保险产品；鼓励地方建设科技企业信息平台，共享工商、社保、知识产权、税务、海关、水电等信息，完善金融机构与科技企业信息共享机制。

4.3 提升知识产权公共服务效能，激发企业自主创新活力

一是优化知识产权公共服务供给。完善知识产权信息公共服务平台，推动专利、商标、版权等数据互联互通，为企业提供“一站式”检索、分析和咨询支持；加强知识产权公共服务机构建设，提升基层服务网点覆盖范围，推动服务资源向中小企业、创新主体倾斜；推广“互联网+知识产权服务”模式，实现线上申请、维权、培训等功能集成，降低企业创新成本；建立知识产权公共服

务评价机制，定期调研企业需求，动态调整服务内容，提升服务精准度和满意度。**二是促进知识产权高效益运用。**完善知识产权转化运营机制，推进知识产权权益分配制度改革试点，高校、科研院所利用财政资金取得的技术类知识产权，可以按照国家有关规定赋予完成人所有权或者长期使用权；壮大知识产权密集型产业，鼓励建设产业知识产权联盟，鼓励构建产业专利池，保护产业良性竞争，提升防御和应对知识产权风险的能力。**三是鼓励知识产权高质量创造。**开展高价值专利培育，鼓励企业、高校、科研院所、知识产权服务机构联合组建高价值专利培育中心，开展高价值专利培育和布局，提升产业链自主可控能力，对符合条件的高价值专利培育中心给予资金支持；实施产业专利导航工程，聚焦先进制造业集群和战略性新兴产业，面向重大创新基地和创新平台，开展专利导航，破解产业关键技术难题；加快创新技术专利获权，推动知识产权保护中心、快速维权中心建设，助力创新主体加快专利获权进程；支持符合条件的知识产权保护中心、快速维权中心申报列入科研类事业单位管理。

4.4 建设高水平科技人才队伍，提供科技创新动力源

一是加大科技人才向企业集聚的力度。加强对企业家的战略引导和服务，举办企业家科技创新战略与政策研讨班，充分发挥企业家才能，支持企业家做创新发展的探索者、组织者、引领者；推动企业招收更多高水平科技人才，扩大企业博士后招收规模，鼓励企业吸引更多海外博士后；国家科技人才计划加强对企业科技领军人才和重点领域创新团队的支持；支持企业依托各类科技计划项目和创新基地平台等开发科研助理岗位；加快落实国有企业科技创新薪酬分配激励机制，对符合条件的国有企业科技人才实行特殊工资管理政策；落实国有科技型企业股权和分红激励政策，研究评估并适时推广上市高新技术企业股权激励个人所得税递延纳税试点政策；开展校企、院企科研人员“双聘”等流动机制试点，推广企业科技特派员制度。**二是加强产学研用一体化发展。**支持企业与高校、科研院所共建一批新型研发机构；引导高校聚焦基础前沿和重点产业领域，培养一批能够引领国际科学发展趋势的战

略科学家；开展促进科技成果转化专项行动，推动各类科技成果转化项目库向企业开放，加快各级科技计划等成果在企业转化和产业化。**三是鼓励大中小企业融通创新**。面向重点行业龙头企业征集技术产品问题，组织中小企业“揭榜”；在大企业牵头承担的科技计划项目中安排一定比例的中小企业参加；鼓励各地培育大中小企业融通创新平台和基地，促进产业链上下游企业合作对接；引导大中小企业融通型特色载体进一步提升服务能力，为融通创新提供有力支撑；依托中国创新创业大赛和“创客中国”中小企业创新创业大赛等，持续开展大中小企业融通创新竞赛。

4.5 加强专利链与产业链融合，促进科技成果转化

一是推进重点产业知识产权强链增效。以重点产业领域企业为主体，协同各类重大创新平台，培育和发现一批弥补共性技术短板、具有行业领先优势的高价值专利组合；围绕产业链供应链，建立关键核心专利技术产业化推进机制，推动扩大产业规模、提升产业效益，加快形成市场优势；支持建设产业知识产权运营中心，组建产业知识产权创新联合体，遵循市场规则，建设运营重点产业专利池；深入实施创新过程知识产权管理国际标准，出台标准与专利协同政策指引，推动创新主体提升国际标准制定能力；面向未来产业等前沿技术领域，鼓励探索专利开源等运用新模式。**二是梳理盘活高校和科研机构存量专利**。由高校、科研机构组织筛选具有潜在市场价值的专利，依托全国知识产权运营服务平台体系统一线上登记入库；有效运用大数据、人工智能等新技术，按产业细分领域向企业匹配推送，促成供需对接；基于企业对专利产业化前景评价、专利技术改进需求和产学研合作意愿的反馈情况，识别存量专利产业化潜力，分层构建可转化的专利资源库；加强地方政府部门、产业园区、行业协会和全国知识产权运营服务平台体系等各方协同，根据存量专利分层情况，采取差异化推广措施；针对高价值存量专利，匹配政策、服务、资本等优质资源，推动其实现快速转化；在盘活存量专利的同时，引导高校、科研机构在科研活动中精准对接市场需求，积极与企业联合攻关，形成更多符合产业需要的高价值专利。

附录1　绿色创新发展指数编制方法和指标体系

1　绿色创新发展指数的思想内涵

1.1　绿色创新的概念

绿色创新的概念最早出现于1996年《驱动绿色创新》一书中，其将绿色创新表述为“那些能在为消费者和企业提供价值的同时也降低对环境不良影响的新产品和新技术”。加州绿色创新指数（California Green Innovation Index）认为，绿色创新指的是“在减少温室气体排放、刺激技术和商业创新方面的努力，从而带动经济活动、增加就业，转变成为一个更具资源效率的经济体”。然而，目前学术界并未形成一个被广泛认可的绿色创新定义，其常常与生态创新、可持续创新和环境创新交替混用。大致而言，绿色创新除了强调创新效益和经济效益，与一般创新的最大不同在于注重节约资源、保护环境和促进资源循环利用。结合已有文献，从城市区域发展和“投入—产出”的逻辑出发，绿色创新发展指数所称的绿色创新是指以可持续发展为目标，以创新为驱动力，通过相对较少的人力、资本和资源能源等要素投入，在减少或避免生态环境破坏的基础上，获得优质的创新产出、经济效益和绿色增长空间，以期实现城市经济社会发展和生态文明建设互相协调。

1.2　绿色创新发展的理论基础

绿色创新发展是一个较为复杂的系统，包含创新发展、绿色发展以及两者的交互与融合，需要依据多个理论、从多个视角进行诠释，包括创新理论、创新系统理论、可持续发展理论以及生态文明理论。

创新理论最早由经济学家熊彼特提出，他从生产的角度论述创新，认为创新是将从未组合过的生产要素和生产条件整合为新的生产方式，从而推动经济的可持续发展。企业家在创新理论中发挥重要作用，一个国家和地区的经济发展水平在很大程度上由企业家的数量所决定，企业家出于追求利润的考虑，选择不同的要素组成新的组合引入生产体系，同时其他企业家竞相创新，推动生产方式的进步。熊彼特将创新概括为五种基本形式，分别是产品创新、技术创新、市场创新、资源配置创新和制度创新（组织创新），其中制度创新是指创建新的组织形式，这无疑是创新的最高形式。

创新是一个复杂、动态的网络系统，由多个主体和要素交互作用而成，不同要素之间相互作用、相互依赖、相互制约。创新系统理论是将创新理论和系统学理论相结合，从系统的角度出发研究分析创新行为，可分为国家创新系统理论和区域创新系统理论，由于本指数所评价的是城市的创新行为，因而更适用区域创新系统理论。区域创新系统是由相互作用、相互促进的政府、高校、科研院所、中介组织和企业构成的创新空间网络，其有助于企业交易成本降低、创新文化氛围营造、知识信息共享、专业人才培养和技术产品交叉繁殖，从而推动企业技术创新发展，增强区域创新能力。创新系统理论对绿色创新发展指数构建的启示在于绿色创新不仅与创新行为组织息息相关，还受到创新环境的影响，比如政策制度、基础设施、创新资源和社会文化等。

可持续发展理论涵盖经济、环境和社会等多角度的内容，其内涵一是着重突出发展与可持续两个方面，二是着重强调代际公平的问题，三是解释人类社会与自然环境和谐统一、协调发展的问题。可持续发展理论着重强调采取集约型生产的经济发展方式，提倡通过走清洁生产和文明消费之路实现资源节约、环境改善和产业绿色化，从而提高经济效益。

生态文明理论以尊重自然和爱护环境为前提，遵循人与自然和谐友好发展的原则，引导建立可持续发展的生产生活方式，促进人与自然和谐统一的发展局面。生态文明建设的重中之重是通过生产方式绿色化和生活方式绿色化实现绿色发展，其中生产方式绿色化可以通过大力发展循环经济与产业绿色化来实现，生活方式绿色化则可通过加强社会生态文明建设来实现。

1.3 绿色创新发展指数的指导思想

自中华人民共和国成立以来，我国的创新组织形式经历了“政治创新”“经济创新”“技术创新”和当今的“绿色创新”四个阶段。其中，“技术创新”与“绿色创新”是“经济创新”的继承与发展，“技术创新”通过开拓新兴市场、淘汰落后产能、优化产品结构、创新管理技术，抢占产业制高点，大大提升了中国企业的核心竞争力，逐步实现从“中国制造”向“中国创造”的转变。然而“技术创新”带来飞速发展的同时，也导致了资源能源高消耗、环境污染和生态破坏的不良后果，习近平生态文明思想强调“绿色创新”[①]，使我国经济从“以速度增长”转变为“以质量增长”的“新常态”经济。目前已有研究实证证明，绿色创新对经济高质量发展有显著的正向影响（朱于珂、高红贵、肖甜，2021；何智励、汪发元、汪宗顺等，2021）。

绿色创新发展指数以习近平新时代中国特色社会主义思想为指导，特别是以习近平生态文明思想为指导。党的十八大以来，习近平总书记针对“什么是绿色发展”“怎样实现绿色发展”等问题提出了一系列新观点、新思想、新论断，包括建设中国特色社会主义“五位一体”总体布局，明确了生态文明建设的国家战略地位；党的十八届五中全会提出了新发展理念，指出绿色是永续发展的必要条件；党的十九大提出新时代我国要建设人与自然和谐共生的现代化格局，满足人民群众日益增长的优美生态环境需要，建设美丽的现代化强国。这些新观点、新思想和新论断准确把握新时代我国绿色发展理念的核心内容，总结出我国推进绿色发展的实践创新路径，对新形势下贯彻新发展理念、形成绿色生产方式和生活方式、建设美丽的社会主义现代化强国具有重要的理论价值和实践价值。

---

① 即坚持生态优先，依靠科技创新。

1.4 绿色创新发展指数的意义

我国正处于粗放型经济向可持续发展方式快速转型的关键时期，亟须大力推动绿色创新来优化各个城市的经济与社会形态。然而，目前国内对绿色创新的研究多数集中于微观层面上，而对于不同省份或不同城市的区域绿色创新发展分析较少。绿色创新发展指数从宏观视角将经济、创新、生态环境要素结合起来，综合考虑绿色创新投入和绿色创新产出两个方向，对全国不同城市的绿色创新发展情况进行评价。通过横向和纵向的比较，一方面可以对不同城市的绿色创新现状有充分的认识，了解各个城市的绿色创新差异性和发展变化；另一方面有利于促进各个城市经济及其创新健康有序可持续地发展，为政府制定绿色发展与创新驱动发展战略的相关政策提供依据。

2 绿色创新发展指数的框架

2.1 国内外相关指数分析

创新是经济发展的不竭动力，绿色发展则体现资源环境与经济发展的和谐统一。为架构从理论到实践的桥梁，国内外多位研究者纷纷探索创新与绿色发展的指标评价体系，通过排名评估某个国家或区域在一定时期内创新能力和绿色发展的相对水平。由于编制的目的和原理不同，不同指数在指标设计和所强调的主题上存在差异，为数众多的指标要么侧重创新能力，要么侧重绿色发展，鲜有指数评估创新驱动和绿色发展的协同效用。

侧重创新能力评价的知名指数有全球创新指数（Global Innovation Index，GII）、欧盟创新指数（European Innovation Scoreboard）、中国城市创新指数、中国企业创新发展指数和长江经济带科技创新驱动力指数。2007 年世界知识产权组织、康奈尔大学、欧洲工商管理学院共同创立全球创新指数，包括 5 个创新投入指标和 2 个创新产出指标共 84 个变量，对当时全球 120 多个经济体的创新现状进行衡量，其中创新投入指标体现各个经济体为创新提供的支持因素，如体制、人力资本和研究、基础设施、市场成熟度和商业成熟度；创新产出指标评估创新成果的实质证据，如知识与技术产出和创造性产出，从而衡量不同经济体从创新中获益的程度。欧盟创新指数几经演化，最终从创新投入与创新产出两个层次确定了5个维度：创新主体、知识生产、企业与创新、创新应用和知识产权，其中创新主体和知识生产属于创新投入范畴，创新应用和知识产权属于创新产出范畴，同时由于重视企业的创新主体作用而将企业与创新作为单独的维度。广东省社会科学院编制的中国城市创新指数基于产业链、创新链、资金链三链融合的理念，采用发展基础、科技研发和产业化三个维度构建指标评价体系，主要从创新基础、品牌创新以及高新技术产业化能力等方面评测中国经济百强城市的创新能力。中国科学技术信息研究所编制的中国企业创新发展指数从创新基础、创新能力、创新活动和创新绩效4个方面构建指标评价体系，评估企业创新发展能力。上海社会科学院信息研究所助理研究员杨凡等所构建的长江经济带科技创新驱动力指数从科技创新投入、科技创新载体、科技创新产出和科技创新绩效4个维度全面系统地评价110个长江经济带城市的科技创新驱动力状况，其特色在于新增了科技创新绩效指标评价创新效率。

侧重绿色发展评价的知名指标有加州绿色创新指数、中国绿色发展指数和长江经济带绿色发展指数。加州绿色创新指数是加州政府为监测当地绿色经济特别是低碳经济发展情况而编制的，该指标评价体系包括低碳经济、能源效率、绿色科技创新、可再生能源和交通运输5个维度，共18个二级指标，该指标以低碳经济为核心，同时注重科技创新在促进绿色发展中的作用。中国绿色发展指数由北京师范大学、西南财经大学和国家统计局中国经济景气监测中心联合发布，作为目前国内具有较大影响力的绿色发展评价指数，其采用经济增长绿化度、资源环境承载潜力和政府政策支持度3个维度，下设9个二级指标，包括中国省际绿色发展指数和中国城市绿色发展指数两套体系，分别对中国30个省份和100个城市的绿色发展情况进行综合评价。中国绿色发展指数的特色在于注重绿色与发展的结合，特别突出了政府绿色管理的引导作用。上海社会科学院信息研究所海骏娇助理研究员编制的长江经济带绿色发展指数采用绿色生态、绿色生产和绿色生活3个维度，下设7个二级指标和21个三级指标，对长江经济带126个城市的绿色发展水平进行系统评价。另外，目前有研究表明，我国绿色创新发展水平存在显著的区域差异，而且绿色创新效率高水平地区和低水平地区之间的发展差距在不断扩大（黄杰、全华丽，2021；王婧、杜广杰，2021）。

2.2 绿色创新发展指数的特色

绿色创新发展指数采用“投入—产出”的分析框架，利用包含绿色创新投入指数（包含创新制度、研发投入、创新基础、创新转化4个二级指标）和绿色创新产出指数（包含创造产出、绿色经济、生态环境、健康生活4个二级指标）指标评价体系，全面评价长江经济带城市的创新能力和绿色发展情况。同上述国内外相关指数对比，本指数具有以下鲜明特色。

首先，上述指标评价体系鲜少同时考虑创新能力和绿色发展，大多仅涉及一个方面，仅加州绿色创新指数同时包含绿色发展和科技创新，然而其更侧重于低碳经济、可再生能源和能源效率领域，并未将社会、经济结构和制度等因素纳入指标评价体系。本指数综合考虑创新能力和绿色发展，且并未将这两个方面割裂开，尽管绿色创新投入指数以反映科技创新为主，但其二级指标“创新制度”中仍包含与绿色发展相关的指标；尽管绿色创新产出指数以绿色发展成果为主，但其二级指标“创造产出”突出体现了创新绩效。

其次，上述创新能力评价指标鲜少涉及创新转化指标。本指数整体沿用全球创新指数和欧盟创新指数所采用的“投入—产出”分析框架，同时在绿色创新投入指数中设置二级指标“创新转化”以衡量绿色创新的转化效率。并非所有绿色创新投入都能转化成相应的绿色创新成果，只有真正将绿色创新投入转化为现实生产力才能有效促进经济增长和可持续发展，因此创新转化是衡量绿色创新发展的关键指标。

最后，本指数的绿色创新产出子指数所包含的4个二级指标采用层层递进的逻辑进行设置。绿色创新产出指数同时涵盖创新绩效和绿色绩效，其中绿色绩效部分与上海社会科学院信息研究所海骏娇助理研究员编制的长江经济带绿色发展指数有相似之处，然而其所采用的绿色生态、绿色生产和绿色生活 3 个维度呈并列逻辑，本指数中绿色创新产出指数下设的 4 个二级指标呈递进逻辑，即“创造产出”优化经济增长模式所形成的结果表现为“绿色经济”，“绿色经济”的持续发展改善人类赖以生存的“生态环境”，“生态环境”的持续改善带来人类所向往的“健康生活”，同时“健康生活”也是绿色创新发展在社会生活层面的终极目标。

另外，本指数多层次展现了各城市的绿色创新发展水平，方便其他城市进行学习。

2.3 指标评价体系的框架与原则

绿色创新发展指数的指标评价体系需要全面反映各个城市的创新成果及生态环境绩效，契合创新理论及可持续发展理念，展现人与自然和谐共处的美好生活。该指标评价体系需要综合考虑不同城市科技创新、生态环境和资源消耗等多方面因素，此外，由于地区发展水平、城市规划的差异，不同城市对绿色创新的重视程度及定位不尽相同，因此还需综合考虑地区差异。从上述角度出发，为提升绿色创新发展指数评价结果的客观性、准确性和可靠性，评价指标选取遵循以下三项原则。

一是科学性原则。在绿色创新相关理论的指导下，绿色创新发展指数的指标设计需符合地区绿色经济发展规律，体现科技创新和生态环境相统一的要求。指标的设计、数据的获取都需建立在普遍的科学理论指导之下，并能通过有效的数理研究方法计量测度。

二是系统性原则。城市绿色创新是经济、创新和环境资源 3 个子系统协同作用的结果，绿色创新发展指数指标的选取需在了解绿色创新发展内涵的基础上，结合各个城市绿色创新发展总体情况，大致涵盖三个子系统的主要方面。这样不仅体现了绿色创新的特征，而且确保了信息的完整性。

三是可比性原则。构建绿色创新发展指数是为了评价各个城市绿色创新发展水平，因此需保证可以进行横向和纵向的对比分析，即时间和空间上的对比。所以在建立指标评价体系时必须保证指标数据的可比性。

基于上述三项原则，绿色创新发展指数的创立可帮助长江经济带沿线各城市了解和发现自身在创新能力、绿色发展上的竞争力，进而实现高质量发展。伴随着人们对绿色创新发展理解的加深，绿色创新的边界不断外延，它不仅体现在R&D投入的加大、发表学术论文的增多或森林覆盖率的上升，还体现在商业活动和技术活动的方方面面。可不论绿色创新具体的体现形式如何变化，它都可以用“投入—产出”的框架进行分析和解释。因而，在具体指标评价体系的构建过程中，本报告将其分为绿色创新投入指数和绿色创新产出指数两部分进行度量。

2.4 绿色创新投入指数

要想实现高质量发展，将以往的以要素投入为主的模式转变为创新驱动、绿色发展的模式，必然需要在多方面进行变革和投入，与其相关的指标便在绿色创新投入指数中予以涵盖。绿色创新投入指数主要反映不同城市为达成绿色创新转型，实现经济高质量发展所必需的制度、资金、人力资本、基础设施、信息服务等方面基础支撑和必要投入情况，主要包含创新制度、研发投入、创新基础、创新转化4个指标。

创新制度是绿色创新的根本保障，高效、合理的制度安排有利于促进绿色创新的开展。政府作为制度供给主体，在推动绿色创新中理应扮演重要角色。政府通过提供各种规则、法律程序和行为规范，促进绿色创新理念的培育与普及，激发创新动机，整合绿色创新资源，提高创新资源的配置效率，同时建立创新成果的使用、补偿与回报机制，为促进绿色创新发展提供强大助推力。制度环境是激励绿色创新开展的根本保障（杨朝均、王冬彧、毕克新，2021；刘明广，2021）。

研发投入是绿色创新的重要基础支撑。各个城市绿色创新能力的培育与提升需要以科技研发活动为基础，而在科技研发活动中，科技研发人员和科研经费投入至关重要，是开展绿色创新活动的重要保障。从研发投入的角度看，数量无疑是非常重要的，为创新驱动、绿色发展的经济高质量转型提供更加坚实的保障。较低水平的人力资本并不利于促使区域创新活力驱动绿色发展转型（侯建、白婉婷、陈建成，2021）。研发投入对绿色技术创新具有正向的影响和作用（张永林，2021；王欣欣，2021）。

创新基础是保障经济体实现转型和发展的重要支撑。良好的通信、交通和能源等基础设施建设有助于商品的流通、思想的交流、服务的提升，可以有效提高创新效率、降低创新成本，为绿色创新体系注入活力。基础设施作为特殊的公共物品，前期投入成本大，利润难以预期，因而企业参与意愿不高，需要各市政府加大投入。

创新转化是实现绿色创新发展的关键。绿色创新成果只有真正转化为现实生产力才能有效促进经济增长和可持续发展。绿色创新成果并不都能转化为应用，必须发挥政府和市场的作用，建立有效的市场发现机制，促进成果的转化和利用，提高创新转化效率，让创新真正落实到创造新的经济增长点上。

2.5 绿色创新产出指数

要想实现高质量发展，将以往以要素投入为主的模式转变为创新驱动、绿色发展的模式，最为核心的就是要看经济发展、企业生产、人民生活的相关指标是否符合绿色创新的内涵，相关指标就体现在绿色创新产出指数之中。绿色创新产出指数主要反映不同城市在经济社会发展过程中体现出来的可持续发展、绿色生产、低碳生活等方面的创新成果，主要包含创造产出、绿色经济、生态环境、健康生活 4 个指标。

创造产出是最突出体现创新绩效的产出指标。创新是经济发展的不竭动力，经济高质量发展的核心也是通过创新驱动来实现的。在创造产出的概念中，不仅应包含科研学术上的高精尖成果，也应涵盖企业在实践中的新产品开发和旧产品改造，最终形成较大规模、有足够影响力的项目和产业。通过这些项目和产业，不断地变革经济社会发展方式，最终实现高质量转型发展。

绿色经济是绿色创新发展在经济社会层面所形成的成果。绿色创新发展在于通过创新驱动的模式，将以往高耗能、高污染、高排放的产业在节能减排、污染治理、循环利用等方面进行改造，催生一批低碳环保、高效节能、绿色健康的产业，减少整体经济发展过程中的耗能，提升发展效率，对于提高经济的绿色发展水平具有现实意义（韩丽萌、郭君华，2021）。

生态环境集中体现绿色创新发展对人们赖以生存的环境的改变。人与自然是生命共同体，生态环境没有替代品。生态环境问题归根结底是发展方式和生活方式问题，在整个经济发展过程中，生态环境是最能体现高质量发展转型成效的指标。只有贯彻绿色创新的发展理念，将经济活动、人类行为限制在自然资源和生态环境能够承受的限度内，生态环境才能持续改善，人类才能实现可持续发展。

健康生活是绿色创新发展在社会生活层面的最终体现。绿色创新的理念需要社会的共同参与，从我做起，从自身出发，在日常生活中践行低碳环保的生活方式。

3　指标数据来源及说明

鉴于目前还没有集中统一反映绿色创新发展的统计数据，各指标的数据来源非常分散，数据主要来源于中国城市统计年鉴、地方统计公报、党政机关报和政府门户网站、Wind 地区宏观数据库、中国科技统计年鉴、中国火炬统计年鉴、百度等。考虑到新冠疫情影响，2020 年的指标值存在异常，在指标选择以及权数确定过程中，报告使用 2017—2019 年的数据进行分析（指标与数据说明见附表 1）。

4　指数编制方法

步骤 1：逆向指标变换。将两个逆向指标（能源强度和碳强度）取倒数。

步骤 2：数据预处理。受新冠疫情影响，2020 年的指标值存在异常，且其数据缺失情况较为严重，在权数确定过程中，使用 2017—2019 年的数据进行分析。由于部分指标呈现出明显的偏态分布，为了提高分析结果的稳健性，避免极端值的影响，本报告对这些指标进行了对数变换。

步骤 3：确定指标权重。根据指标评价体系的架构，建立二阶验证性因子模型，为了消除指标单位不可比的问题，采用标准化因子载荷反映指标与因子之间的关联性。将同一因子的测量指标的标准化因子载荷进行归一化，得到维度内各指标的权重。记第 j 个维度下各指标为 X_{ij}（$i=1$，…，n_j），各指标对应的标准化因子载荷为 λ_{ij}，则 X_{ij} 的权重为

$$\omega_{ij}=\frac{\lambda_{ij}}{\sum_{i=1}^{n_j}\lambda_{ij}}$$

各维度指标权重见附表 2。

步骤 4：指标无量纲化处理。记第 c 个城市 t 年各指标数据为 X_{ijct}（$c=1$，…，110；$t=2017$，2018，2019），各指标在 2017 年的最小值为 $\min_{ij}$，最大值为 $\max_{ij}$，采用如下公式对指标数值进行变换：

$$x_{ijct}=\frac{X_{ijct}-\min_{ij}}{\max_{ij}-\min_{ij}}\times 100$$

这种无量纲化方法设定了基准水平，指数结果既可以进行横向比较，也可以进行纵向比较。

步骤 5：分维度计算指数。对于第 j 个维度，根据步骤 3 的指标权重，对各指标进行加权平均，得到第 c 个城市 t 年的分维度指数 F_{jct}：

$$F_{jct}=\sum_{i=1}^{n_j}\omega_{ij}x_{ijct}$$

步骤 6：计算总指数。计算 8 个维度指数的简单算术平均数，得到第 c 个城市 t 年的总指数 F_{ct}：

$$F_{ct}=\frac{1}{8}\sum_{j=1}^{8}F_{jct}$$

2021 年绿色创新发展指数评价结果见附表 3。

附表1　　指标与数据说明

一级指标	二级指标	三级指标	计算方式	单位	数据来源
绿色创新投入指数	创新制度	党政机关报和政府门户网站中相关关键词的出现频率		次	慧科搜索关键词：绿色+创新
		中国最具影响力的综合报纸对当地发展经验的报道频率		次	慧科搜索关键词：城市名+绿色+创新
		人均GDP		万元/人	中国城市统计年鉴
	研发投入	全部R&D人员数量/总就业人员数量		人年/万人	Wind地区宏观数据库、中国城市统计年鉴、地方统计年鉴、地方人民政府官网
		地方一般公共预算收支状况	科学技术支出/GDP	%	中国城市统计年鉴
		R&D内部经费支出/工业增加值		%	Wind地区宏观数据库、中国城市统计年鉴、地方统计年鉴、地方统计公报
	创新基础	普通高等院校个数		个	以地方统计年鉴为主，省级统计年鉴、中国城市统计年鉴、地方统计公报为辅
		普通高等院校在校生数		万人	以地方统计年鉴为主，省级统计年鉴、中国城市统计年鉴、地方统计公报为辅

续 表

一级指标	二级指标	三级指标	计算方式	单位	数据来源
绿色创新投入指数	创新基础	人均清洁能源使用量（家庭天然气）	家庭供气总量/常住人口	立方米/人	中国城市统计年鉴
		每万人拥有的公共汽车数	年末实有公共汽车营运车辆数/常住人口（万人）	辆	中国城市统计年鉴
	创新转化	科研机构数		家	中国科技统计年鉴、各省市统计年鉴
		省级以上孵化器数量		家	中国火炬统计年鉴、各省市统计年鉴、地方统计公报、政府工作报告、政府科技统计文件、百度
		高新技术企业数		家	各省市统计年鉴、地方统计公报、政府工作报告、政府科技统计文件、百度
绿色创新产出指数	创造产出	每万人发表国内外科技论文（SCI）	（国内科技论文+国外科技论文）/常住人口（万人）	篇	中国知网检索、Web of Science 检索
		每万人发明专利授权数	发明专利授权数/常住人口（万人）	件	中国城市统计年鉴、地方统计年鉴、城市统计公报、省（市）科学技术厅（局）

续 表

一级指标	二级指标	三级指标	计算方式	单位	数据来源
绿色创新产出指数	创造产出	技术合同成交额/GDP	技术合同成交额/GDP	%	中国城市统计年鉴、地方统计年鉴、城市统计公报、省（市）科学技术厅（局）
	绿色经济	能源强度	能源消耗量/GDP	吨标煤/万元，当年价	地方统计年鉴
		碳强度	二氧化碳排放量/GDP	吨二氧化碳/万元，当年价	中国碳核算数据库（CEADs）县级清单
		工业固体废物综合利用率		%	地方统计年鉴
	生态环境	城市空气质量优良天数比例		%	地方统计公报、各地环境质量公报
		地表水达到Ⅲ类水或以上比例		%	各省市水资源公报、各省市环境质量公报
		森林覆盖率		%	各市林业局（林业和草原局）及城市公开发布的新闻
	健康生活	每千人口医生数	医生数/常住人口（千人）	个	中国城市统计年鉴
		生活污水集中处理率		%	中国城市统计年鉴
		人均预期寿命		岁	中国城市统计年鉴

附表 2　　各维度指标权重

二级指标	指标代码	三级指标	权重
创新制度	X11	党政机关报和政府门户网站中相关关键词的出现频率（次）	0.44
	X13	中国最具影响力的综合报纸对当地发展经验的报道频率（次）	0.28
	X16	人均 GDP（万元/人）	0.28
研发投入	X23	全部 R&D 人员数量/总就业人员数量（人年/万人）	0.42
	X24	地方一般公共预算收支状况（%）	0.23
	X25	R&D 内部经费支出/工业增加值（%）	0.35
创新基础	X31	普通高等院校个数（个）	0.35
	X32	普通高等院校在校学生数（万人）	0.24
	X33	人均清洁能源使用量（家庭天然气）（立方米/人）	0.17
	X34	每万人拥有的公共汽车数（辆）	0.24
创新转化	X41	科研机构数（家）	0.39
	X42	省级以上孵化器数量（家）	0.30
	X43	高新技术企业数（家）	0.31
创造产出	X51	每万人发表国内外科技论文（SCI）（篇）	0.43
	X52	每万人发明专利授权数（件）	0.33
	X54	技术合同成交额/GDP（%）	0.24
绿色经济	X61	能源强度（吨标煤/万元，当年价）	0.50
	X62	碳强度（吨二氧化碳/万元，当年价）	0.37
	X63	工业固体废物综合利用率（%）	0.13
生态环境	X71	城市空气质量优良天数比例（%）	0.44
	X72	地表水达到Ⅲ类水或以上比例（%）	0.19
	X73	森林覆盖率（%）	0.37
健康生活	X81	每千人口医生数（个）	0.61
	X83	生活污水集中处理率（%）	0.03
	X84	人均预期寿命（岁）	0.36

附表3 2021年绿色创新发展指数评价结果（第二梯队及以后按城市拼音排序）

总指数	
第一梯队	上海、南京、杭州、武汉、苏州、合肥、成都、长沙、重庆、宁波
第二梯队	常州、贵阳、衡阳、湖州、嘉兴、昆明、马鞍山、南昌、南通、绍兴、泰州、铜陵、温州、无锡、芜湖、湘潭、扬州、镇江、舟山、株洲
第三梯队	常德、滁州、怀化、淮安、黄山、吉安、金华、丽水、娄底、绵阳、萍乡、衢州、十堰、台州、徐州、宣城、盐城、宜昌、益阳、永州
第四梯队	安庆、蚌埠、池州、抚州、赣州、黄石、荆州、景德镇、九江、连云港、邵阳、咸宁、襄阳、新余、宜宾、宜春、鹰潭、岳阳、张家界、遵义
第五梯队	巴中、郴州、鄂州、广元、淮北、淮南、黄冈、荆门、乐山、六安、泸州、眉山、攀枝花、上饶、宿迁、随州、铜仁、雅安、玉溪、自贡
第六梯队	安顺、保山、毕节、亳州、达州、德阳、阜阳、广安、丽江、临沧、六盘水、南充、内江、普洱、曲靖、宿州、遂宁、孝感、昭通、资阳
创新制度	
第一梯队	上海、南京、武汉、重庆、杭州、苏州、无锡、宁波、成都、常州
第二梯队	鄂州、贵阳、合肥、湖州、淮安、嘉兴、昆明、马鞍山、南昌、南通、绍兴、泰州、芜湖、襄阳、扬州、宜昌、长沙、镇江、舟山、遵义
第三梯队	滁州、黄山、金华、九江、丽水、连云港、攀枝花、衢州、十堰、台州、铜陵、温州、湘潭、新余、徐州、盐城、鹰潭、玉溪、岳阳、株洲
第四梯队	安庆、蚌埠、常德、郴州、池州、德阳、赣州、衡阳、淮北、黄石、荆门、乐山、泸州、绵阳、宿迁、咸宁、宣城、雅安、宜宾、自贡
第五梯队	毕节、抚州、黄冈、吉安、荆州、景德镇、丽江、六安、六盘水、眉山、内江、萍乡、普洱、曲靖、上饶、随州、遂宁、孝感、宜春、益阳
第六梯队	安顺、巴中、保山、亳州、达州、阜阳、广安、广元、怀化、淮南、临沧、娄底、南充、邵阳、宿州、铜仁、永州、张家界、昭通、资阳
研发投入	
第一梯队	湘潭、娄底、衡阳、怀化、合肥、芜湖、苏州、南京、上海、荆州
第二梯队	常德、长沙、成都、杭州、湖州、吉安、嘉兴、马鞍山、绵阳、宁波、萍乡、邵阳、铜陵、无锡、武汉、宣城、益阳、永州、张家界、株洲

续 表

第三梯队	蚌埠、滁州、抚州、赣州、淮北、黄冈、金华、景德镇、昆明、丽水、南昌、南通、衢州、绍兴、台州、泰州、宜昌、宜春、鹰潭、岳阳
第四梯队	安庆、安顺、池州、淮安、黄山、黄石、荆门、九江、上饶、十堰、宿迁、随州、铜仁、温州、孝感、新余、盐城、镇江、重庆、舟山
第五梯队	常州、郴州、德阳、鄂州、阜阳、贵阳、淮南、连云港、六安、六盘水、泸州、眉山、宿州、咸宁、襄阳、徐州、雅安、扬州、宜宾、玉溪
第六梯队	巴中、保山、毕节、亳州、达州、广安、广元、乐山、丽江、临沧、南充、内江、攀枝花、普洱、曲靖、遂宁、昭通、资阳、自贡、遵义
创新基础	
第一梯队	武汉、成都、重庆、南京、长沙、上海、合肥、昆明、杭州、南昌
第二梯队	常州、贵阳、淮安、绵阳、宁波、攀枝花、萍乡、绍兴、苏州、铜陵、无锡、芜湖、湘潭、徐州、扬州、宜宾、镇江、舟山、株洲、自贡
第三梯队	蚌埠、郴州、德阳、鄂州、衡阳、淮北、淮南、黄石、九江、连云港、马鞍山、眉山、南充、南通、十堰、泰州、温州、襄阳、新余、盐城
第四梯队	常德、赣州、广元、湖州、嘉兴、荆门、荆州、景德镇、乐山、丽江、六安、六盘水、泸州、内江、随州、雅安、宜昌、益阳、岳阳、遵义
第五梯队	安庆、安顺、巴中、池州、滁州、达州、抚州、广安、金华、宿迁、遂宁、台州、咸宁、宣城、宜春、鹰潭、永州、玉溪、张家界、资阳
第六梯队	保山、毕节、亳州、阜阳、怀化、黄冈、黄山、吉安、丽水、临沧、娄底、普洱、曲靖、衢州、上饶、邵阳、宿州、铜仁、孝感、昭通
创新转化	
第一梯队	上海、苏州、成都、武汉、杭州、南京、重庆、合肥、常州、长沙
第二梯队	赣州、贵阳、湖州、嘉兴、金华、九江、昆明、连云港、南昌、南通、宁波、绍兴、泰州、温州、无锡、芜湖、徐州、盐城、扬州、镇江
第三梯队	常德、抚州、阜阳、淮安、黄冈、黄山、吉安、马鞍山、绵阳、上饶、邵阳、台州、湘潭、襄阳、宜宾、宜昌、宜春、岳阳、株洲、遵义
第四梯队	郴州、滁州、德阳、衡阳、淮北、黄石、荆州、景德镇、丽水、泸州、南充、萍乡、衢州、十堰、宿迁、咸宁、孝感、宣城、益阳、永州

续 表

第五梯队	安庆、安顺、巴中、蚌埠、亳州、达州、怀化、荆门、乐山、六安、娄底、内江、普洱、宿州、遂宁、铜陵、新余、鹰潭、舟山、自贡
第六梯队	保山、毕节、池州、鄂州、广安、广元、淮南、丽江、临沧、六盘水、眉山、攀枝花、曲靖、随州、铜仁、雅安、玉溪、张家界、昭通、资阳
创造产出	
第一梯队	南京、杭州、上海、武汉、马鞍山、宣城、芜湖、长沙、合肥、成都
第二梯队	常州、滁州、贵阳、嘉兴、金华、昆明、南昌、南通、宁波、衢州、绍兴、苏州、台州、温州、无锡、湘潭、徐州、镇江、舟山、株洲
第三梯队	蚌埠、抚州、湖州、淮安、淮北、淮南、黄石、荆州、绵阳、萍乡、十堰、泰州、铜陵、咸宁、襄阳、盐城、扬州、宜昌、重庆、遵义
第四梯队	安庆、安顺、亳州、常德、池州、鄂州、赣州、衡阳、黄冈、黄山、荆门、景德镇、丽水、连云港、六安、攀枝花、邵阳、宿州、铜仁、益阳
第五梯队	郴州、德阳、阜阳、怀化、吉安、九江、六盘水、泸州、随州、遂宁、孝感、新余、雅安、宜春、鹰潭、永州、玉溪、岳阳、张家界、自贡
第六梯队	巴中、保山、毕节、达州、广安、广元、乐山、丽江、临沧、娄底、眉山、南充、内江、普洱、曲靖、上饶、宿迁、宜宾、昭通、资阳
绿色经济	
第一梯队	扬州、镇江、泰州、绍兴、合肥、舟山、常州、上海、无锡、杭州
第二梯队	安庆、衡阳、湖州、吉安、嘉兴、马鞍山、南京、南通、宁波、苏州、铜陵、温州、芜湖、武汉、湘潭、襄阳、徐州、宜宾、长沙、株洲
第三梯队	蚌埠、常德、滁州、鄂州、淮安、黄山、金华、荆门、丽水、普洱、衢州、随州、台州、宣城、盐城、宜昌、益阳、鹰潭、昭通、重庆
第四梯队	巴中、池州、阜阳、怀化、景德镇、九江、连云港、临沧、南昌、萍乡、邵阳、十堰、宿州、咸宁、孝感、宜春、永州、玉溪、岳阳、自贡
第五梯队	毕节、亳州、成都、抚州、贵阳、淮北、淮南、黄冈、荆州、昆明、六安、娄底、泸州、曲靖、上饶、宿迁、新余、张家界、资阳、遵义
第六梯队	安顺、保山、郴州、达州、德阳、赣州、广安、广元、黄石、乐山、丽江、六盘水、眉山、绵阳、南充、内江、攀枝花、遂宁、铜仁、雅安

续 表

生态环境	
第一梯队	黄山、丽水、赣州、普洱、丽江、保山、张家界、怀化、临沧、衢州
第二梯队	安顺、巴中、毕节、郴州、抚州、贵阳、吉安、金华、景德镇、六盘水、攀枝花、上饶、十堰、台州、铜仁、新余、雅安、永州、玉溪、遵义
第三梯队	池州、广元、杭州、九江、昆明、乐山、娄底、萍乡、曲靖、邵阳、绍兴、温州、咸宁、宣城、宜昌、宜春、长沙、昭通、重庆、株洲
第四梯队	安庆、常德、达州、衡阳、湖州、黄冈、六安、泸州、眉山、绵阳、南充、宁波、随州、铜陵、湘潭、宜宾、益阳、鹰潭、岳阳、舟山
第五梯队	成都、滁州、广安、合肥、黄石、荆州、连云港、马鞍山、南昌、南京、南通、内江、上海、宿迁、遂宁、泰州、芜湖、襄阳、盐城、资阳
第六梯队	蚌埠、亳州、常州、德阳、鄂州、阜阳、淮安、淮北、淮南、嘉兴、荆门、苏州、宿州、无锡、武汉、孝感、徐州、扬州、镇江、自贡
健康生活	
第一梯队	杭州、南京、上海、舟山、宁波、丽水、衢州、温州、绍兴、湖州
第二梯队	成都、广元、贵阳、合肥、淮安、嘉兴、金华、昆明、攀枝花、十堰、苏州、台州、泰州、无锡、武汉、徐州、雅安、盐城、宜昌、长沙
第三梯队	蚌埠、常州、怀化、荆门、连云港、绵阳、南昌、南通、宿迁、遂宁、铜陵、芜湖、咸宁、湘潭、扬州、益阳、镇江、重庆、株洲、自贡
第四梯队	常德、郴州、池州、滁州、德阳、衡阳、淮北、黄山、黄石、乐山、六安、泸州、马鞍山、内江、萍乡、襄阳、宣城、永州、张家界、资阳
第五梯队	安庆、巴中、鄂州、抚州、阜阳、淮南、黄冈、荆州、九江、眉山、南充、邵阳、宿州、随州、孝感、新余、宜宾、玉溪、岳阳、遵义
第六梯队	安顺、保山、毕节、亳州、达州、赣州、广安、吉安、景德镇、丽江、临沧、六盘水、娄底、普洱、曲靖、上饶、铜仁、宜春、鹰潭、昭通

附录 2　长江经济带城市先进经验汇编①

1　创新制度发展经验

根据 2021 年创新制度指标评价结果，上海、南京、武汉、重庆、杭州、苏州、无锡、宁波、成都、常州位列前十。

1.1　上海：绿色创新制度指导规划发展，制度宣传表现亮眼

出台碳达峰碳中和实施意见，大力支持碳减排融资。上海市政府出台《上海加快打造国际绿色金融枢纽服务碳达峰碳中和目标的实施意见》，并将“建设上海绿色金融改革创新试验区”作为打造国际绿色金融枢纽的核心和关键举措，这是我国提出“双碳”目标后第一份由省级政府出台的绿色金融文件。截至 2021 年 12 月末，上海辖内金融机构已发放碳减排支持工具贷款 37.5 亿元，其中，34.3 亿元投向清洁能源领域，3.2 亿元投向节能环保领域，预计贷款带动的年碳减排量为 75.2 万吨/年。中国人民银行上海分行 2021 年 12 月牵头印发《上海市碳排放权质押贷款操作指引》，截至 2021 年年底，上海多家金融机构落地碳排放权质押融资业务，质押量超过 130 万吨，融资超过 4100 万元。在激励约束机制方面，上海已将绿色行业纳入本市中小微企业信贷奖补政策重点行业目录，将相关贷款不良率补偿区间下限从 1.5%放宽至 1.2%。中国人民银行上海分行通过印发《上海银行业金融机构绿色金融评价实施细则》，优化激励约束机制；同时，通过《上海金融机构绿色贷款报数指

① 报告中文件时间选取其成文时间。

引》，严防数据造假和“洗绿”。

持续重视绿色创新制度的宣传和报道。上海本地持续重视对于绿色创新制度的宣传和报道，在“党政机关报和政府门户网站中相关关键词的出现频率”这一三级指标上位居第一，报道超过 20000 次，大幅超过其他城市。在上海本地宣传报道的基础上，“中国最具影响力的综合报纸对当地发展经验的报道频率”指标也表现亮眼，有近 2000 次报道，位居城市前茅。两者相互促进，向全国全面展示了上海的绿色创新经验。

消费水平高，营商环境好。上海的“人均 GDP”三级指标位列第四。考虑到当地较大的人口规模，在使用人均指标计算后，上海依然保持了显著优势。这不仅反映了上海居民的高消费水平，也反映出上海拥有繁荣的市场，为商业活动提供了更多的机会。这样旺盛的消费需求创造了优越的营商环境，为各类企业发展与创新制度实施提供了有力支持，促进了社会的全面发展。

1.2 南京：为区域发展注入“绿能”，塑造创新驱动发展新优势

创新驱动发展优势，为长江经济带提供强劲动力。《2021 年南京市推动长江经济带高质量发展专项行动计划》提出，构建节约资源和保护环境的空间格局、产业结构、生产方式、生活方式，加快沿江产业基础高级化和产业链现代化，塑造创新驱动发展新优势，为推动长江经济带高质量发展注入强劲“绿能”。2021 年 4 月，江北新区（自贸试验区）出台了《南京江北新区碳达峰、碳中和行动计划》，从推进产业结构优化升级、优化能源消费结构、推进绿色城市建设、提升生态发展水平和健全低碳发展体制机制 5 个方面提出 19 项重点任务，将低碳发展作为推进江北新区（自贸试验区）现代化、国际化、生态化建设的重要抓手，在推动高质量发展中促进经济社会发展实现全面绿色低碳转型。

资源与政策提供经济发展保障。南京作为江苏省会，享受着更多的资源支持和政策倾斜，为其经济发展提供了有力保障。南京的“人均 GDP”三级指标位列全部城市第三，仅次于同省的无锡和苏州，这离不开较为平衡的全省经济发展水平。同时，省会的地位使得南京在资金、科技、人才等方面拥有得天独

厚的优势。通过吸引外资，投资额持续增长，加速了南京经济的快速发展。

1.3 武汉：绿色创新制度宣传强劲，绿色创新政策开始发力

凝聚社会力量，探索融入民生的绿色创新制度。武汉近年在绿色创新制度方面保持高位，作为长江经济带的重要城市，其在绿色创新制度方面经验丰富。武汉市生态环境局探索以低碳转型为重点、试点示范为引领、制度创新为支撑的低碳发展 模式，广泛凝聚社会力量，积极倡导绿色生活。2021 年 10 月 29 日，《武汉市“美丽中国，我是行动者”新时代助力高质量发展 提升公民生态文明意识实施方案（2021—2025）》印发，进一步推动构建生态环境治理全民行动体系，不断提升宣传教育工作水平，加快推动绿色低碳发展，形成人人关心、支持、参与生态环境保护工作新格局，为推动全市经济社会发展绿色转型、持续改善生态环境质量、建设美丽武汉营造良好社会舆论氛围，为行为活动提供支撑。

武汉经济稳定增长，成为中部地区经济中心。武汉拥有广阔的市场和庞大的人口基数，其经济总量位居中部城市首位，GDP 连续多年保持稳定增长，成为中部地区的经济中心。武汉在“人均 GDP”指标中有较好的表现，在全部城市中位列第十二。武汉拥有众多高等院校和科研机构，在科技研究和人才培养方面具备得天独厚的优势。华中科技大学、武汉大学等高校在国内外享有盛誉，为城市的创新发展提供了强有力的支持。

1.4 重庆：绿色创新制度宣传较好，绿色创新政策执行到位

政策宣传推动建立健全绿色创新制度。重庆“党政机关报和政府门户网站中相关关键词的出现频率”统计达 10000 次，“中国最具影响力的综合报纸对当地发展经验的报道频率”较 2020 年有所提升，位次由第四上升为第三，体现了重庆对绿色创新政策宣传的大力支持。重庆在加大力度进行绿色创新政策宣传的同时，也不断加快建立健全绿色创新制度。2021 年 7 月，《支持绿色创新若干财政金融政策》出台，政策涉及集聚绿色创新力量、建设绿色发展示范、推进大数据智能化创新、完善绿色创新体制机制 4 个板块，支持科

技创新成果项目转化及科创企业项目孵化、引导、培育及上市。2021 年 10 月 14 日，生态环境部命名了第五批国家生态文明建设示范区和“绿水青山就是金山银山”实践创新基地，其中重庆渝北区荣获全国“绿水青山就是金山银山”实践创新基地称号。

推动产业结构优化升级，构建市场导向的绿色技术创新体系。2021 年重庆规模以上工业战略性新兴产业与高技术制造业增加值占规模以上工业增加值的比重分别为 28.9%和 19.1%。2021 年 10 月，《重庆市人民政府关于加快建立健全绿色低碳循环经济体系的实施意见》出台，提出包括推进工业绿色升级、加快农业绿色发展、提高服务业绿色发展水平、壮大绿色环保产业、提升产业园区和产业集群循环化水平、构建绿色供应链等工作任务，不断推动产业结构优化升级，构建市场导向的绿色技术创新体系，支持绿色低碳循环发展关键技术研发与应用，建设绿色低碳循环发展创新平台，加速科技成果转化。

1.5 杭州：打造新时代美丽杭州，夯实碳达峰基础

践行绿色发展新理念，打造美丽杭州新天堂。杭州大力推进生态文明建设，打好《新时代美丽杭州建设三年行动计划（2020—2022 年）》收官战，编制新一轮三年行动计划；加快创建国家生态文明示范市，推进生态文明示范创建提质扩面，力争创建 1 个以上国家生态文明建设示范区或“绿水青山就是金山银山”实践创新基地。为扎实推进碳达峰碳中和工作，制定出台《中共杭州市委 杭州市人民政府关于完整准确全面贯彻新发展理念做好碳达峰碳中和工作的实施意见》（以下简称《实施意见》），为其高质量实现碳达峰碳中和明确了时间表、路线图。《实施意见》提出了 3 个阶段的主要目标——到 2025 年，碳达峰、碳中和政策体系基本建立，经济社会发展全面绿色低碳转型取得明显进展，科技创新和制度创新取得显著成效，碳达峰基础得到夯实；到 2030 年，高质量实现碳达峰，碳达峰、碳中和数智治理体系基本建成，产业结构和能源结构优化取得阶段性成果，绿色低碳技术取得关键突破，能源利用效率、二氧化碳排放水平处于全国前列；到 2060 年，率先建成零碳城市，全面构建相匹配的城市治理体系。

经济发展重心转移，大力发展数字经济。杭州锚定万亿级智能物联产业集群，发展壮大数字视觉、区块链、云计算、大数据、电子商务等产业，加强虚拟现实、人工智能等核心技术攻关，谋划元宇宙产业布局。同时，杭州扎实推进千兆城市建设，积极推动亚运场馆通信网络建设，落实 5G 基站建设任务，进一步加快互联网交换中心生态建设，大力推进数据中心绿色发展，创新发展工业互联网，以“1+N”体系建设为重点，加快提升基础性平台能级，结合“未来工厂”建设，面向不同场景深化应用创新，培育一批影响力突出的行业级、产业链级、区域级、企业级工业互联网平台。

1.6 苏州：聚合专项资金，加快绿色发展

创新制度推动绿色城市建设。苏州在“党政机关报和政府门户网站中相关关键词的出现频率”和“中国最具影响力的综合报纸对当地发展经验的报道频率”指标排名中分别位列第七和第十，在城市范围的调查报告中排名居于前列。苏州市政府坚决贯彻落实《关于全力打响“苏州制造”品牌的若干措施》文件精神，加快研究完善相关政策措施支持企业绿色化改造，统筹资金对符合条件的企业绿色化改造项目予以支持，结合投资额比例按照节能量给予最高 200 万元补助；对合同能源管理项目按照节能量给予最高 100 万元补助；对节能环保产业化项目、有毒有害物质减量（替代）、再制造技术应用、废旧产品高值化等资源循环利用项目按照投资额分档补助。此外，苏州市级财政还对符合条件开展节能诊断服务的机构予以补助，对能耗在线监测系统数据成功对接省平台的企业给予 10 万元补助，对获得能效“领跑者”企业予以奖励，全方位优化完善支持绿色发展的政策体系。

支持产业绿色转型，推动形成绿色发展方式，助力推进美丽苏州建设。整合设立苏州市级打造先进制造业基地专项资金，有力支持绿色制造体系建设，为市区节能技术改造项目、节能环保装备（产品）产业化项目、循环经济和清洁生产项目、绿色制造奖励项目、能源审计和节能诊断项目等做好资金保障。2019—2021 年，苏州市财政局共下达相关专项资金近 9000 万元，其中 2021 年下达财政扶持资金 3300 多万元。截至 2021 年 8 月，苏州已拥有 47

家国家级绿色工厂、29家省级绿色工厂，建设数量位居全省首位。

1.7 无锡：经济运行平稳向好，优质营商环境促进绿色制度的创新和发展

绿色发展迅猛，加快推进“无废城市”建设。1个国家级绿色园区、19个国家级绿色工厂、2个国家级绿色供应链管理企业、24类产品被认定为绿色设计产品，等等，“无锡制造”绿意盎然。作为践行生态文明和经济高质量发展的先行者，无锡在“低碳赛道”上马力十足。2021年，无锡战略性新兴产业、高新技术产业产值占规上工业比重分别达39.9%、49.2%，能源、产业结构和空间布局一路向“绿”。为带动各行业绿色高质量发展，无锡制订了“绿色发展领军企业计划”，到2025年，全市绿色发展领军企业目标达到50家左右。

“无锡模式”促进绿色低碳高质量发展。无锡在“人均GDP”指标中表现良好，作为万亿GDP城市和著名山水之城，无锡在绿色低碳转型和率先探路碳达峰碳中和进程中具有良好基础条件，也承担着特殊责任。近年来，无锡在坚持生态保护工作基础上，从自身资源禀赋和城市发展特点出发，大力推进能源、产业和其他领域绿色低碳高质量发展，逐步形成“生态引领、全域低碳、重点领域降碳、试点示范带动”的碳达峰经验和“无锡模式”。

1.8 宁波：制度创新宣传力度较大，践行先行示范区建设等发展理念

争先创优进位，统筹经济社会发展。宁波在“党政机关报和政府门户网站中相关关键词的出现频率”和“中国最具影响力的综合报纸对当地发展经验的报道频率”两个指标中分别位列第八和第三十二。2021年，面对复杂严峻的外部环境，全市上下坚决贯彻落实中央和省市各项决策部署，按照争先创优进位总要求，统筹经济社会发展，加大保供应、稳增长、促发展工作力度，全市经济运行稳中向好，新兴动能加快培育，民生品质持续优化，社会大局和谐稳定，实现“十四五”良好开局。全年实现地区生产总值14594.9亿元，增长8.2%；一般公共预算收入1723.1亿元，增长14.1%。绿色发展步伐加快。制定碳达峰实施方案，谋划“1+N+X”政策体系；宁海、北仑分

别获评国家生态文明建设示范区（县）和“绿水青山就是金山银山”实践创新基地。环境质量持续优化。城区空气质量优良率95.9%，同比提高3个百分点，$PM_{2.5}$平均浓度21微克/立方米，下降8.7%；地表水市控断面达到或好于Ⅲ类水体比例为86.3%；新增危废处置能力33万吨/年。能源结构加快调整。可再生能源发电装机总量456.1万千瓦，增长30%，占电力装机比例提高到20%，可再生能源发电量占全社会用电量比重为6.3%。

新兴动能不断增强，科创资源加速集聚。宁波加快推进国家自主创新示范区、甬江科创区建设，财政科技支出增长16.6%，规模以上工业企业研发费用投入增长28.1%，R&D经费支出占GDP比重达到3%。甬江实验室揭牌成立，新兴产业提速发展。人工智能、数字经济核心产业、高技术制造业、战略性新兴产业增加值分别增长21.3%、17.5%、16.1%和14.5%。市场主体加快培育。新设市场主体22万户，增长16.7%，市场主体累计达120.8万户。新增国家级制造业单项冠军企业（产品）18家、国家级专精特新“小巨人”企业127家，累计总量分别居全国第一位和第三位，有效高新技术企业数量达3919家。

1.9 成都：城乡形态转变，气候投融资试点

绿色金融助力绿色创新。成都在国内首次提出构建以“碳惠天府”为品牌、以“公众碳减排积分奖励、项目碳减排量开发运营”为双路径的碳普惠机制，填补了公众践行绿色低碳行为参与平台的空白；累计推出线上线下碳积分场景62个，用户超过200万人，约90000吨碳减排量实现价值变现，不断夯实超大城市碳达峰碳中和的社会基础。

探索气候投融资路径，引导和撬动更多社会资金助力绿色低碳转型。依托四川天府新区国家气候投融资试点，印发气候投融资支持项目目录及认定规范，组建气候投融资促进中心，加快搭建气候投融资综合服务平台。同时，布局绿色低碳技术创新策源地。以“碳中和+”为核心，聚焦清洁低碳能源、资源碳中和、碳捕集与利用等六大研究方向，高标准组建天府永兴实验室，构建与绿色低碳优势产业相配套的科技创新体系，以更好地服务国家战略；

同时出台近零碳排放区试点建设工作方案、验收及奖补实施细则，坚持因地制宜、循序渐进，探索具有成都特色的“近零碳”实现路径，已确定首批 24 个近零碳园区、工业企业、公共机构、景区和社区试点建设名单。

1.10 常州：经济高质量发展成绩瞩目，着力打造创新生态

精心谋篇“两湖”创新区，启动建设“最美湖湾城”。2021 年以来，常州全市上下坚持以习近平新时代中国特色社会主义思想为指导，全面落实中央和省委、省政府决策部署，深入贯彻新发展理念，锚定高质量发展目标，奋力推进“532”发展战略。全年实现地区生产总值 8807.6 亿元，同比增长 9.1%。全市规模以上工业增加值同比增长 13.6%，2021 年全年完成一般公共预算收入 688.1 亿元，固定资产投资同比增长 4.1%，其中工业投资增长 21.1%。实现社会消费品零售总额 2911.4 亿元，进出口总额 3017.8 亿元，实际到账外资 30.7 亿美元，同比增长 13.0%。

加快构建创新生态。2021 年常州高新区技术合同认定登记额超过 44 亿元。同时，常州高新区与中科院大连化物所、中科院上海技术物理研究所等科研机构建立了紧密的合作关系，推动了产学研深度融合。人才引进和培养方面，常州全年引进高校毕业生及各类人才 10.6 万人，其中高层次人才 4218 人。新增专业技术人才 3.7 万人、高技能人才 1.9 万人，每万名劳动者中高技能人才数达 1270 人，为创新发展提供了坚实的人才保障。

2 研发投入发展经验

根据 2021 年研发投入指标评价结果，湘潭、娄底、衡阳、怀化、合肥、芜湖、苏州、南京、上海、荆州位列前十。

2.1 湘潭：科学技术支出稳健增长，推进国家创新型城市建设

科学技术支出占比提高，充分激发科技创新潜力。2021 年，湘潭全社会研发经费投入 74.65 亿元，比 2020 年增加 15.48 亿元，投入强度为 2.93%，

高于全省平均值30%，排名全省市州第二，创历年最好成绩。2021年企业研发经费投入62.76亿元，较上年增长20.97%，增速比上年提高3.57个百分点；高等院校自主创新能力不断增强，研发投入持续增长，2021年研发经费投入9.03亿元，占全社会研发经费的比重为12.1%，比重较上年提高2.42个百分点；企业研发人员平稳增长，2021年全市研发人员为2.69万人，比上年增长16.62%，其中规模以上工业企业研发人员1.67万人，较上年增长12.44%。湘潭是国家“一五”“二五”时期布局的重点工业城市，工业基础雄厚。随着传统发展动力减弱，湘潭面临越来越大的生态环境压力和外界竞争压力，发展模式由要素驱动转向创新驱动势在必行。湘潭坚持科创资金、科研经费向主导优势产业倾斜，每年有10个以上科技项目入选省科技重点项目。同时，通过“智造莲城”创新成果转化项目路演等机制搭建产学研合作平台，培育出3D打印、特种机器人等一批战略性新兴产业，在以科技之手推动产业转型升级之际，也在悄然间实现了“借梯登高”。

高水平建设国家创新型城市。2022年以来，湘潭出台《湘潭市全力推进国家创新型城市建设三年行动方案（2022—2024年）》《湘潭市推进〈湖南省科技型企业知识价值信用贷款风险补偿改革实施办法〉工作方案》等政策文件，并在全省率先启动科技型企业知识价值信用贷款风险补偿改革，为深入推进国家创新型城市建设营造良好的创新生态环境。为高水平建设国家创新型城市，围绕市委、市政府加快建设“四区一地一圈一强”总体安排部署，湘潭国家创新型城市建设将重点实施创新载体建设工程、创新人才集聚工程、创新主体培育工程、创新支撑产业发展工程、创新成果高效转化工程、创新区域合作工程、创新生态优化工程、创新赋能惠民工程等“八项工程”。

不断推进科技创新人才培育。湘潭出台了《千百扶培·科技创新驱动高质量发展行动方案》《莲城人才行动计划》《湘潭市科技人才成果转化资助和奖励实施细则（试行）》《湘潭市产业科技领军人才团队引进认定和奖励实施细则（试行）》《湘潭市国际化人才和智力引进经费补助实施办法（试行）》等一系列科技创新人才培育政策，市直部门配套出台相关政策文件近20份，形成覆盖企业创新、人才聚集、成果转化等创新全链条的政策体系。

截至 2021 年，全市各类专业技术人员 15 万余人，副高以上职称 6100 余人。湘潭建立科技创新人才智库，涵盖人工智能及新一代信息技术、军民融合及高端装备制造、新材料及 3D 打印、汽车及零部件、生物医药及医疗、现代农业及食品、节能环保及工程建筑、产业发展及其他领域。

2.2 娄底：持续进行高强度高质量研发投入，助力培育科技创新

科研人才优势明显。截至 2021 年年底，娄底在科研人才建设方面取得了显著成效，展现出强劲的发展势头。全市坚持“产业链+人才链”双轮驱动，围绕先进结构材料、新能源、新一代信息技术等十大工业新兴优势产业链，积极构建人才集聚高地。娄底高新区已形成先进装备制造、新能源新材料、医药生物等三大主导产业，配套发展农产品深加工、物流产业，是湖南省新型工业化先进装备制造示范基地、湖南省大众创业万众创新示范基地。

娄底围绕优势主导产业和战略性新兴产业，重点引进培养国内外顶尖人才、国家级产业领军人才、省市级产业领军人才，分别给予最高 150 万元、80 万元、50 万元奖励补贴，同时分别按每年 30 万元、15 万元、10 万元的标准在 5 年内给予购房补贴。对娄底产业发展有重大贡献、能带来重大经济社会效益的顶尖产业领军人才及团队，采取“一事一议”方式，给予最高 1000 万元项目资助。

聚力转型发展，推动科技研发。2017 年，娄底被纳入湖南中部国家产业转型升级示范区建设。近年来，娄底深入贯彻习近平总书记有关湖南重要讲话重要指示批示精神，全面落实“三高四新”战略定位和使命任务，高质量转型发展取得显著成效，主要经济指标均呈现较大幅度增长。与 2017 年比较，2021 年 R&D 投入从 1.4%增长至 1.79%；高新技术企业由 85 家增加至 286 家，高新技术产值增加值由 218.2 亿元增长至 400.6 亿元。娄底出台《关于促进产学研结合增强自主创新能力的意见》《关于实施创新引领战略建设科技强市的意见》等系列政策文件，发布娄底人才新政“36 条”，全力打造全省人才副中心城市，推进产教融合城市建设。2021 年全市研发投入 66.96 亿元，与 2017 年的 26.46 亿元相比，年均增长超 20%。科技创新不断催生发展

新动力，“热轧板带钢新一代控轧控冷技术及应用”获国家科学技术进步二等奖，“铝基复合材料大型构件直接成形技术及其应用”获湖南省技术发明奖一等奖，液压油缸改扩建项目获中央预算内核心技术攻关专项支持。2021 年，全市共获国家、省科技进步奖、技术发明奖等科技奖励 9 项，获国家、省创新创业大赛奖项 15 项，发明专利授权 215 件，同比增长 56.9%。

2.3 衡阳：以科技创新为重点，充分利用自身优势吸引人才

加大创新投入和人才引进力度，推动科技成果有效转化。衡阳深入实施创新驱动发展战略，加快科技创新服务平台建设，引导各类创新要素向企业集聚，促进技术研发成果转化，高新技术产业继续保持稳步增长的良好运行态势。2021 年全市完成高新技术产品产值 1988.02 亿元，实现增加值 644.15 亿元，同比增长 14.3%；从产业规模看，2021 年全市高新技术企业 633 家，较 2020 年净增 218 家；从产值总量看，高新技术产值过亿的单位有 261 个，较 2020 年增加 30 个；增加值、营业收入、利税三项指标均保持两位数增长，分别增长 14.3%、14.5%、19.9%。全市建立优质企业梯度培育库，支持中小企业专精特新发展，涌现出了镭目科技、泰豪通信车辆等一批专注于细分市场、创新能力强、市场占有率高的优质企业；从品牌看，全市实施“雁城精品”中小企业品牌能力提升行动，支持中小企业开展品牌创建工作，新增制造业单项冠军企业（产品）2 家；特变电工 17 项新产品一次性通过国家鉴定，其中 8 项达到国际领先水平、7 项达到国际先进水平。衡阳着力建立高新技术企业后备库，加强创新主体筛选培育，实现高新技术企业数量和质量双提升，大力孵化培育科技型中小企业，逐步形成“科企—高企—‘小巨人’—上市领军型”企业梯度培育体系；同时，在核医交叉、5G、新材料等领域，推动南华大学、衡阳师范学院、湖南工学院等高校与企业共建新型研发机构。此外，衡阳大力集聚高端创新人才，落实“人才雁阵”计划、“万雁入衡”行动，联合建设院士专家工作站，打造一批技术攻关和科技成果产业化标志性工程。争取国家级大型科研装置和重点实验室布局衡阳，支持建设光纤陀螺、医核交叉、输变电、无缝钢管、涡轮增压等国家级工程（技术）

研究中心；加快推进南华大学、衡阳师范学院、湖南工学院、市农科院、市蔬菜所等高校和科研院所技术成果运用、转化和产业化；推进驻衡高校与“大院大所”“名校名所”开展政产学研合作；大力支持和服务上海交通大学5G新材料研究中心、湖南农业大学乡村数字研究院、上海应用大学萱草研究院等研发机构建设；支持中国五矿、特变电工、华菱衡钢、建滔化工、建衡实业、机油泵、启迪古汉、大三湘等企业牵头组建创新联合体。

做优做强民生科技，集中力量突破技术“卡脖子”问题。衡阳着手编制“卡脖子”技术清单，部署实施光刻胶用感光单体国产化研究、惯导系统系列芯片研发及产业化建设项目，以及基于T40芯片深度AI智能摄像机模组的研发，大尺寸、高质量碲锌镉单晶材料的研制，核级海绵锆（铪）分离纯化技术，高强高热导氮化硅复合材料，高产、多抗、高蛋白质大豆新品种选育与应用，环保型海上风电用变压器系列装备关键技术研究及产品研制等重大科技专项。围绕“两黄两茶一花一果”、污染防治、河湖治理等领域加强技术攻关和成果示范；依托科技专家服务团，从市农技中心、市农科院、市蔬菜所、市林科所等选派一批懂技术、会管理的科技专家服务乡村振兴。2020年，衡钢在钢管领域研发了19项关键核心技术，打破了18项中国和世界纪录，在解决重点领域“卡脖子”问题等方面取得突破和创新成果，登上中国工业界“奥斯卡”领奖台，荣获第六届“中国工业大奖表彰奖”。

2.4 怀化：政府政策精准扶持，研发投入高居榜首

政府政策推动人才引进，支持创新发展。怀化“全部R&D人员数量/总就业人员数量”指标表现优异，得益于其持续优化创新生态，构建一流创新生态环境，推动科技工作高质量发展。怀化强化政策供给，出台《怀化市创建国家创新型城市实施方案》《关于贯彻落实创新驱动发展战略的若干意见》《怀化市“十四五”加大全社会研发经费投入行动计划》等一系列政策文件，其中兑现了《怀化市加大全社会研发经费投入行动计划（2018—2020年）》财政奖补资金1.64亿元。怀化市政府于2017年印发《关于深化人才发展体制机制改革大力推动人才引领创新发展的实施方案》，2018年印发《怀化市

五溪人才行动计划》。同时，怀化扶持一批创新创业团队，立足科技创新和产品创新，引进高层次院士专家团队，并培育一批本土中小微企业团队，将积极培育科技型中小企业作为产业升级的重要抓手，扶持更多的本土中小微企业成长为高新技术企业，给予每个团队 20 万元资金支持。此外，怀化开展“五溪智汇”柔性人才引进专项行动，采用兼职、挂任、聘用等柔性引进方式，引进一批高尖端行业领军人才，并在怀化籍企业家较多的城市举办怀化籍企业家代表见面会，与他们共叙乡情，支持其回乡创业。

奖补安排成效显著，支持企业开展科技研发活动。2018 年怀化市委、市政府出台了《怀化市加大全社会研发经费投入行动计划（2018—2020 年）》，并坚持以“大整合”“大投入”“大联盟”“大突破”“大统计”五方面举措着力构建“大科技”格局，努力实现产业链、创新链、金融链、人才链、价值链“五链”融合，推动全社会研发经费投入持续快速增长。怀化科技事业取得了巨大成就，据《湖南省区域科技创新能力评价报告 2021》显示，怀化科技创新能力从 2012 年的全省第十二名上升至 2021 年的全省第七名。围绕核心自主知识产权、科技成果转化能力、研发组织管理水平、成长性指标等四大板块，以科技计划项目为支持方式，引导扶持高新技术企业做大做强；全市高新技术企业从 2012 年的 51 家增加到 2021 年的 578 家；高新技术产业增加值由 2012 年的 49. 65 亿元增加到 2021 年的 335. 13 亿元。

科技计划专项资金支持，提高科研水平与成果转化效率。2021 年，怀化全社会研发经费投入强度达 1. 89%；全市有高新技术产业报表的企业达到 578 家，较上年增加 18 家，实现高新技术产业增加值 335. 13 亿元，同比增长 19. 5%。结合省工信厅专精特新“小巨人”企业培育有关文件，怀化出台了《怀化市专精特新“小巨人”企业培育计划实施方案（2021—2025 年）》，2021 年首次认定 49 家市级创新型中小企业；出台了《怀化市中小企业技术创新“破零倍增”三年行动计划（2020—2022）工作方案》，扎实开展中小企业发明专利“破零倍增”行动，2022 年上半年，全市有 4 家企业实现发明专利“破零”，12 家企业实现发明专利“倍增”。怀化重点支持在怀高等院校、市本级科研院所和医疗机构围绕本市主导产业、特色产业和战略性新兴产业创新发展，组织开展相关前沿技术及共性关键技术攻关，为增强自主创新能力提供技术和人才储备。怀化成功举办全国科技活动周“科技列车怀化行”，科普惠民成效显著；成功创建刘良院士专家工作站，构建多学科结合的高水平“产学研医”人才队伍；每年持续选派省市县三级农村科技特派员、“三区”科技人才1200余人，覆盖全市重点农业企业和70%以上行政村，通过宣传培训、技术指导、示范带动等形式，开展科技服务活动，助力乡村振兴。

2.5　合肥：充分利用资金和人才优势，不断增强创新驱动力

财政实力奠定雄厚科技基础。从一般公共预算收入来看，合肥在安徽遥遥领先，2021年合肥一般公共预算收入为844.22亿元，比上年增长10.7%；具体到区县来看，包河区的一般公共预算收入较高。政府性基金收入方面，合肥政府性基金收入规模为832.4亿元，比上年增长21.9%。全市一般公共预算收入增幅达10.7%，税收占比超75%。年度纳税千万元以上重点税源企业841户，较上年增加58户，企业所得税增长10.7%。合肥整体经济与财政实力为充分发挥财政资金稳企增效、助企纾困作用打下良好基础。

人才资源转化为创新优势。2020年8月，习近平总书记亲临合肥，在主持召开扎实推进长三角一体化发展座谈会时强调，“要在一体化发展战略实施的过程中发现人才、培育人才、使用人才”，为合肥人才工作长远发展指明了前进方向、提供了根本遵循。近年来，合肥陆续推出引进急需紧缺人才、实施基层成长计划、拓宽人才能力提升渠道、加强创业资金扶持、加大安居保障力度等一系列人才新政，不断营造更加优良的就业环境、创业环境、科研环境，进一步吸引支持各类人才来肥创新创业。中国科学技术大学先进技术研究院、合肥工业大学智能制造技术研究院等一批新型研发机构先后投入运营，它们瞄准合肥综合性国家科学中心重点建设领域以及战略性新兴产业、重点产业发展方向，搭建共享公共平台，转化源头创新成果，培育人才双创团队，为各路人才提供舞台。

全力支持创新驱动发展，为科技创新赋能。近年来，合肥大力推行“科技即产业”理念，紧抓创新发展不放松，大力支持创新主体加速研发，科技

工作成效不断显现，城市创新动能不断增强。为加快推进人才链、产业链、创新链、资金链深度融合，2021 年，合肥市委科技创新委员会成立，统合全市科创工作，首创成立多个市级科技成果转化专班，常态化对接省内外重点高校院所；着眼破解融资难题，合肥设立总规模 5 亿元的种子基金，给予最高 50%的风险容忍度。2021 年，全市科创市场交易活跃，创新活力竞相迸发：全市技术合同交易额突破 800 亿元，达 866. 97 亿元，同比增长 51. 5%。全市共登记科技成果 4005 项，同比增长 36. 2%，登记数量创历史新高。其中应用技术类成果 3916 项，实现转化应用 2936 项，科技成果转化率达到 75%。①

2.6 芜湖：大力支持高新技术企业发展，科技成果转化提速

政府重视高新技术企业发展。2021 年以来，芜湖加快构建科技创新攻坚力量体系和科技成果转化运用体系，全力推进科技政策扎实落地，国家创新型城市建设顺利通过科技部验收评估，城市科技创新驱动力指数排名长三角第 6 位，较上年提升 3 位。芜湖在全市科技计划项目序列中增设核心技术攻关类别；实施首批揭榜挂帅、委托攻关项目，首次试行科研经费管理“包干制”，开通科研项目管理“绿色通道”，全面推行信用承诺制，落实科研项目“尽职免责”制；建设“惠企政策网上超市”，对一批兑现条件清晰公开、奖补金额明确的创新政策实行“免申即享”兑现；服务自贸试验区芜湖片区建设，承担鼓励建设国际化创新创业孵化平台等 16 个专项任务；每月深入 10 家以上企业宣传创新政策，开展要素对接，协调解决各类问题近 50 个。

项目和平台支撑能力进一步增强。2021 年，芜湖新认定高新技术企业 319 家，总数达 1298 家，较上年增长 25%；入库科技型中小企业 1521 家。全社会研发经费投入达 125. 28 亿元，增长 12. 3%；研发投入占 GDP 比重达 3. 34%，较上年提高 0. 26 个百分点。全市企业吸纳技术合同成交额 378. 06 亿元，输出技术合同成交额 338. 94 亿元，分别较上年增长 110. 5%、154. 7%。芜湖高标准规划布局梦溪科创走廊等十大创新园，拨付市重点研发创新平台

---

① 数据来源：合肥日报。

绩效考核奖补资金3.37亿元。市政府与海螺集团、中国科学技术大学共建新材料与智能制造联合实验室，全市新获批国家级科技企业孵化器2家、省级创新平台13家。全市新招引高层次科技人才团队74个；获批国家外国专家项目7项、省外国专家项目3项，获评省级引才引智示范基地2家、省“外专A类人才专项”7项；新选派118名科技特派员到村工作。

科技成果转移转化进一步加快。2021年，芜湖出资1亿元参与设立G60科创走廊科技成果转化基金，组织企业参与G60科创走廊路演中心联合体建设等工作，参加第四届进博会长三角G60科创走廊专场配套活动、南京都市圈创新大会。市政府与安徽工程大学、安徽工业大学开展战略合作，与华东理工大学、海螺集团三方合作共建研究院。全市启动市重大科技成果工程化揭榜挂帅项目，征集技术需求33个，发布榜单25项，22家企业与揭榜单位达成合作意向；组织参加2021中国（安徽）科技成果交易会，现场发布64项成果，线上签约10个项目；组织参加第三届G60科创走廊科技成果拍卖会，4个项目达成交易；开设技术合同登记点9个，发布科技成果733项。

2021年，全市技术转移机构增至12家，全市高新技术产业增加值同比增长21.3%，超过全省平均增速5.8个百分点，高于全市规上工业增加值增速7.2个百分点。

2.7 苏州：布局高水平产业创新集群，完善创新人才引育机制

系统布局高水平产业创新集群。苏州始终坚持聚焦产业特色，以产业创新牵引科技创新，以科技创新支撑产业创新。2021年全市高新技术产业产值2.1万亿元，占规模以上工业产值比重达52.5%。苏州重点围绕电子信息、装备制造、生物医药、先进材料四大主导产业，加强科技创新投入，高水平建设创新集群。2021年，四大主导产业产值达到3.8万亿元，占规模以上工业总产值比重达到94.3%。高新技术企业数由2012年的1864家增加到2021年的11165家，年均增长22%。高新技术企业数位居全国重点城市第5位。至2021年年底，苏州潜在独角兽企业入围39家，仅次于北京、上海，位列全国第三。中国生物药排行榜前十名企业中有6家在苏州布局，信达生物是全国

单抗药上市数量最多的制药企业，艾博生物获得全省首张 mRNA 疫苗生产许可证，泽璟生物的抗癌创新药作为国内首个自主研发的肝癌一线靶向药成功获批上市。2021 年全市有 R&D 活动的规模以上工业企业数占规模以上工业企业总数的比重达 54.3%，比 2012 年提高 31.5 个百分点。

完善国际国内创新人才引育机制，集聚高端科技创新资源。2018 年苏州出台《关于构建一流创新生态建设创新创业名城的若干政策措施》，支持引进国际创新创业人才，培育更多更强创新型企业。苏州围绕重大产业发展的核心技术需求引进重大创新团队，给予 1000 万~5000 万元项目资助，并给予引才单位 100 万元奖励；持续引进培育创新创业领军人才，符合条件的可给予 100 万~400 万元项目资助，并给予相关引才单位最高 50 万元奖励。此外，苏州加快科技研发和成果转化，建立标准化与科技研发的交互衔接平台，健全科技成果转化快速工作机制，促进科技研发与标准研制的同步协调发展。2019 年苏州印发《关于支持外籍人才参与科技创新的若干举措》，鼓励外籍人才参与科技计划实施，加强外籍人才科技创新平台的载体建设，吸引外籍人才参与科技创新，营造利于外籍人才发挥作用的良好环境，以此促进科技资源双向流动，合作共赢，提升苏州科技创新国际化水平，全面厚植创新人才优势。得益于上述政策措施，截至 2021 年，苏州全部 R&D 人员数量近 24 万人，在全国范围位居前列。

2.8 南京：争创国家区域科创中心，积极推进人才队伍建设

争创国家区域科技创新中心和综合性国家科学中心。十年间，南京全社会研发投入从 2012 年的 209.97 亿元增长到 2021 年的 588 亿元，研发投入强度从 2012 年的 2.92%增长到 2021 年的 3.6%，科技进步贡献率提升到 2021 年的 67.6%。在世界知识产权组织发布的全球创新城市排名中，南京从 2017 年的第 94 位上升到 2021 年的第 18 位。2021 年 6 月，科技部在南京召开国家创新型城市建设工作推进会，复函支持南京建设引领性国家创新型城市。南京在全省、全国科技创新发展格局中的作用日益凸显，逐步成为区域科技创新的重要中心。“十四五”期间，南京将围绕“争创国家区域科技创新中心和综

合性国家科学中心”总目标，突出“引领性国家创新型城市建设”主抓手，全力开动创新引擎，在服务国家创新驱动发展战略和构建新发展格局中展现南京担当、作出南京贡献。

积极推进各领域人才队伍建设。十年间，南京牢固树立“聚天下英才而用之”共识，全市人才资源总量从 170 万人增加到 356 万人。其中，两院院士从 77 人增加到 96 人，专业技术人才从 95.74 万人增加到 158.09 万人，留学归国人员从 1.5 万人增加到 5.12 万人，每 10 万人中具有大学文化程度人口从 2.61 万人增长到 3.52 万人，跃居全国第二。

科技创新对企业发展支撑力显著增强。创新是引领企业发展的第一动力。南京坚持“四个面向”，充分发挥全国唯一科技体制综合改革试点城市优势，全面加快国家创新型城市建设，科技创新对高质量发展支撑力显著增强。全市高新技术企业从 2012 年的 733 家增长至 2021 年的 7801 家；2021 年科技型中小企业入库数超过 1.68 万家；2021 年全市新增国家级专精特新“小巨人”企业 29 家，数量位列全省第一。2021 年，全市 533 家独角兽、瞪羚企业获得国内有效发明专利 13219 件，以 0.2%的市场主体贡献了全市 15%的有效发明专利。

2.9 上海：强化科技创新策源功能，科技管理效能进一步提升

强化科技创新策源功能，形成科创中心基本框架。2021 年 9 月，上海出台《上海市建设具有全球影响力的科技创新中心“十四五”规划》，明确“十四五”时期上海科创中心建设将以“强化科技创新策源功能，提升城市核心竞争力”为主线，目标是到 2025 年，努力成为科学新发现、技术新发明、产业新方向、发展新理念的重要策源地。2021 年，上海形成科创中心基本框架，大力推动研发攻关，走在政策先行先试的最前沿；成立上海期智研究院、上海国家应用数学中心、上海处理器技术创新中心等新型研发机构。上海牵头承担国家重大专项项目 929 项、国家重点研发计划项目 554 项，获国家自然科学基金委项目 4472 项。作为我国战略科技力量，在沪国家实验室建设取得重要进展；超强超短激光装置、软 X 射线装置、转化医学设施等一批重大科技基础设施建成并试运行；一批市级科技重大专项启动实施，包括硬 X 射线预研项目、量子信息技

术、硅光子、超限制造等。张江科学城标杆地位加速提升，《上海市张江科学城发展“十四五”规划》提出将科学城面积由 95 平方千米扩大至约 220 平方千米。首轮 73 个“五个一批”项目陆续建成投用，第二轮 82 个项目超过半数已完工，第三轮 102 个项目全面启动，71 个已开工。

R&D 内部经费支出处于较高水平，对科技发展的支持力度加大。上海全社会研发投入从 2012 年的 679. 46 亿元增长到 2021 年的 1819. 8 亿元，研发投入强度从 3. 31%增长到 4. 21%。上海地区综合科技进步水平指数连续 4 年居全国首位，有效期内高新技术企业超 2 万家，R&D 经费支出占全市 GDP 比例连续 4 年超过 4%。多年持续不断的强投入，为上海进一步提升创新策源能力、突破关键核心技术提供了坚实基础。

不断增强科技创新治理能力，科技管理效能进一步提升。上海在赋权改革试点单位免责机制、技术转移机构收益分配等方面提出了一系列可操作的改革举措。其中，经费“包干制”试点范围进一步扩大到全市 523 个自然基金项目和 127 个软科学研究项目，“揭榜挂帅”“赛马制”等攻关新机制成效初显，并大力探索“里程碑式”资助模式。上海科研诚信和监督体系不断健全。2021 年 1 月，《上海市科技信用信息管理办法（试行）》正式实施；科技信用信息平台启动建设，提供信用信息查询、异议受理、信用修复等服务；科研诚信审核机制进一步完善，将财税、重大安全事故等 40 条“红线”作为“一票否决”依据；全面开展科研诚信与作风学风建设专项教育整治活动，培植风清气正的科研环境。

2. 10 荆州：高新产业发展质量稳步提升，区域聚集竞相发展

高新产业发展质量稳步提升。2021 年，荆州全市规模以上工业企业达到 1267 家，全年全市规模以上工业增加值比上年增长 13. 0%。分经济类型看，国有经济增长 46. 7%，集体经济增长 23. 8%，股份制经济增长 11. 3%，外商及港澳台投资经济增长 31. 8%；轻工业增长 11. 7%，重工业增长 13. 9%；高新技术产业增加值比上年下降 11. 9%，其中医药制造业增长 20. 6%，航空、航天器及设备制造业增长 7. 3%，电子及通信设备制造业下降 26. 6%，计算机及办公设备制造业下降 39. 3%，医疗仪器设备及仪器仪表制造业增长 15. 4%，

信息化学品制造业增长 11. 3%。

区域聚集竞相发展，产业分布特色突出。数据显示，荆州高新技术企业主要分布在先进制造与自动化、新材料、生物与新医药、电子信息、资源与环境、高技术服务、新能源与节能、航空航天八大领域。2021 年，荆州规模以上高新企业（包含高新技术企业、战略性新兴产业企业、高技术产业企业和知识产权密集型企业）达到 531 家，比上年净增 73 家。其中高新制造业企业 493 家，高新建筑业企业 8 家，高新服务业企业 30 家。高新技术产业增加值 393. 77 亿元，占地区生产总值比重 14. 5%。其中规模以上高新技术产业增加值 393. 44 亿元，同比增长 12. 1%。争取各级科技计划项目 53 项（省级及以上），登记科技成果 66 项，登记技术合同交易 92. 6 亿元，比上年增长 46. 8%。省级以上研发平台 113 家。专利授权总量 7096 件，增长 32. 5%；发明专利授权总量 348 件，增长 45. 0%。

3 创新基础发展经验

根据 2021 年创新基础指标评价结果，武汉、成都、重庆、南京、长沙、上海、合肥、昆明、杭州、南昌位列前十。

3. 1 武汉：倾力打造新时代“九州通衢”，城市基建资源管理卓有成效

加快“一主引领”成势见效，构建现代交通体系。武汉积极推进“通道+枢纽+网络”综合交通体系建设，加快建设“超米字型”高铁枢纽网、武汉城市圈大通道，强化全国铁路路网中心功能，发展衔接高效航运网。公路方面，武汉全年打通 128 条微循环道路，补齐微循环路网建设短板，加快形成“窄马路、密路网”城市道路网布局，将微循环路网建设与市民诉求、拥堵治理、老旧小区改造相结合。水路方面，开辟至韩国江海直航航线，长江水道更显黄金价值，第七座跨汉江通道——汉江湾桥主线通车，白沙洲公铁大桥两岸接线工程开工建设，促进“两江四岸”均衡发展。航空方面，天河机场筹备建设第三跑道，补齐基础设施短板，打造国际航空门户枢纽，抢抓新一

轮民航发展机遇。

绿色城市显成效，滨水生态绿城促环保。低碳环保显新生，全省首批碳中和林基地设立，通过植树助力“碳达峰碳中和”目标；打造特色湿地花园和口袋公园，建成 20 个湖泊公园，提升城市水岸花景，依托山体公园、湖泊公园改造建设环山、环湖绿道，打造汉江路步行街等“花漾街区”，围绕“两创一管”树立“精品”意识，实施园林绿化养护管理全过程监管，切实提升城市绿化水平与居民幸福感；全域推进海绵城市提质扩面，共计完成 51.82 平方千米海绵城市建设，增强超大型城市韧性。

推进信息化孪生建设，打造数字基础设施标杆城市。其一，推进城市各领域数据统一标准编码与动态介入，形成穿透空间码、资源码等各领域信息的“一码孪生”，实现人与城市协调数字孪生；其二，武汉人工智能计算中心建成投用，武汉超算中心即将投运，“双中心”将共同助推湖北武汉建设新一代人工智能公共算力开放创新平台，图文音三模态千亿参数大模型“紫东太初”落地武汉人工智能研究院，共同孵化创新项目，打通宏观管理与微观管理壁垒；其三，智能遥感领域发布遥感影像智能解译深度学习专用框架和遥感影像样本数据集，共建智能遥感开源生态联合体，构建多层级的城市调度治理平台，降低应用成本，培育产业生态。

3.2 成都：坚定贯彻创新发展理论，向国家中心城市目标迈进

创新型基础设施项目加快建设，城市综合承载力全面提升。成渝中线高铁正式启动建设，支撑成渝地区双城经济圈建设；成昆铁路扩能改造工程持续深入，将与东南亚铁路接轨，配合国家西部大开发重点工程建设项目协同并进；成达万高铁开工建设，成渝实现高铁 1 小时直达、公交轨道“一码”通乘。天府国际机场高速北线和蒲都、德简、成资渝、成宜高速建成通车，五环路启动建设，东西城市轴线、天府大道北延线等骨干基础设施项目加快建设，打通“断头路”45 条；推进双流国际机场和天府国际机场“两场一体”运营，对外通道强势拓展，中欧班列集结中心和铁路运邮试点获批，大力建设国际门户枢纽，发展临空产业集群；平台载体乘势升级，成都国际铁

路港经开区获批设立省经开区，获批首批国家级进口贸易促进创新示范区、国家数字服务出口基地，对外经贸逆势上扬，高新西园综合保税区、国际铁路港综合保税区封关运营。

绿色低碳新步伐，提效节能创新高。实施“五绿润城”重大生态工程，全面推行建立林长制，环城生态公园100千米一级绿道全线贯通，积极扩大海绵城市建设面积，实现地下综合管廊里程新突破；出台全国首个臭氧重污染天气应急预案，实施治水供排净治一体化改革试点，完成生活垃圾零填埋目标，保证土壤环境质量总体稳定；实施清洁能源替代攻坚，实现燃煤锅炉全域清零，新能源汽车保有量位列非限购城市首位，市新增或更换公路及旅游客运车优先选用新能源汽车，充电桩和充换电站数量稳居中西部第一。

城市数字化提升基建创新活力，网络化、智能化城市势在必行。成都国家人工智能创新应用先导区揭牌，国家工业云制造创新中心等6个重大人工智能项目落户，成都市软件和信息服务集群入选工信部先进制造业集群决赛优胜者榜单，积极履行国家战略赋予成都城市建设发展的新使命；成都拥有西南地区首条承载国际互联网专线业务的专用通道，承接部署1台全球IPv6辅根服务器；国家级互联网骨干直联点主要互联单位宽带已达到770Gbps，居西部地区首位；城域网出口总带宽达到22T，处于国内城市领先水平；成都是全国首个“双千兆”商用城市，具备全面提供千兆光网接入能力；实现了5G独立组网（SA组网）规模部署，建成5G基站超4万个。

3.3 重庆：聚焦重点领域，优化基础设施布局、结构和发展模式，打造基础设施建设“一张网”

积极响应“双碳”战略，提效节能生态底色更加鲜明。其一，围绕长江经济带生态优先绿色发展、成渝地区双城经济圈生态廊道建设，加强生态保护修复，2021年重庆启动“两岸青山·千里林带”建设，长寿规划建设任务共7.82万亩①；其二，供电场所改造升级，打造“零碳”供电所，启动负荷

① 1亩约为666.67平方米。

聚类智慧互动平台建设，构建多时间尺度百万千瓦级聚类负荷资源池，保证电力高效供应；其三，有序推进碳达峰碳中和工作，就地消纳清洁能源，2021年碳交易额排名全国第二，万盛经开区南天门电力发电场、两江新区悦来美术馆光伏充电站、江津区华能珞璜电厂燃煤耦合污泥干化中心二期扩建工程等多点发力，碳强度和能耗强度双下降，倒逼能源结构和产业结构低碳转型。

深入推进内陆开放高地建设，着力提升区域互联互通水平。建设强通道，形成贯通东中西、覆盖海陆空、连接海内外的交通大格局，构建 4 级畅通的交通主轴，打造成渝“1 小时交通圈”，开启“2 小时重庆”建设，加强毗邻地区交通一体化发展；打造强枢纽，提升多式联运功能，构建以铁路专用线为骨架、集疏运公路为支撑的物流枢纽集疏网络，实现货运“零换装”、客运“零换乘”；深化强网络，重点建设铁路、水运、公路、民航和邮政五大基础网络，完善六大运输体系，轨道网“四网融合”，开建 6 条高铁，公路网新开建铜梁安岳高速公路等 18 条高速公路，水运网通江达海建设“三枢纽五重点八支点”港口体系，组建长江上游港口联盟，提升长江上游航运中心功能，机场群开工建设重庆新机场辐射全球，邮政网络巩固“村村直通邮”，基本实现成渝地区双城经济圈核心城市间邮政快递 24 小时送达。

“两新”建设如火如荼，共同打造基础设施“一张网”。“两江四岸”十大空间节点项目陆续建成投用，老旧小区改造和棚户区危旧房改造加快推进，新型基础设施建设、新型城镇化建设及交通、水利等重大工程建设亮点纷呈；建成 5G 基站 7 万余个，实现区县重点区域 5G 网络全覆盖，工业互联网标识解析国家顶级节点（重庆）上线运行二级节点 19 个，大力推进“5G+”智能制造项目，通过 5G 虚拟企业专网建设，开展生产线适配改造。

3.4 南京：加快基础设施发展方式转变，以更高的战略视野、更大的发展格局，在更宽领域、更高层次推动基础设施高质量发展

夯实绿色出行基础，开启绿色城市创建。绿色服务品质方面，规范引导传统服务方式与创新服务方式融合发展，深化“我的南京”App 绿色出行碳积分激励功能应用，着力推进公共交通“一码通行”，推进巡游出租车和网约车、公

共自行车和共享单车的融合发展；绿色环境改善方面，完善城市道路慢行系统，保障非机动车路权空间，完成多个片区环境综合整治，加快公共停车设施建设，推进绿道网络建设；绿行基础设施改造方面，实施小微堵点疏通、轨道交通引领、公交枢纽一体化衔接、公共交通提速、出行新业态融合发展、智能城市交通大脑支持、慢行环境治理等九大重点工程，探索“巡游+”“互联网+出租”运营方式，推进12项轨道线路建设，建成20处枢纽及场站。

赋能特大城市数字治理，做大做强优势领域。集群强链实现新提升，华为南京研究所聚集生态圈企业，成为华为第一大软件研发基地，南京软件和信息服务、智能电网入选首批国家先进制造业集群，完善城运中心系统功能，强化“一网通办”“一网通管”，深化“宁企通”等平台运用，提升城市数字化治理水平；基建产业发展形成新支点，实施数字经济发展“十四五”规划、三年行动计划以及万亿级软件产业培育计划，建成30个工业互联网平台，软件信息服务业规模破万亿，在数字化城市建设前沿基础和关键核心技术上实现新突破；重点建设南京“四区六地”，积极创建国家新型互联网交换中心试点城市，支持中科院信息高铁等重大基础设施建设，发挥数字新基建牵引作用，争创国家人工智能创新应用先导区。

市政公用基础设施持续优化，城市幸福感显著提升。初步建成以主城区为中心的放射型都市圈城际网，轨道合计12条，基本形成“环+放射”高速公路骨架网络；围绕城乡协调发展总体布局，积极构建防洪减灾、农村水务、城乡供水、城乡污水收集处理和河湖水生态治理五大水务基础设施网络，达标加固流域区域骨干河道堤防380千米，新建、改造供水管道500千米；能源领域方面，区域性成品油、天然气和燃气管网系统已经形成，煤、电、油、气等能源供应来源和通道实现多元化。

3.5 长沙：大力推动行业基础服务环境建设，牢牢把握驱动创新时空窗口

放眼核心交通枢纽基础设施打造，实现协同发展。拓展长株潭都市经济圈多层次轨道交通体系，完善干线公路建设，进一步促进三市现有道路互联

互通，确保其效益充分发挥。一是加快创建国家综合物流枢纽，推进与省内物流枢纽城市的协同发展，基本实现重要节点联通。二是合理布局城市轨道和公交站点，实现无缝换乘，畅通交通微循环，优化拓展江海直达水运航线，支持建设湘江长沙至城陵矶一级航道，推进与岳阳虞公港、城陵矶港以及其他河湖港口协同发展。

金融基础设施强化绿色融资功能，以服务构筑创新基础。引导银行承担助力经济社会全面转型发展职能，加大绿色信贷投入，对富有创新能力具有重点科技攻关项目的企业倾斜资金。一是完善绿色金融激励制度，引导省内征信机构、评级机构、金融机构在信用风险、信用评级模型中引入绿色因素，科学设置绿色资产风险权重，将环境风险因素纳入客户风险评价体系，支持建立绿色信用差异化政策。探索开展环境风险压力测试研究，率先对高碳行业和高碳项目开展气候和环境信用风险评估与分析，提高气候和环境信用信息披露质量。二是加大对绿色债券的宣传和推介力度，鼓励省内金融机构、地方政府、企业发行绿色债务融资工具。

支持战略性行业建设，完善政策基础，培育科技创新环境。一是提升自主创新能力。推进新型研发机构建设，加强基础研究，提升企业技术创新能力，实施战略性重大科技创新项目。二是实施关键核心技术攻关。聚力打好关键核心技术攻坚战，奋力承担国家重大科技专项。三是培育壮大创新主体。培育科技型中小企业，加强高新技术企业培育，壮大创新型领军企业。四是建设科技人才高地。强化高端科技人才引进，加强本土科技人才培养，完善人才评价与激励机制，提升科技人才服务水平。五是促进科技成果转化。强化科技创新成果产出，加强科技成果转化平台建设，提升科技成果转化服务水平。六是深化科技金融融合。加强长沙科技金融专项经费保障，完善科技金融服务体系。

3.6　上海：超前布局新一代基础设施建设，优化现有模式稳步推进升级

开展新型基础设施投资活动，全面推动城市数字化创新转型。围绕新型基础设施建设目标，布局工业互联网集群，打造若干个具有影响力的新基建

应用示范。一是提升和拓展平台支撑能力，加快新一代高性能计算设施建设，启动全国一体化算力网络长三角国家枢纽节点建设。二是大力支持前沿网络技术开发，推动5G网络向深度覆盖发展，加快工业互联网部署应用，超前布局卫星互联网，实施智慧天网工程，开展各项技术试验与应用示范。三是培育高新技术创新土壤，开创基础技术创新新局面，加速量子、传染病、海洋等国家实验室上海基地的筹建。

优化现有模式，夯实绿色能源模式创新基础。推动能源新模式、新业态的发展，在培育能源领域新动能方面积极创新，着力推进能源高质量转型创新。一是从以集中式为主向集中式和分布式并重转型，适应能源变革创新趋势，清洁能源从补充能源向替代能源转变，引导能源供需从单向平衡向双向互动转型，打造绿色能源创新基建，进一步提高能源利用效率和效益。二是从政策推动向科技与实际应用转型，优化能源结构，逐步实现绿色、协调和可持续发展，鼓励5G、云计算等数字技术与能源深度融合，深挖能源大数据潜力，推进"互联网+"智慧能源发展。促进能源商业模式创新，培育发展能源咨询、设计、生产、运维等一站式综合能源服务模式，提供综合能源服务。

稳步推进构建匹配超大城市的交通网络基础设施转型升级。一方面，驱动核心交通枢纽环节，坚持上海国际航运中心在硬件基础设施和软环境建设上的双轮驱动，同时不断巩固上海港国际集装箱枢纽港的地位。另一方面，坚持夯实与超大城市规模相匹配的其他交通基础设施，多模式轨道交通建设齐头并进，健全以港口、机场、火车站为核心的对外综合交通枢纽功能，完善以轨道交通为主导的多层次城市客运枢纽布局，有效支撑一体化交通体系构建，带动周边地区发展，加强科技赋能、创新驱动，前沿技术与交通领域加速融合，在综合交通发展尤其是智能交通方面取得突出成果。

3.7 合肥：推动创新良性循环，加快科技基础建设，大力吸引人才，长坡厚雪深化创新基础

推动创新良性循环，强化科技金融生态。2021年合肥发布了《合肥市促进股权投资发展加快打造科创资本中心若干政策》，通过政府引导基金与社会

资本联动，构建“投早投小投科技”的创投体系。具体包括：设立总规模200 亿元的政府引导母基金，专项基金重点支持种子期、初创期企业的，政府引导母基金出资比例不超过 40%；私募股权、创业投资基金投资合肥种子期、初创期科技型企业满 1 年后，5 年内实际发生投资损失的，按项目首轮投资实际损失额的 20%给予补贴（单个项目最高补贴 200 万元，单个基金年度最高补贴 500 万元）。同时，推行“创投城市计划”，搭建资本与科技企业对接平台，促进科技、产业、金融良性循环。

加快科技基础建设，打造高能级创新平台。合肥重点布局大科学装置与新型研发机构。例如，推进聚变堆主机关键系统综合研究设施、合肥先进计算中心等重大科技基础设施落地；支持建设国家技术创新中心、国家重点实验室，按国家拨付资金 1∶1 配套补贴；推动市技术创新中心建设，给予 300 万元奖励。此外，深化与中科大、清华等高校合作，共建新型研发机构，如中科大先进技术研究院、清华大学合肥公共安全研究院，促进科技成果“沿途下蛋”。

广揽人才筑基创新发展土壤。近年来，合肥坚决贯彻党中央决策部署，在省委坚强领导下，始终坚持党管人才原则，牢固树立人才引领发展的战略地位，坚定不移下好人才“先手棋”，谋好聚才“大文章”。人才队伍加速集结，创新力量加速释放。截至 2021 年年底，合肥汇聚各类人才超 200 万人，其中已认定高层次人才 8000 余人，在肥服务两院院士达 138 人，每 10 万人口中拥有大学文化程度 2. 6 万人。

3. 8　昆明：多措并举实现优存量扩增量，推动一系列创新基础设施建设

新基建加速布局，5G 与数据中心建设全国领先。昆明主动抢抓国家推进新基建重大发展机遇，编制了《昆明市新型基础设施建设投资计划实施方案》，包含重点项目 394 个，总投资超过 1 万亿元。同时，印发了《昆明市2020 年新型基础设施建设投资计划》，2020 年新基建亿元以上项目 62 个，总投资 1953. 45 亿元，2020 年计划投资 302. 26 亿元，已完成投资 265 亿元。其中，闻泰科技 5G 智能制造产业园项目、浪潮国产化整机生产线、北汽新能源

汽车项目建成投产。在与新能源汽车息息相关的充电基础设施建设方面，昆明已累计建成充电站 330 座，充电桩 25828 枪，换电站 11 座，全市公共充电桩与电动汽车比例为 1∶3.7，超过国家标准，成为推动新能源汽车产业快速发展的“加速器”。

持续提升交通运输能力，打造国际性综合交通枢纽城市。提升综合交通运输能力，基本形成全市范围内公路、铁路、航空、水运互联互通的综合立体交通运输体系和城市内外高效衔接的交通网络，实现区域性国际综合枢纽功能。长水国际机场预计到 2035 年年旅客吞吐量达 1.4 亿人次、年货邮吞吐量达 140 万吨，国际（地区）航线达 210 条，届时将成为外引内联、具备双向开放功能的现代综合交通枢纽和面向全球、辐射南亚东南亚的国际航空枢纽城市。

推动可再生能源产业发展。昆明在推动可再生能源产业发展方面取得显著成就，重点布局水电、风电、光伏等清洁能源。截至 2021 年年底，全市电力总装机 970 万千瓦，其中风电项目 23 个（装机容量 116 万千瓦）、集中式光伏项目 158 个（装机容量 54 万千瓦），分布式光伏装机容量 10.56 万千瓦。昆明依托丰富的太阳能资源，推进石林 66 兆瓦光伏电站等示范项目，并入选国家整县屋顶分布式光伏试点（石林、宜良、富民）。同时，昆明电力交易中心创新电力市场化机制，2021 年开出全国首张绿色用电凭证，助力企业实现低碳转型。全市清洁能源装机占比持续提升，为云南打造“世界级清洁能源基地”提供重要支撑。

3.9 杭州：多层次推进基础设施布局，打造经济高质量发展新引擎

打造国际性综合交通枢纽，强化区域辐射能力。2021 年，杭州被列入《国家综合立体交通网规划纲要》20 个国际性综合交通枢纽城市之一，加速构建“水陆空”立体交通网络。杭州西站枢纽开工建设，与杭州东站形成“一轴两翼”铁路布局，推动城西科创大走廊发展；萧山国际机场三期扩建工程加快推进，国际航班设计容量提升近 3 倍，助力临空经济示范区建设。同时，京杭运河杭州段二通道启动通航准备，下沙港建成投用，打通千吨级船舶通江达海通道，降低大宗物流成本，增强长三角经济联动。

超前布局数字新基建，夯实数字经济基石。杭州作为全国数字经济高地，截至 2021 年 11 月底，已建成 5G 基站 2.6 万个，实现主城区及重点产业园区全覆盖。依托《杭州市智能物联产业政策实施细则》，杭州重点推进智能算力、工业互联网、区块链等数字新基建，支持阿里云、海康威视等龙头企业建设数据中心和 AI 算力平台。此外，杭州在全国率先实现住宅区光纤到户全覆盖，光纤用户占比超 21%，为智慧城市、远程办公等场景提供高速网络支撑。

推进高水平科技自立自强，着力形成动能新支撑。着力打造全球数字贸易中心。高质量推进浙江自贸区杭州片区与国家临空经济示范区协同发展，统筹推进跨境电商综试区与杭州数字丝绸之路合作示范区建设，支持电子世界贸易平台和数字贸易物流枢纽全球布局，全面提升链接全球商品、服务、技术、资金、数据等新型贸易能力。构建热带雨林式创新创业生态。持续营造“我负责阳光雨露、你负责茁壮成长”的浓厚氛围，推动“产学研用金、才政介美云”十联动，积极探索数字经济、创新经济、生态经济、现代服务经济成为新时代老百姓经济的有效路径。率先推动绿色低碳转型。抓实抓好能源、工业、建筑、交通、农业、居民生活六大重点领域绿色低碳转型，全面推行生态产品价值实现机制，使绿色发展成为共同富裕的新增长点。

3.10　南昌：数字基础设施建设和传统基础设施优化并举，培育创新发展土壤，激发社会创新活力

深入引导数字经济做优做强，加快全省数字经济创新基础设施建设。深入推进国家“03 专项”，加速发展 5G 和物联网上下游产业，全力打造数字经济特色产业园，重点发展以大数据、云计算、区块链为先导的软件和信息服务业。加快构建完整的 VR 产业生态链，创建国家级 VR 制造业创新中心。大力推进互联网、大数据、人工智能和实体经济深度融合，推动传统产业数字化、智能化，加快工业互联网和工业大数据创新发展，做大做强数字经济，拓展经济发展新空间。聚焦航空、电子信息、装备制造、中医药、新能源、新材料等优势产业，大力推进“2+6+N”产业高质量跨越式发展行动，着力

建设航空产业集群、全国重要的电子信息制造集聚区、全球新能源新材料产业集聚区。

结构低碳转型取得新成效，生态建设走向新阶段。南昌作为第一批国家低碳试点城市，一直以来坚持产业结构、能源结构低碳转型。2016—2020 年，规模以上单位工业增加值能耗分别下降 9.46%、4.93%、5.02%、9.77%和 5.18%，累计下降 30.05%，超额完成了江西下达的“十三五”单位工业增加值能耗下降 16%的节能任务。三次产业结构从 2015 年的 4.7∶52.5∶42.8 优化为 2020 年的 4.1∶46.6∶49.3，第三产业占比持续提升，自 2018 年起第三产业占比超过第二产业，南昌进入工业化后期发展阶段。煤炭消费占能源消费的比重由 2016 年的 46.98%下降到 36.75%。能耗强度由 2016 年的 0.353 吨标煤/万元降低到 0.291 吨标煤/万元。截至 2020 年年底，全市拥有国家生态文明建设示范县 1 个、国家生态县（市、区）1 个、国家级生态乡镇 18 个、省级生态县（区）4 个、省级生态乡（镇）59 个，省级生态村 91 个，“绿水青山就是金山银山”省级实践创新基地 2 个，市级生态村 821 个，各级自然保护区 9 个，总面积 13.65 万公顷①。

培植创新土壤，科技创新实验室布局加快完善。南昌以科技创新为核心，以深化科技体制机制改革为动力，以激励和支持创新研发和成果转移转化为政策导向，进一步优化科技政策和科技服务。截至 2021 年 11 月，建成全省唯一的国家级知识产权保护中心——中国（南昌）知识产权保护中心，在全省设区市率先建成综合性科技创新公共服务平台，全社会研发投入数量、高新技术企业数量、国家级创新平台数量、技术合同交易额等每年均名列全省第一。

4 创新转化发展经验

根据 2021 年创新转化指标评价结果，上海、苏州、成都、武汉、杭州、南京、重庆、合肥、常州、长沙位列前十。

① 1 公顷为 10000 平方米。

4.1 上海：创新转化能力高居榜首，通过体系机制优化与改革，加快构建顺畅高效的转移转化体系

支持企业开放式创新，加快建立需求导向的成果转化服务体系。上海大力发展技术转移服务平台，建立适用于科技创新和技术转移特征的交易制度和服务体系。截至 2021 年 4 月，上海围绕成果转化全链条、全要素，形成成果供给端、需求端和服务端“三端发力”，制度与政策、平台和载体“双轮驱动”的体系化布局。在制度供给方面，成果转化“三部曲”、“科改 25 条”、科创中心建设条例等一系列法规政策文件为成果转化“保驾护航”；在载体与平台方面，上海闵行国家科技成果转移转化示范区、上海技术交易所等重要载体和平台启动建设。

深化体制机制改革，激发高校院所成果转化活力。随着资本市场发展和投资理念升级改进，上海引导金融投资机构探索与成果转化相适应的产品和服务模式，推动高校院所科研人员科技创业和资本赋能成果转化“科投生态”发展。在构建高校技术转移机构成果转化考核机制和专门激励机制的背景下，部分在沪高校开设专业技术许可办公室，着力完善科技成果转化体系。2021 年，上海市辖区内高校和科研院所技术转让、技术许可、作价投资和产学研合作的合同金额达到 150.86 亿元，同比增长近 30%。其中，作价投资表现优秀，合同金额同比增幅超过 100%。

进一步促进医疗卫生机构科技成果转化，推动生物医药产业高质量发展。上海将医学科技创新作为科技成果转化的重要组成部分，《上海市促进科技成果转移转化行动方案（2021—2023 年）》强调医疗卫生机构的科技成果转化。在国家科技成果转化制度框架下，落实《上海市推进科技创新中心建设条例》《关于进一步深化科技体制机制改革增强科技创新中心策源能力的意见》等法规政策文件，强调医疗卫生机构应夯实成果转化主体责任，建立健全配套规章制度；明确综合医疗卫生机构及其医生职责定位，强化技术转移机构和队伍建设，充分发挥社会力量，为医疗卫生机构成果转化提供专业化服务保障、平台支撑。

4.2 苏州：支持政策多管齐下发力创新转化多环节，辅以体系构建打造全球产业科技创新高地

加快推进技术转移体系建设。苏州在全省率先开展对技术转移各方主体如供求双方、技术经纪人和机构的补助和引导，充分激发输出方和吸纳方两大主体的活力，鼓励和促进技术转移各方主体资源共享、需求对接，推动科技成果转移转化。2021 年，苏州全市共立项技术转移体系建设项目 488 项，89 家单位获得 2021 年省技术转移体系建设奖补资金 586 万元，排全省第二。全市登记技术合同 9288 项，增幅 10.5%；技术合同成交额 625.52 亿元，增幅 26.8%，全市合同成交额增长金额全省第一。

大力发展科技服务业。加强创新链、产业链和服务链深度融合，全面提升研发设计、创业孵化、技术转移、科技金融、知识产权等科技服务业态发展水平。在孵化载体方面，加快孵化器、众创空间建设步伐。突出产业导向，立足苏州制造业基础和优势，顺应互联网跨界融合创新创业新趋势，鼓励社会力量投资建设或管理运行新型孵化载体，鼓励引进国际国内知名众创孵化培育管理模式。鼓励各类科技企业孵化器特别是有条件的国有孵化器加快机制创新，利用资源优势和孵化经验建设一批众创空间，吸引民营孵化器、企业、风险资本等积极参股和管理，共同推进众创空间建设发展。加强创业孵化服务衔接配合，支持建立创业孵化服务链条。

加快科技型中小企业培育，促进中小科技企业做大做强。全面挖掘优质中小企业资源，开展跟踪辅导和服务，引导企业加大创新投入，培育一批前景好、成长性强的优质中小微企业。推动符合条件的科技型中小企业“应评尽评”。优先支持通过科技型中小企业评价的企业申报国家高新技术企业，进入市高企培育库，促进科技型中小企业向新技术、新模式、新业态转型，使其加速成长为高新技术企业。

4.3 成都：制度探索、青年人才政策多点开花，迈向具有全国影响力的科技创新中心

深入推进相关制度创新，健全职务科技成果改革机制。近年来，成都坚持科技创新与制度创新“双轮驱动”。一方面，成都出台科技成果转化系列实施细则，同时建设新型产业技术研究院、创新驱动发展试点示范区、技术市场等，促进高校院所科技成果在蓉转移转化和产业化。另一方面，为深化科技体制改革，进一步激发科研人员创新创造积极性，加快职务科技成果在蓉转移转化，营造良好创新生态，成都致力于建立健全职务科技成果改革管理制度、权属改革容错纠错免责机制和国有资产差别化管理制度，支持高校院所开展赋予科研人员职务科技成果所有权和长期使用权改革。

建设创新人才集聚高地，引育创新领军人才和专业经理人。成都深入实施“蓉漂计划”“产业生态圈人才计划”“成都城市猎头计划”等多项人才计划。截至 2021 年年底，“蓉漂计划”累计引进 959 名高层次创新创业人才、98 个顶尖创新创业团队，孕育出 20 余家上市企业、18 家独角兽或准独角兽企业。“蓉漂计划”青年人才驿站工程为来蓉应聘的本科及以上学历应届毕业生提供 7 日以内免费住宿，并为来蓉、在蓉高校毕业生提供公益性、综合性服务。

完善科技创新服务体系，促进科技服务业发展。2021 年，成都制定《成都市深化职务科技成果权属改革促进科技成果在蓉转化实施方案》，支持建设科技成果中试基地，在科创空间建设众创空间、企业孵化器、硬核科技“二次开发”实验室、中试共享生产线、公共技术平台以及重点产业垂直孵化器等载体，为成果转化提供从实验研究、中试熟化到生产过程的“一站式”科技服务。同时，成都力求加快天府国际技术转移中心建设，推进成渝共建“一带一路”国际科技转移中心；组建成渝技术转移服务联盟，促进成渝两地科技成果资源有效衔接、共享和转化；支持成都知识产权交易中心、西南联合产权交易所等开展信息发布、供需对接、招标拍卖、挂牌交易等服务；提升国家技术转移西南中心、成都科技服务集团精准服务和转化服务能力，强化“科创通”平台数据互联互通功能。

4.4 武汉：以创新驱动发展战略优化创新环境，科教大市逐步催生更多新动能

重视人才计划，发力人才生力军的培养与引进。武汉高新技术企业培育或引进“产业教授”的现象逐步增多。有着“中国光谷”之称的武汉东湖高新区，是全国三大智力密集区之一，截至 2021 年 12 月，海外留学归国人员与常住外籍人员数量近 2 万人，聚集了 4 名诺贝尔奖得主、68 位中外院士、7000 多个海外人才创业团队、近 2000 名外国专家，新侨增长速度位居中部地区第一。光谷先后建设了武汉留学生创业园、硅谷小镇等多个创业载体，坚持 12 年实施“3551 光谷人才计划”，出台了“光谷人才 11 条”等一系列支持政策。

重视应用场景，使其成为科技成果转化“加速器”。武汉已注册成立 10 余家工研院，这些集技术研发、产业孵化、企业服务等功能于一体的机构，积极探索缩短“科研—转化—产业”时间周期的实践路径。光电工研院是武汉第一批成立的此类新型研发机构，目的是从成果转化源头介入，通过搭建应用场景等方式，围绕产业链部署创新链，通过应用场景为新技术、新成果提供市场化应用的初步尝试。

加速推进高新技术产业发展和科技企业培育。武汉在全国率先成立科技成果转化局，开创市、区、高校院所、中介机构“四位一体”的科技成果转化新格局，形成科技成果转化城市标杆。加快打造中部技术转移枢纽，建立市级科技成果转化线上平台并实行市场化运作，建成中国高校（华中）科技成果转化中心、中科院科技成果在汉转化服务中心、湖北技术交易大市场。2021 年全年净增高新技术企业 2892 户，达到 9151 户，高新技术产业规模持续壮大。

4.5 杭州：培育未来新兴产业，重视小微企业创新发展，加快建设具有国际影响力的高新技术产业创新发展基地

加强创新主体培育，推动高新技术产业持续发展。杭州推进高新技术企业和科技型中小企业“双倍增”，落实对自主创新科技型中小企业的扶持政

策，完善直接投入、财政补助、贷款贴息、税收扶持和金融保险等多种激励方式；加快推动以物联网、工业互联网、人工智能、大数据中心、智能计算中心为代表的新型基础设施建设；瞄准新一轮产业和科技革命前沿技术，以数字化、信息、生命和新能源等领域为重点，围绕未来网络计算、泛化人工智能、泛在信息安全、脑科学与类脑、新一代基础材料、无人驾驶等更具前沿性的方向，开展多学科交叉前沿的研究工作。

助力小微企业发展，打造科技企业生态圈。杭州打造以一系列众创空间、孵化器、小型微型企业创业创新示范基地、特色小镇为代表的创新载体，助力小微企业创业创新发展；基于“互联网+”打造小微企业公共服务体系，持续优化“创新券、活动券、服务券”制度，完善科技资源向社会开放的运行机制，逐步扩大其在科技服务业的应用，降低科技型企业创新活动成本；支持创新能力突出的优势企业（如创新领军企业）发挥对产业技术创新的引领支撑作用，组建创新联合体，承担国家重大科技项目，推动产业链上中下游、大中小企业融通创新，打造“头部企业+中小微企业”创新生态圈，推动中小企业开展创新活动。

推动知名高校院所不断建设，加快完善科技成果转化体系。建设国家自主创新示范区、国家新一代人工智能创新发展试验区，实施“名校名院名所”工程，西湖大学、之江实验室等高水平研究型大学和新型研发机构建设发展取得重大成果，国家超重力离心模拟与实验装置获批建设，国科大杭州高等研究院、中法航空大学等高端科教平台加快建设。集中力量建设城西科创大走廊，高起点打造面向世界、引领未来、辐射全省的创新策源地，为杭州加强前沿基础研究，谋划争取综合性国家科学中心奠定重要基础。

4.6 南京：深入实施创新驱动发展战略，树立引领性国家创新型城市建设新标杆

组织高校院所与地方精准对接，深化校地融合。探索“一校一策”校地融合新模式，提升在宁高校院所支撑创新创业能力；建设 3~5 个具有高水平学科基础的大学创新港，形成“校区、园区、街区、社区”四区融合综合体；

支持创新港集聚高质量优势学科，打造科技研究中心和成果转化中心；建设线上、线下技术产权交易平台，培育职业化技术经纪人队伍，推动科技创新成果落地转化；探索设立在宁高校院所科技成果转化基金和高校—企业协同创新中心，通过共建研究开发平台、技术创新联盟等产学研合作模式，协同推进科学技术开发与科技成果转化应用。

聚焦技术创新转化，推动新型研发机构提质增效。聚焦技术创新、研发服务、成果转化、产业孵化等核心任务，探索技术创新与商业模式有机结合发展路径，推动产业形态向价值链高端延展，打通“科—技—产”双回路；推动新型研发机构品牌化、市场化、资本化、国际化发展，依托新型研发机构发展校友经济，推广“城市+母校+校友”新模式；支持军民融合科技成果推广应用，引导军民两用科技成果在宁转化和产业化。

推动科技服务体系发展，完善全链条产业孵化体系。鼓励龙头骨干企业、高校院所围绕优势领域，高水平建设科技企业孵化器、众创空间、加速器等载体；大力发展新型创业孵化载体，推动现有“双创”载体向专业化、链条化、多层次、立体化方向发展，积极争创国家级创业孵化载体；促进创业孵化与投资相衔接，推广“孵化+创投”等新机制，探索众创、众包、众扶、众筹等孵化新途径，以及“异地孵化”“双向飞地”等跨区域孵化合作新模式，推动科技创新资源共享。

4.7 重庆：营造优良创新生态，畅通成果转化链条，加强企业孵化器建设

强化知识产权保护与运用，深化职务科技成果所有权、使用权和收益权改革。《重庆市科技创新“十四五”规划（2021—2025年）》强调建立高效的知识产权综合管理体制，加强大数据、5G、物联网、工业互联网、人工智能、基因技术、量子科技等新领域知识产权保护，在高新区、经开区等科技型园区建立知识产权保护“一站式”公共服务平台；深入推进职务科技成果所有权或长期使用权改革试点，对职务科技成果所有权进行分类赋权；允许科技成果通过协议定价、技术市场挂牌交易、拍卖等方式进行市场化定价；

制定高校、科研院所职务科技成果专门管理制度，健全监管机制，编制转化尽职免责负面清单。

壮大科技服务市场主体，加强应用示范和场景创新。重庆加快建设“易智网”等综合性技术转移服务平台，打造一体化技术市场；加快建设中国—德国、中国—匈牙利等国际技术转移中心，推动科技成果双向转化；构建科技成果常态化对接机制，每年开展成果转化对接活动1000场次以上，促进科技成果在渝转化及产业化进程；打造创新创业活动品牌，建立分层次、分类别的创新创业活动体系；持续举办中国创新创业大赛、中国创新方法大赛等国家级品牌赛事，举办明月湖创新论坛等全市性高峰论坛和学术研讨、成果展览、科技成果转移转化峰会等活动；大力发展研究开发、技术转移、检验检测认证、创业孵化、知识产权、科技咨询等科技服务业态，形成覆盖科技创新全链条的服务体系；支持各高新区等开展创新服务集聚区建设试点，打造科技服务综合体。

培育引进集聚创新主体，丰富创新转化资源。重庆高质量建设国家自主创新示范区，着力集聚高新技术企业、高端研发机构、高层次人才等创新资源。综合运用科技创新券、研发费用加计扣除、研发投入增量补助等普惠性财税政策，强化科技金融、科技孵化等创新综合服务，加快培育、引进高技术性企业和高成长性企业。同时，采取平台专项支持、融资对接服务等措施，与国内外知名企业、高校、科研院所合作，引进、培育新型研发机构。此外，研究制定技术转移体系建设方案，在高校院所布局建设专业化技术转移机构，并引进国内外知名机构来重庆设立分支机构。

4.8 合肥：依托科技产业创新，打造全球科创新枢纽和科创名城

建立健全成果转化体制机制，创新科技成果转化支持方式。合肥实施《推动科技成果转化三年攻坚行动方案》，构建符合市场经济和科技创新发展规律的科技成果转化体系；建立联席会议制度，解决科技成果转化过程中存在的问题；健全与重点高校、科研院所和新型研发机构的紧密联系服务机制，强化科技成果及其转化的信息搜集、承接等基础工作，建立科技成果报告机

制；成立科技成果转化促进中心，统筹负责全市科技成果信息收集发布、科技成果项目库征集建设、科技成果对接平台建设运营、科技成果转化活动组织举办等工作，提升专业化服务水平，常态化开展网上科技成果交易转化；建立“定向研发、定向转化、定向服务”的订单式研发和成果转移转化机制以及“场景创新促进中心”。

推进科技成果转化平台建设，提升高质量科技服务能力。合肥创建国家科技成果转移转化示范区，完善新型研发机构科技成果转化功能，每年新增一批市科技成果转化中试基地（平台），力争实现中试基地（平台）重点产业全覆盖。截至 2021 年 4 月，为积极引导高校和科研院所围绕企业需求开展研发，促进科技成果转移转化，合肥以高校院所为主体，与中科大、中科院、清华大学等大院大所大学合作共建中科大先研院、清华公共安全研究院等平台 26 个，通过这些平台，高校院所大大加强了产业技术方面的研究和供给。合肥以企业为主体，成立了平板显示、新能源汽车、公共安全、集成电路、轨道交通、机器人等 22 家产业技术创新战略联盟，提升企业承接成果转化能力。此外，合肥还支持企业建设各级技术创新中心、重点实验室、工程（技术）研究中心、企业技术中心等创新平台，通过这些平台，一系列科技成果工程化问题得以在“实战”中更快解决。

优化资本赋能机制，提升科技成果转化落地能力。合肥发挥各县（市）区的区位和资源禀赋优势，集中布局一批重大科技项目，培育一批引领发展的创新型企业，建设一批双创示范基地、科技成果转化载体和示范园区，打造县（市）区开发区创新集群；鼓励银行业金融机构设立科技支行，发挥天使基金、风险投资、私募股权投资基金、政府引导基金等“基金丛林”作用，推动市科技创新经费与各类科技成果转化基金实现联动，引导商业银行积极与市属各类科技成果转化基金运营机构开展合作，鼓励天使基金投早、投小、投优，提高创新投资容错率，支持重点产业链关键环节和科技创新企业全生命周期创新成果转化；完善“创新成果+园区+基金+三重一创”科技成果转化“四融模式”，汇聚科研单位、企业、基金、园区等创新主体，搭建成果、资金、技术互通平台，集中力量支持重大科技成果转化，加速产业化进程。

4.9　常州：加快构建“链式”产业生态，打造长三角特色鲜明的产业科技创新中心

加大高新技术企业培育力度，夯实高新技术企业发展基础。常州各级财政加大科技投入，充分发挥政策的激励引导作用，加强高新技术企业梯队建设；培育领军型创新企业，支持一批年产值百亿级以上科技型“链主”企业和头部企业，通过确立创新发展战略，引育全球高端人才团队，整合国内外优质创新资源，持续提升创新竞争力；加快推进科技型企业上市，动态调整科技型企业上市培育库，为入库企业提供金融、技术、项目等方面精准服务，优选中介机构为其提供“一对一”专业化辅导；建立瞪羚企业、潜在独角兽企业、独角兽企业的遴选、培育和发布工作机制。

通过两大创新转化中心，提供转化全链条服务。常州依托“创新之核”——常州科教城激发各类科技服务主体活力，培育和壮大全市科技服务机构，为现有产业转型升级和未来产业发展提供支撑。2021 年 10 月，常州科教城科技成果转移转化中心落成，其以“服务区域产业转型升级和培育未来新兴产业”为目标，将依托中国高校技术转移联盟、江苏省高校技术转移联盟、工信部 G7 高校技术转移联盟以及国家知识产权局等机构，汇聚全国 2688 所高校 300 余万件专利、100 余万项科技成果、30 万个科研机构、3100 万名专家学者、超过 8 亿篇科技文献等资源，通过海量科创资源大数据的采集加工，独创的科技成果标引与评价体系，形成高校资源评估、培育、增值、推介、洽谈为一体的全新商业模式。同时，加快武进国家高新区核心区建设，招引国内外知名机构落户常州，集聚发展智能制造、生物医药、新材料等优势产业，建设发展常州产业技术研究院、企业研究院、虚拟研究院等平台，拓展研发设计、集成制造、创业孵化、科技金融等科技服务业态，优化企业科技创新积分制度，并逐步向全市推广使用，完善高新区安全生产治理体系，组织实施绿色发展专项行动，努力实现工业废水近零排放，把两个国家高新区建设成为国家级创新型园区，双轮驱动引领全市高新技术产业高质量发展。

聚焦“链式”创新，注重产业协同效应。2020 年常州汽车产业工业总产

值首次迈上千亿元台阶。这是常州装备制造业史上诞生的第一个千亿元级产业集群。其中，新能源汽车及汽车核心零部件产业产值已达 832 亿元，位居全省第三。“十三五”期间，全市汽车产业规模以上企业增加 8 成，总数近 300 家。新增的发动机、变速箱、动力电池等核心零部件企业成为“补链”生力军，使汽车产业链不断延伸。动力电池产业方面，形成了以溧阳、金坛为两大核心，其他区域多点支撑的较为完整的产业集群，已建和在建产能位列全省第一、全国前三。就具体产业链而言，对于新光源等“龙头带动型产业链”，重点扶持骨干企业，辐射拉动产业链上下游发展；对于汽车、轨道交通、工程机械等“整车整机牵引型产业链”，引进和开发终端产品，推动产业链资源整合；对于生物医药、通用航空等“园区集聚型产业链”，完善园区配套设施，促进产业集群发展；对于碳材料、机器人等“科研引领型产业链”，加强产学研对接，鼓励科技成果转化，加速产业化进程。

4.10 长沙：创新驱动高质量发展，建成国内具有重要影响力的国家区域科技创新中心

建设科技人才高地，全面激发社会创造活力。长沙围绕国家区域科技创新中心建设目标，落实“紧缺急需人才集聚工程”“高精尖人才领跑工程”“人才倍增计划”等人才计划，建立靶向引才、专家荐才、柔性引才机制，引进、培育国际一流的战略科技人才、科技领军人才、杰出创新青年和创新团队，培养具有国际竞争力的青年科技人才后备军；以粤港澳科创产业园、香港城市大学（长沙）创新科技中心建设等为抓手，积极对接引进粤港澳大湾区等地优秀高端科技人才；加大海外专家引智项目支持力度，大力支持长沙（洋湖）国际人才创新创业服务基地、海归小镇等建设，重点引进国外退休专家、院士、诺贝尔奖获得者等高端紧缺国际人才。

培育壮大科技创新主体，加大相关支持力度。2021 年 12 月，长沙正式启动建设国家科技创新中心。长沙致力于布局建设众创空间、科技企业孵化器、双创示范基地等“双创”载体，举办各种创新创业大赛等活动，加强投融资对接服务，构建全链条创新创业服务体系，孵化培育一批成长能力强的科技

型中小企业；推动高新技术企业“量质双升”，建立高新技术企业培育库，构建遴选、入库、培育、认定工作机制，引导人才、服务、政策、资本向高新技术企业聚集；积极推动优质高新技术企业挂牌上市；推动高新技术企业树标提质，培育和发展一批创新型领军企业；建立创新型领军企业遴选机制，支持其加大基础研究和应用基础研究投入，承担重大科技任务，建设重点实验室、技术创新中心等创新平台。

拓宽科技企业融资渠道，深化科技金融融合。一方面，长沙设立科技成果转化基金，积极吸引和支持国内外知名天使投资机构、创业投资机构入驻长沙，与各区县（市）、园区、高校院所联合设立各类创业投资子基金，支持科技成果中试、熟化和落地产业化；鼓励和支持金融机构加快发展知识产权质押融资、科技立项贷、科技孵化贷、知识价值融资贷款等新型金融产品，鼓励创业投资类企业与银行进行信息共享、资源集聚、产品创新，开展各种类型的投贷联动合作。另一方面，长沙逐步扩大高新技术企业信贷风险补偿资金池规模，完善科技型小企业银行信贷风险分担机制，加大科技型中小企业信贷坏账补偿力度；建设好长沙市科技金融服务云平台，构建“科技企业创新能力综合评价指标体系”，推动在长沙市政务服务大厅设立科技金融工作站，吸引银行、保险进驻服务站办理贷款和保险。

5 创造产出发展经验

根据 2021 年创造产出指标评价结果，南京、杭州、上海、武汉、马鞍山、宣城、芜湖、长沙、合肥、成都位列前十。

5.1 南京：作为首批国家创新型城市，有力支撑长三角一体化发展、长江经济带高质量发展等战略实施，树立国家创新型城市建设标杆

不断积极探索优化营商环境。2021 年 2 月，南京发布《南京市优化营商环境政策 100 条（2021 年版）》，其中 8 条为全国首创，包括探索非现场执

法、将“先解决问题再说”机制延伸到企业服务、建设“宁企通”企业服务平台、试点远程监管等八条；切实回应企业期盼，在起草政策前，通过“企业家早餐会”、政协民主监督及实地走访等多个渠道收集企业诉求，此外，还聘请96位特约监督员，为南京营商环境“找茬”“挑刺”；更加重视市场主体的感受度，以企业群众办事创业的痛点、难点、堵点作为政策切入点，切实提升感受度。近几年，南京连续发布市委“一号文”，以“创新”作答。南京成立市委创新委，旗帜鲜明地领导创新，加强顶层设计。通过“移栽大树”“培苗育树”“老树发新芽”，南京加速培育以创新为核心的市场主体。

利用数字化技术实现“生根出访”。南京利用云出访、云招商、云签约、云服务等办法，与22个创新大国和关键小国建立稳固合作关系，充分发挥29家海外协同创新中心作用，加强技术交流、人才引进、项目落地，汇集全球创新资源。依托创新周、世界智能制造大会、中国（南京）软博会等重大活动平台，南京加速引进软件和人工智能产业链重大项目。

构建开放引才用才体系。在“海智湾”建设上，南京一手抓前端引进，广泛借助人力资源机构、海外校友会等第三方力量，拓宽引才途径；一手抓后端承接，打造高品质硬件设施和接轨国际软环境，畅通人才事业接续渠道，统筹全市资源，切实解决病有所医、学有所教、住有所居等人才关切问题，通过“一人一策”锁定和支持顶尖人才，让人才了解南京、留在南京。

5.2 杭州：着力布局人工智能相关产业，依托龙头企业发挥产业和人才的集聚效应

大力布局以新一代云计算数据中心、智能计算中心为代表的算力基础设施，打破“算力孤岛”。杭州在人工智能产业发展重点中明确指出，推动形成“算力—模型—应用”上下游协同的人工智能产业生态链。杭州在“互联网+”、生命健康和新材料三大科创高地建设中取得重大进展，国字号创新平台加速集聚，关键核心技术攻关取得重大突破，高端创新人才加快汇聚，科技体制改革不断深化，“产学研用金、才政介美云”十联动的创新创业生态系统加速构建，基本建成创新型城市。

拥有坚实的人才基础。一方面，杭州汇集诸多头部互联网企业，初步形成以龙头企业为引领、中小微企业蓬勃发展的格局，吸引了大批行业人才。另一方面，近年杭州出台人工智能人才领军计划，加大了在全球范围内引进该领域尖端人才的力度。

发挥产业集聚效应。2021 年 11 月，国务院印发《关于开展营商环境创新试点工作的意见》，明确在杭州等 6 个城市开展营商环境创新试点。以“双创活动周”为新起点，杭州未来科技城双创示范基地通过实施大孵化器战略，大力推进科创园区、孵化器、众创空间等孵化载体建设，不断打通和拓宽“研发—孵化—加速—产业化”通道，有力促进产业链龙头企业和上下游创新产业链集聚。

5.3 上海：科技创新中心建设正处于从形成基本框架体系，向实现功能全面升级的新阶段

跨国公司研发中心加快集聚。上海高层次人才吸引力持续提升，引进外国人才的数量和质量均居全国第一，多年蝉联“外籍人才眼中最具吸引力的中国城市”。

做好长三角科技创新一体化顶层设计。2021 年 6 月，长三角国家技术创新中心在上海成立，强化科技创新策源功能，突出创新在发展全局中的核心地位。围绕创新平台、人才队伍、科研组织等方面，细化建设实施方案，将三省一市在科教资源、产业基础等方面优势转变成长三角科技创新的整体优势，探索建立一体化高效管理运行模式，形成区域创新一体化范式。

出台落实相关政策，促进科技成果转化。“十三五”期间上海出台落实“科创 22 条”“科改 25 条”以及《上海市促进科技成果转化条例》《上海市推进科技创新中心建设条例》等政策法规，先后出台 70 余项地方配套政策、170 余项改革举措，促进科技成果转化、优化创新环境。

5.4 武汉：打造四大产业创新平台，促进科技创新与经济社会发展融合，依托人工智能基础设施，大力发展相关产业

打造四大产业创新平台，促进科技创新与经济社会发展融合。聚焦国家

战略需求和武汉“965”产业，2021年6月，武汉氢能产业促进联盟、武汉智能汽车产业创新联盟、长江游轮游艇产业创新联盟和建材建工行业“碳达峰碳中和”创新联合体等4个创新平台正式启动。这四大创新平台将充分对接高校优势学科和社会资源，引领产业升级，服务创新驱动发展，促进武汉科技创新与经济社会发展深度融合。

依托人工智能基础设施，大力发展相关产业。武汉率先启动建设人工智能计算中心，并于2021年5月建成投入运行。作为算力基础设施，依托昇腾算力构建而成的该中心，通过多样化的异构计算平台、多源算法平台和多态智能应用，支撑AI（人工智能）重大应用的模型训练及推理，可用于自动驾驶、城市大脑、智慧医疗、智慧交通、网络安全、智能数字设计与建造、语音识别、自然语言处理等应用场景，成为武汉国家新一代人工智能创新发展试验区落地的首个计算中心。

5.5 马鞍山：坚定不移走深化改革、扩大开放之路，加速深度融入南京、合肥都市圈，不断增强经济发展活力，打造服务构建新发展格局的节点城市

推动区块连接，畅通长三角。马鞍山积极开展区域合作，重点合作示范区域包括江宁—博望新型功能区、马鞍山青浦工业园和浦和产业合作区，同时强调与省际毗邻地区、产业合作园区和对口合作城市的合作。这些合作重点围绕南京和合肥两个区域，加强产业分工与合作，形成慈湖高新区通信通讯、郑蒲港新区半导体、市经开区绿色食品产业集群。这一系列合作举措旨在促进区域经济发展，实现互惠互利的协同效应。

努力优化营商环境。2021年马鞍山出台《马鞍山市优化营商环境100条（3.0版）》，涉及企业开办、工程建设项目报建、获得电力等19项指标共100条内容，对标南京、“杭嘉湖”等国内一流及合肥、芜湖等省内标杆，与省《创优营商环境提升行动方案（2021版）》甚至南京“100条”相比，有29处内容提出了更高标准。为提升企业和市民的获得感，马鞍山积极深化综合营商环境改革，旨在使审批服务更加简化和便捷、惠及企业政策更加精准和易享、发展机会更加公平和可及、要素获取更为便利和快捷。

5.6 宣城：加快城市全要素数字化转型，推动招商引资注入活力，促进工业互联网发展

推进数字经济、数字政府、数字社会融合协调发展。宣城将“数字化、智慧化”描绘成为宣城之“奇”的另一注脚。宣城城市大脑以“1+2+3+N”的整体框架建设，在宏观决策、城市治理、政务服务、民生福祉、文化旅游等领域已经建设落地智慧场景 23 个。利用城市大数据构建市情洞察和精准治理监测预警分析平台，能够在城市各领域问题上实现一目了然、轻松管理、快速决策。宣城城市大脑致力于推动惠企政策便捷化，引入“一键达”模式，政府财政奖补全流程实现“一窗汇聚、一窗办理、免申即享”。此外，“政务服务最先一公里”应用通过互动问答和材料预审的方式，为企业和市民提供个性化的办事指南，使政务服务更加亲切和便捷。

建立健全“双招双引”领导机制，推动招商引资。宣城成立市“双招双引”工作领导小组，统筹推进全市“双招双引”工作，开展公共资源交易制度文件清理，持续优化招标文件范本，坚决遏制招标文件“量身定做”。同时，大力推进公共资源交易领域行政处罚权相对集中，破解招标投标领域多头执法难题，“双招双引”补链、精准服务稳链。

大力推动工业互联网发展。2021 年，宣城发布《宣城市工业互联网创新发展三年行动计划（2021—2023 年）》，加快 5G 基站建设；大力推进高速光纤网络建设，实现骨干网、城域网与接入网同步扩容；积极推动企业综合运用 IPv6、工业无源光网络、时间敏感网络、工业无线技术改造内网；推动网络提速降费，推动有条件的工业及生产性服务业企业开通高速带宽专线服务，逐步实现智能设备、业务流程、数据和人的互联互通。

5.7 芜湖：依托长三角区域，发展区域创新，全力推动企业降本增效

加快融入长三角，发展区域创新。芜湖全方位等高对接苏浙沪大都市，利用 G60 科创走廊、合肥都市圈、南京都市圈区域创新资源，构建合作共赢

伙伴关系。

实施“1%工作法”，全力推动企业降本增效。“1%工作法”通过有效市场和有为政府有机结合，深入分析影响企业利润的因素，然后逐一提出降低成本和提高效益的措施，以最终实现重点企业、重点行业和全市企业的平均利润率在现有基础上提高1%。芜湖面向全市300家重点工业企业建立利润监测分析平台，实行重点企业“一企一策”、重点行业“一行一策”，以及全市综合施策，逐一制定降本增效举措。

斥巨资推动人才引进工作。芜湖全力打造人才集聚“强磁场”，诚邀四海精英扎根创新热土，施展诚意满满的“大手笔”——在重磅推出的“紫云英人才计划”中，更具区域竞争力的五大人才引进行动“含金量”十足。芜湖围绕支柱和战略性新兴产业推动产才融合发展，简化程序、一事一议、特事特办，对世界一流拔尖人才和团队的引进，最高给予1亿元项目支持。每年评选一批高层次科技人才团队，对经认定的最高给予2000万元支持。对企业引进C层次及以上层次人才，给予引才单位最高500万元总额的资助。

5.8 长沙：大力推进“放管服”改革，抢占人工智能创新高地，以真金白银激励人才，以真情实意服务人才

抢占人工智能创新高地。依托国防科技大学等科教资源、国家超级计算长沙中心等人工智能基础设施，长沙大力发展人工智能。2021年3月，长沙国家新一代人工智能创新发展试验区获批。抢占人工智能创新高地，长沙在智能网联汽车、计算机视觉、大数据、深度学习等人工智能领域处于发展前列。2021年12月，长沙正式启动国家科技创新中心建设，提出到2035年，战略科技力量实力进入国家第一方阵，成为具有国际影响力的重要增长极和策源地。

以真金白银激励人才，以真情实意服务人才。长沙紧扣产业发展需求，先后出台“长沙人才政策22条”“乡村振兴人才8条”等系列人才政策，以真招实策吸引人才，以真金白银激励人才，以真情实意服务人才，营造良好的创新创业环境和人才发展生态。2021年3月，《中国（湖南）自由贸易试验区长沙片区人才集聚发展若干措施（试行）》发布。为确保该措施落地见

效，市委组织部（人才办）、湖南自贸试验区长沙片区管委会牵头，出台 24 项配套实施办法，涉及人才落户、人才个税奖励、人才住房保障、人才子女学费补助和保险补贴、新创办企业场地补贴和项目扶持等。

大力推进“放管服”改革。一批批实实在在的减负措施平等、全面，依法保护各种所有制经济产权，营造稳定公平透明的营商环境。在万物互联的新时代，长沙营商环境弥补了不沿边、不靠海的地理劣势，犹如一块“金字招牌”，吸引来了天下宾客。

5.9 合肥：构建城市大脑，助力数字经济，打好营商环境组合拳，打造科技金融示范区

构建城市大脑，助力数字经济。合肥按照“1+3+4+N”原则建设“城市大脑”，即构建 1 个市级大脑，夯实 3 项基础设施，建设完善 4 大城市中台，深化 N 类智慧场景；加速汇聚各类数据，建成支撑各领域业务应用的基础通用智慧中台，拓展升级市级大数据平台和城市中台支撑能力，不断夯实数据基础支撑和智慧中枢体系，形成具有合肥特色、全国一流的典型智慧应用范例，助力打造国内具有领先优势的数字经济新高地。

打好营商环境组合拳。合肥聚焦市场主体关切，实施流程再造攻坚行动，实施注册资本实缴改认缴、营业执照“数证合一”“证照分离”等一系列改革，不断降低准入门槛，精简办事流程，提高工作效率，进而激发大众创业、万众创新活力。

打造科技金融示范区。合肥发布 19 项创新政策打造科技金融示范区。合肥高新区从扩大金融产品供给、创新金融支持方式、拓宽融资服务渠道、优化金融创新生态四个方面，提出设立高新区“科创贷”、推进投贷联动有效开展、支持金融产品提质创新、加大创投支持力度、鼓励金融服务系统创新、构建科技金融生态圈等 19 项政策。

5.10 成都：加强高能级创新平台建设，高标准建设西部科学城

加强高能级创新平台建设。成都致力于建设成德眉资创新共同体，打造

高质量紧密型创新生态圈，共同构建科技创新中心重要支撑；高水平建设综合性科学中心，突出兴隆湖周边等重点区域创新布局，积极整合优势领域科研力量，按照国家统一部署参与建设国家实验室，聚力打造重大科技基础设施集群和研究基地集群；推动成都超算中心进入国家超算中心体系，加快推动天府实验室等战略科技平台建设。

高标准建设西部科学城。成都优化“一核四区”创新布局，加大专项政策支持力度，重点发展综合性科学中心核心承载区、新经济活力区、生命科学创新区、未来科技城，以及新一代信息技术创新基地。这些区域将分别专注于不同领域的发展，包括科学研究、新经济产业（如5G通信、人工智能、大数据、网络安全、区块链）、新药研发成果转移转化、科技教育，以及电子信息。这些举措旨在推动成都科技创新和经济发展，提高其创新力和竞争力。

6 绿色经济发展经验

根据2021年绿色经济指标评价结果，扬州、镇江、泰州、绍兴、合肥、舟山、常州、上海、无锡、杭州位列前十。

6.1 扬州：打造生态宜居城市，整合旅游资源，促进产业集群发展

打造生态宜居城市。作为长三角地区的一部分，扬州积极融入该区域，通过发展与城市生态宜居特质相契合的基本产业，加快推进新型城镇化进程。同时，重点培育现代服务业，促进产业集群发展。此外，扬州依托运河基础条件，提升和改造河道周边环境，努力打造生态宜居城市特色。通过这些举措，扬州正在实现经济发展转型、保护生态环境和提升居民幸福感的目标。

整合旅游资源。扬州通过构建旅游产业、餐饮产业、沐浴产业相结合的发展模式，实现产业结构升级换代，如以每年“烟花三月”国际经贸旅游节为对外展示扬州的契机，强化旅游、沐浴行业协会功能，深入挖掘传统服务

技艺资源，加强保护力度。通过启动现代服务业百强企业培育计划、星级集聚区提升计划，扬州致力于培育现代服务业高质量发展领军企业，并为此投入大量资金与人力。

促进产业集群发展。扬州作为中国古运河原点城市，同时作为南水北调东线源头城市，承担着重要的生态保护责任。扬州大力构建“一区一带、一心三片”的市域国土空间总体格局。到 2025 年，全市自然保护地“面积不减少、性质不改变、功能不降低”。全市耕地保有量、永久基本农田保护面积不少于省规定目标，累计建成 320 万亩以上高标准农田。重点河湖防洪达标率达 90%以上，生态岸线占比达到 60%以上，全面建成河湖保护规划体系，实现水域和岸线功能分区管控全覆盖。

6.2 镇江：首创“四碳”，制定明确的管理策略，构建生态循环农业模式

在全国首创以碳平台为基础，以碳峰值、碳考核、碳评估和碳资产管理为核心的碳管理体系。镇江在全国首创以碳平台为基础的碳管理体系，通过实施产业碳转型、项目碳评估、区域碳考核、企业碳管理等推进低碳发展。2021 年 8 月 26 日，镇江“实施固定资产投资项目碳排放影响评估制度，完成园区循环化改造”的经验，被国家发改委以“通知方式”在全国推广。这已不是“镇江经验”首次被全国推广。从试点到示范，镇江绿色低碳发展经过不断先行先试，正渐入佳境。

针对区域内重工业密集、能源消耗过高的现状，制定精细化管理策略。镇江是火电大市，火力发电耗煤每年 1673 万吨。镇江积极推进能源供给侧结构性改革，深入开展煤电超低排放改造，积极发展清洁可再生能源，推进储能设施建设，建成世界上规模较大、功能较全的电网侧储能电站项目，推动能源结构向绿色、低碳稳步前行。

明确国土空间管制目标，构建生态安全格局。镇江制定明确的国土空间管制目标，构建农业生态安全格局和生态循环农业模式，积极推动现代农业园区建设，保护水土、生物栖息和维持生态物种稳定。镇江产业结构以重工

业为主，农业一直以现代化和集约化为发展方向，创立多个现代农业园区，为保持水土、生物栖息、生态物种稳定提供了重要支撑。世业镇是镇江绿色发展道路上的一个缩影。近年来，世业镇全面规划建设“近零碳岛”，以“健康+”理念为引领，推动“生态岛”“音乐岛”“旅游岛”“田园岛”四岛共建，探索两山理论生动结合的典型样板，以生动实践回应长江大保护要求。

创新驱动转型升级，全产业链“绿意浓浓”。镇江在全产业链上推动绿色发展，完成长江（镇江段）沿岸生态景观防护林带基本建设，推进道路林网、水系林网、农田林网建设，打造生态岛、湿地、绿岸等示范点，初步形成 270 千米长江岸线绿色长廊。镇江通过探索绿色低碳发展之路，实现环境改善、生态提升和全产业链绿色低碳高质量发展的目标。

6.3 泰州：推进产业升级，聚焦高质量发展

突出健康产业发展，重点打造“健康名城、幸福泰州”城市名片。泰州地处长江三角洲中部，具有优越的沿江投资开放环境，是经典新兴工业城市，以“中国医药城”为核心。在已有中国医药城及健康产业基础上，泰州重点建设精准医疗、健康疗养、健康食品、健康旅游四条大健康融合发展产业链，突出打造医药地标产业。大健康产业被称为“大产业、大财富、大民生”，近年来，泰州依托国家级医药高新区和一批全国医药制造百强企业，积极推进大健康产业“药、医、养、食、游”融合发展，初步形成具有泰州特色的大健康产业体系。据统计，2021 年，医药高新区（高港区）实现地区生产总值 1106. 86 亿元，增长 11%；规模以上工业总产值 2098 亿元，增长 29. 4%；一般公共预算收入 100. 5 亿元，增长 11. 8%。2021 年，医药高新区（高港区）在全国国家级高新区综合排名中名列第七十三，在全国生物医药类园区综合竞争力排名中名列第十二。

强化资源节约利用，生态产业发展动力澎湃。泰州生态农业发展已形成区域优势，被认定为首批国家农业可持续发展试验示范区（农业绿色发展先行区），建成 2 个全国绿色食品原料标准化生产基地，总面积 82. 5 万亩。2021 年，全市种植业绿色优质农产品比重升至 83. 7%，畜禽生态健康养殖比

重达到99%。全市秸秆综合利用率超过95%，农业废弃物利用率达到90%，农药、化肥使用量较2015年分别下降18.5%、11.8%。泰州大力培育高新技术产业、战略性新兴产业，推动传统产业转型升级；实施“上新压旧”“上大压小”等措施，重点建成一批重点行业绿色龙头企业。“十三五”期间，全市单位GDP能耗累计下降约25%，超额完成省下达的能耗强度控制目标；入选工业和信息化部绿色制造名单23个，其中绿色工厂13家，数量列全省第五位、苏中苏北地区第一位。

全面落实污染物排放许可证制度。泰州推动排污许可与环境执法、环境监测、总量控制、排污权交易等环境管理制度有效衔接，强化排污许可大数据在污染防治攻坚战中的应用；健全以排污许可为核心的固定污染源监管制度体系，完善企业台账管理、自行监测、执行报告制度，固定排污许可证覆盖率保持100%；规范核发、年审、监管等管理流程和要求，有效整合现有污染源管理制度，实现排污单位生产运营、停产关闭等全生命周期不同阶段的全过程管理。

6.4 绍兴：加快推动经济社会发展全面绿色转型，打造全省绿色低碳循环发展新标杆

绿色产业体系初步构建，资源利用效率显著提高。绍兴以能源资源循环利用为核心的绿色经济体系加速构建，成功创建省级生态文明建设示范市。全市三次产业结构由2015年的4.5∶50.4∶45.1调整为2020年的3.6∶45.2∶51.2，三产比重首次超过50%，现代服务业提升发展，产业结构绿色化特征凸显；启动实施“双十双百”集群制造培育计划，高端装备、新材料、现代医药、电子信息四大低碳型新兴产业加快发展，成功创建集成电路、高端生物医药、先进高分子材料三大省“万亩千亿”新产业平台，高新技术产业、战略性新兴产业增加值占规模以上工业比重分别提高到53.6%和41.9%。

生态环境质量持续改善，绿色生活方式加速形成，绿色体制机制不断完善。绍兴统筹实施碧水、蓝天、净土、清废等行动，全力打好污染防治攻坚战，会稽山国家森林公园获批，全国首个河湖长制地方标准发布，成为全省

唯一一个国家“无废城市”建设试点。全市生态环境状况指数在“十三五”期间均为优秀。2020 年，城市生活垃圾分类覆盖率达到 76.3%，农村生活垃圾分类建制村覆盖率达到 86.7%，城市主城区公交机动化分担率达到 33.4%。5 个项目入选省未来社区试点，凸显低碳场景建设。以“811”美丽绍兴建设行动为统领，以生态文明建设示范市创建为契机，绍兴统筹推进生态文明体制改革各项任务的落实和细化，具有绍兴特色的上下衔接、产权清晰、多元参与、激励约束并重、系统完整的生态文明制度体系基本建立。同时，绍兴完善绿色财政奖补机制，实行生态环保财力转移支付制度，与“绿色指数”挂钩分配；探索生态产品价值实现机制，深化林权、排污权、用能权、碳排放权等配置方式市场化改革，完善资源环境价格形成机制。

培育新型生态服务业，引领绿色经济高质量发展。绍兴围绕特色优势产业，打造绿色技术咨询、检验检测和人力资源等现代服务业集聚示范区、特色小镇等服务业高能级平台，积极培育集绿色创意农业、生态情景体验、绿色科技教育等为一体的生态旅游新业态，支持绿色产品设计、开发绿色金融工具和产品、深化绿色保险服务创新，加快提升绍兴作为旅游目的地功能、环境、产品、营销、管理和服务的现代化水平，推动新型服务业成为新的经济增长点和加速器。

6.5 合肥：依托区域科技创新资源以及低碳发展促进政策，低碳化发展趋势明显

在能源资源相对匮乏的背景下积极推动能源结构优化，不断扩大可再生能源规模，逐步优化能源结构。合肥积极推动能源结构优化，推进煤改气、油改气，同时在天然气发电、天然气化工、天然气工业燃料利用效率方面取得积极进展。合肥域内无油无气、缺电少煤，可利用的可再生能源仅有太阳能、生物质能、地热能等几类，属于资源输入城市。长期以来，尽管煤炭能源作为合肥主要能源的地位并未改变，但是可再生能源比重不断增长。截至 2021 年 3 月，合肥已累计推广应用新能源汽车突破 25 万辆，规模位居全国前列。为了让新能源汽车“行得稳”，合肥供电公司“城乡一体化”开展充换

电网络建设，已建成2600多台交、直流充电桩，覆盖城市、乡村、高速公路的合肥“十分钟”新能源充换电网络基本形成。2020年，合肥电网新能源发电就达243.1万千瓦时，约占地区电源总装机容量的32.5%，新能源发电准确率稳定保持于94%以上。合肥全社会用电量和最大负荷分别由2016年的267.2亿千瓦时、580.3万千瓦，攀升至2020年的382.6亿千瓦时、845.2万千瓦，分别增长43%和45.6%，双项指标增长率稳居全国重点城市前列。合肥地区用电量前十名企业也由过去的传统高耗能行业，转变为当前的计算机、通信等新兴产业。

拥有丰富的科教资源和雄厚的研发实力。合肥科技孵化基地众多，以新能源汽车为代表的低碳产业已将科技优势成功转化为产业优势，以创新科技引领高品质发展的趋势愈加明显。科技创新是合肥的最大优势，充分发挥最大优势，成为合肥加快推进绿色低碳发展的“强心剂”。2021年5月，合肥新增4家市级产业技术创新战略联盟，涵盖新一代人工智能、区块链、量子计算、新材料等重点产业。自2012年启动合肥产业技术创新战略联盟认定工作以来，合肥聚焦战略性新兴产业，鼓励行业龙头企业主动与有关高校、院所或其他组织机构共同组建联盟，以产业的发展需求和各方的共同利益为基础，建立优势互补、利益共享、风险共担的合作机制。

创新落实多种节能举措，大力推进节能减排工作。2021年，合肥以5.7%的能源消费增速支撑了9.2%的GDP增速，以占全省17%的能耗贡献了全省26.6%的GDP。合肥创新落实多种节能举措，大力推进节能减排工作，能效水平处于全省最优、全国前列，为探索绿色、智慧、节能、低碳的新发展模式提供“合肥方案”。合肥全面加强规建治一体化，推动特大城市转型发展，建设生态宜居城市，推动“一湖一园一廊一城”生态文旅地标建设。合肥坚决以法治刚性守护绿水青山，2021年，巢湖综合治理不断加强，巢湖正成为合肥最好的名片；2021年6月，巢湖作为全国唯一系统治理湖泊，成功入选国家第一批“山水林田湖草沙一体化保护和修复十大工程”。工程计划总投资151亿元，围绕“一湖两带八区”流域生态格局，系统实施修山育林、节水养田、治河清源、修复湿地等8大类共47项工程。

6.6 舟山：依托海洋特色，技术赋能海岛乡村建设

发掘地区特色资源，推动海洋新能源开发利用。舟山位于浙北沿海地区，拥有丰富的风能和潮汐能资源，为发展新能源奠定基础。舟山依托海洋特色，推动海洋新能源开发利用，包括海水制氢、远海风电、漂浮式海上光伏发电等。2021 年以来，舟山组织实施的 15 项国家和省自然科学基金项目，已在滨海蓝碳研究方面取得新成果，相关学术论文在海洋化学和环境领域重要学术期刊发表；21 项市级以上科技项目突破近海渔业资源养护技术模式，推动设立浙江沿海 10 个产卵场保护区，获省科学技术进步奖二等奖，碳达峰碳中和科技创新工作取得良好成效。

探索绿色低碳技术，推进传统产业转型和生态修复。舟山引入清华大学科研团队共建绿色石化技术创新中心，按照“将研发作为产业、将技术作为产品”的发展思路，紧扣石化炼化一体化、新材料关键技术领域应用需求，开展技术创新，突破关键工艺流程，实现绿色石化绿色制造，带动上下游产业转型升级，以自主创新研究成果补齐产业技术短板，为传统石油行业转型提供技术支撑。在海洋生态修复方面，舟山大力探索碳汇海藻贝类高效养护技术、综合养殖碳汇扩增技术和人工鱼礁构建技术应用研究，提升单位海域固碳能力。

发展绿色生态渔业，促进共同富裕。舟山实施绿色渔业工程，包括渔业产权改革、资源养护与生态修复、海洋牧场建设等。农村休闲产业提升发展。打造乡村旅游新载体，如景观农业主题公园、田园综合体等，发展海岛旅游、乡村休闲、民宿经济、运动康养等新型产业；打造国际海岛休闲度假目的地，发展美丽乡村夜间经济，培育十大夜游美丽乡村省级精品村；打造省级休闲乡村（渔家乐集聚村）10 个以上、民宿综合体（民宿聚落）10 个，全市休闲农业、渔（农）家乐经营主体超过 3000 家，乡村旅游经营总收入超过 40 亿元。舟山严格落实休渔禁渔制度，发展高效、绿色、智能的现代水产养殖模式，实施海洋蓝碳提升工程，探索海上风电与海洋牧场融合发展，推动深海智能网箱养殖技术迭代升级。

6.7 常州：聚焦低碳发展，打造具有常州特色的低碳循环发展模式

加大公共领域低碳设施建设力度。在交通领域，常州大力发展绿色交通，提高城市公共交通电动化水平。常州加大对城市公共交通的投入，推广电动公交车和有轨电车，提高公共交通电动化率，从而减少城市公共交通碳排放。在建筑领域，常州坚持在公共建筑和住宅建设中，推广应用节能、环保、低碳的建筑材料和技术，降低建筑能耗，减少碳排放。在新能源汽车领域，常州积极推广新能源汽车充电桩建设，重点加大在公共区域、居民小区、商业区等的充电设施布局，为新能源汽车发展提供便利。

深化传统产业绿色升级，抢先布局新能源产业。常州鼓励企业实施绿色化改造，采用清洁生产技术和环保设备，降低能耗和污染物排放；同时，加强对传统产业的监管，确保企业遵守环保法规，提升行业整体绿色发展水平；把握新能源产业发展趋势，积极布局太阳能、风能、氢能等清洁能源产业；鼓励企业投资新能源项目，并给予政策支持和资金扶持。新能源产业快速发展，为常州经济增长注入新动力。2021 年，全市新能源汽车产业产值增幅超过 60%。其中，新能源整车产量及动力电池产业实现成倍增长，保持全省领先地位；车用动力电池产量超过 57 千兆瓦时，在全国占比三分之一，位列全国第一。

6.8 上海：作为长江经济带经济最发达、资源配置能力最强的城市，各子指标发展均衡，领先优势明显

作为中国最大的经济中心城市，高质量发展水平稳居全国前列。《上海市城市总体规划（2017—2035 年）》提出建设更可持续的韧性生态之城的目标，明确指出上海必须致力于转变生产生活方式，推进绿色低碳发展，成为引领国际超大城市绿色、低碳、可持续发展的标杆。作为长三角地区的引领城市，上海在低碳发展实践区、低碳社区、绿色制造体系等试点工作领域树立了良好示范。2021 年，上海制定并印发《上海市 2021 年节能减排和应对气候变化重点工作安排》，明确当年节能减排和应对气候变化的具体任务和目标。

已基本实现传统高污染产业的替代和转移，节能降耗工作进展良好，产业结构和能源结构低碳转型成效显著。上海主要用能行业能源利用效率明显提高，主要耗能产品单位能耗水平全面下降。统计数据显示，上海工业企业数目以及第二产业比重一直在下降，产业结构重心向现代服务业和以战略性新兴产业为主的第三产业转移，有力保证上海在推进城市化过程中的绿色低碳发展模式。

积极推动工业和通信业领域节能降碳，赋能产业智能化、绿色化。上海制定《上海市工业和通信业节能降碳“百一”行动计划（2022—2025）》，旨在通过采用新一代信息技术，如人工智能、5G、物联网、大数据、区块链等，赋能产业智能化、绿色化，力争平均每年节约1%的用能量。上海鼓励企业依托现代信息技术推进绿色转型发展，推进企业能源管理中心建设，提升数字化管理水平。

6.9 无锡：打造“零碳城市”，以市场化手段积极减排

市场主体高质量发展，新经济发展态势明显。截至2021年8月25日，无锡市场主体总数已突破100万大关。全市市场主体中私营企业34.51万户，内资（非私营）企业3.23万户，外资企业0.71万户，个体工商户61.30万户，农民专业合作社0.34万户。至2021年，全市“四新经济”行业新设企业达到2.9万户，占新设企业总量的16.2%，对地方经济持续繁荣发挥重要作用。无锡大力推进太湖湾科创带“头号工程”建设，聚焦自主创新、成果转化、实践应用三大场景，加大低碳、零碳、负碳技术创新力度，带动低碳产品研发和生产，持续做强物联网、集成电路、生物医药等“产业地标”。

打造“零碳”城市，积极利用市场化机制进行碳减排。无锡积极参与全国碳排放权交易市场建设，持续扩大碳市场参与行业、交易主体和交易品种，同时争取在宜兴设立上海碳排放权交易中心分中心。大力发展绿色金融，引导社会资本流向绿色产业，为实现碳达峰碳中和目标提供充足资金保障。同时突出政策引导，政府采购对绿色产品给予倾斜，确保列入政府采购目录的

绿色产品占到50%以上。2021年，无锡成立江苏首个以零碳为主题的科技产业园——无锡零碳科技产业园，开展“零碳、低碳”技术研发应用、成果转化和产业集聚。同时，无锡成立全国首支零碳风险投资基金，成立远景零碳数字创新中心，以市场化手段、科技创新引领“零碳”未来发展。

打造现代化产业链，培育绿色低碳产业。无锡积极推动低碳产业集群发展，以产业升级转型带领绿色低碳高质量发展。无锡做大做强具有核心竞争力和国际影响力的物联网、集成电路、生物医药、软件与信息技术服务4个地标产业集群，发展壮大高端装备、特色新材料、新能源等6个优势产业集群，加快培育人工智能和元宇宙、量子科技、第三代半导体等5个未来产业。新兴产业集聚效应显现，2021年无锡制造业领域规模以上战略性新兴产业实现总产值8529.18亿元，占规模以上工业总产值比重达39.9%。

6.10　杭州：引导居民采用低碳生活方式，大力推动绿色低碳产业发展

推进低碳转型绿色发展，推动传统产业转型。杭州以推进“碳达峰、碳中和”为牵引，坚持绿色生产、绿色技术、绿色生活、绿色制度一体推进，坚决遏制高耗能、高排放项目无序发展，大力实施产业体系“降碳”行动，加快发展绿色交通，加速推广绿色建材、超低能耗建筑，积极倡导绿色文明的健康风尚，全面完成能源“双控”和减煤目标，努力实现经济高质量发展和生态环境高水平保护良性互动，全市累计关停重污染企业418家、整治提升439家，单位GDP能耗为0.25吨标准煤/万元。

推进能源结构调整和转型升级，加快新能源产业发展。杭州鼓励新能源汽车产能提升和整零配套发展，促进能源消费革命。作为全国首批碳达峰试点城市和全国首批新能源汽车示范推广双试点城市，杭州新能源汽车保有量持续增长，居全国前列。杭州大力发展清洁能源，推进光伏发电、风力发电等可再生能源项目，促进能源供给多元化。同时，杭州积极推进能源科技创新，探索氢能、储能等新兴领域，努力打造全国新能源产业发展高地。

加快绿色交通建设，提升绿色出行服务。杭州采用TOD（交通规划成行）规划理念，提高公交系统便利度和可达性，使用电动车等低排放公交工具减

少城市交通领域碳排放。通过坚持“公交优先”，构建杭州特色的地铁、公交车、出租车、免费单车、水上巴士“五位一体”，县（市、区）全覆盖的品质大公交体系。同时，杭州严格执行机动车低排放标准，淘汰高污染机动车辆，推进交通智能化管理，减少迂回运输、重复运输、空车运输，降低碳排放。2021 年，杭州市区实现燃油公交车“全面清零”，进入全电时代，主城区纯电动公交车数量达到 5000 余辆。

7 生态环境发展经验

根据 2021 年生态环境指标评价结果，黄山、丽水、赣州、普洱、丽江、保山、张家界、怀化、临沧、衢州位列前十。

7.1 黄山：促进经济社会发展全面绿色转型，筑牢长三角重要生态屏障

建设新安江—千岛湖生态补偿试验区。坚持从全局高度加强新安江及下游千岛湖水环境保护，2021 年黄山生态环境“十四五”规划提出要编制实施《新安江—千岛湖生态试验区建设方案》，加快建立健全市场化、多元化、一体化的流域生态补偿机制，确保一江清水出新安，为全国生态文明制度建设再作贡献。打造生态环境共保联治新样板。编制实施新安江流域水生态环境共保联治规划，统筹水环境、水资源、水生态“三水”保护，协同推进流域环境共保联治。探索建立跨区域生态环境基础设施建设和运营管理，创新跨区域环境联合监管治理模式，健全上下游协调保护、监测、执法机制。

深入实施可持续发展战略，促进经济社会发展全面绿色转型。截至 2021 年年底，黄山主要生态指标稳居全国前列，森林覆盖率升至 82.9%、地表水水质优良率达 100%、空气质量优良率达 99.7%，获评中国最具生态竞争力城市。以生态优先、绿色发展为导向，推行重点行业和领域绿色化改造，促进经济社会发展全面绿色转型。如推进低碳城市建设，促进新能源汽车推广应用；全面推行垃圾分类和减量化、资源化、无害化，推进生活垃圾、建筑垃

圾、危险废物、污泥和餐厨垃圾资源化利用，建成国家级资源循环利用基地。全面实施节水行动，培育壮大节能环保和清洁能源产业，推行完善全域垃圾智能化收转运体系，打造全域垃圾分类管理“黄山样板”。深入开展节约型机关和绿色家庭、学校、社区、商场、餐馆、景区创建行动。探索设立“两山”银行、“两山”基金、“两山”公司等。推出“田园徽州”“黄山好水”等一批具有较强影响力的生态产品品牌，培育壮大绿色产业集群等。

扎实推进国家生态文明建设示范市创建活动。2021 年，黟县、休宁县先后获得国家级和省级生态文明建设示范县命名。成功举办 2021 新安江绿色发展论坛暨生态产品博览会和第三届黄山发展大会。推深做实新安江流域水排污权交易试点，完成排污权交易 6 笔，总成交金额 31.57 万元。《美丽河湖看新安》入选生态环境部“美丽河湖”优秀案例最终评议阶段，并作为全国 2 个优秀案例进行了交流推广。深入打好污染防治攻坚战。指导 8 家重点企业和 2 个化工园区编制“一企一案”“一园一案”，启动大气精细化管理项目建设，建成大气挥发性有机物自动监测站。大力开展扬尘污染防控专项整治，下达整改通知 30 余份，实施行政处罚 4 起。持续推进饮用水水源地保护，推进 4 个县级集中式饮用水源地自动监测站建设等。

7.2 丽水：层层递进推动生态文明建设，高起点推进生态文明建设的丽水作为

以建设“诗画浙江”大花园最美核心区为载体，全力打造生态文明建设新典范。通过提升治理能力和治理水平，丽水加快实现从天生丽质向治理提质转变、从生态颜值向经济价值转变、从产品直供向模式提供转变。在已有较高环境质量的基础上，丽水进一步把生物多样性作为生态治理成果检验标准，打造生物多样性保护国际标杆。2021 年，丽水在全省范围内率先编制《丽水市生物多样性保护与可持续利用发展规划（2020—2035 年）》，划定丽水 17 个生物多样性优先保护区域，制定 10 大优先领域 33 个优先行动，设置 30 个重点项目，提出近、中、远三期目标。

以旅游业为工作核心，发挥绿色生态屏障作用，着力“微改造、精提

升”。丽水不断加强市、县联动，聚焦重点，全力推动生态旅游业高质量发展。通过贯彻落实《丽水市旅游业“微改造、精提升”五年行动方案（2021—2025年）》，丽水着重运用艺术引领、传统复兴、红色赋能三种手段，聚力打造共同富裕山区模式。丽水市、县两级已全部完成行动方案的制定和发布，截至2021年8月底，丽水全市已经开工“微改造”项目421个，完成项目投资4.79亿元，完成示范点位126个，完成率超过60%。截至2021年年底，丽水全市共有4A级及以上旅游景区25家，其中5A级旅游景区1家。

围绕生态环境保护设计评估体系，不断加大制度创新力度。丽水围绕“绿水青山就是金山银山”核心命题，将GEP（生态产品总值）和GDP作为融合发展核心指标，探索建立GEP核算评估体系，实行“双核算”“双考核”，加快实现GEP和GDP协同较快增长。

人不负青山，青山定不负人。在“丽水之赞”的指引下，丽水向绿而行、因绿而兴，以毫不动摇的战略定力护生态、优生态、美环境，走出一条生态环境保护与绿色跨越发展相辅相成的新路子。随着生态文明建设不断深入推进，丽水城市基础设施不断向农村延伸、公共服务逐渐向农村覆盖、现代文明加速向农村辐射。截至2020年，丽水全市全境剿灭劣V类水，实现城乡垃圾集中处理率达100%，处处兴起丽水文明新风尚。生态兴，文明兴；生态兴，丽水兴。丽水以生态绿色发展带动经济增长，人均生产总值达到1万美元，农村居民人均可支配收入增幅位居全省第一。

7.3 赣州：加强赣南历史遗留矿山生态修复，支持革命老区振兴发展

大力开展废弃矿山修复治理，为生态产品价值实现贡献经典案例。赣州加强赣南历史遗留矿山生态修复，支持革命老区振兴发展；树立绿色勘查理念，营造绿色勘查环境，减少探矿工程对环境的扰动，减少施工过程对环境的影响。赣州市政府不断加大推广应用绿色环保勘查技术标准和工艺的力度，通过推进找矿突破战略行动，促进矿产结构调整，稳定和扩大矿种开发规模；同时实施历史遗留矿山生态修复，开展尾矿库综合治理，支持推动稀土原矿绿色开采，

提升稀土废料回收综合利用水平，建设绿色矿业发展示范区；支持符合条件的地区实施独立工矿区改造提升工程，健全流域生态保护长效补偿机制。

加快发展绿色产业，突出改革创新。赣州不断发展绿色产业，打造富硒产业发展示范基地，推动稀土、钨新型功能材料产业集群发展；实施水土保持生态工程建设“以奖代补”试点；积极引进社会资本，创新水土流失治理工程。截至 2021 年 9 月，赣州已经打造富硒产业发展示范基地 74 个，认证富硒产品 125 个，“山水硒地、生态赣州”生态名片逐步打响。

大力推进生态修复，持续筑牢南方地区重要生态安全屏障。赣州鼓励矿山企业采用先进开采方式，科学高效利用矿产资源，实现主开采矿种和共伴生矿种开采回采率、选矿回收率和综合利用率高于设计要求。到 2025 年，示范区矿山实现开采回采率达标率大于 90%，选矿回收率达标率大于 80%，综合利用率达标率大于 55%。同时，赣州推动矿产资源综合勘查评价和综合开发利用，加强低品位、共伴生矿产资源综合利用，减少矿山废弃物排放，提高矿产资源开发利用总体水平；设置科学合理的控制指标，大幅降低矿山企业能耗、地耗和水耗，控制能源消费总量、碳排放总量、尾矿等废弃物排放总量；鼓励矿山企业开展节能减排，引进先进技术和装备，淘汰落后设备和采选工艺，降低水、电和介质消耗；加强钨、萤石、金、银、铅、锌等矿山固体废弃物综合利用，重点开展黑钨矿废石和尾矿中石英石的回收加工利用，白钨矿尾矿综合回收长石、萤石等非金属矿物、含金银铜较多的尾矿再选回收有用组分或用作水泥配料、萤石矿尾矿制取蒸压砖、煤矸石制取烧结砖等项目；鼓励矿山企业开展二次资源冶炼再生回收利用。至 2025 年，重点矿山企业选矿废水排放大幅减少，危险固废无害化处理率达到 100%，矿山企业节能减排和再生资源回收利用水平明显提高。

7.4　普洱：明确“生态立市、绿色发展”战略，力求绿色生态福祉最大化

确立“生态立市、绿色发展”战略，产业培育取得重大成果。普洱面积约 4.5 万平方千米，东南与越南、老挝接壤，西南与缅甸毗邻。全市保存着

全国近三分之一的物种，生态环境优越，自然资源丰富，有全国最大的云茯苓、白及、林下有机三七种植基地。普洱现代茶园面积和茶产业综合产值位居全省第一，咖啡种植面积和产量位居全国第一，获有机认证企业和证书数位居全省第一，有机茶认证面积数、企业数、证书数位居全国第一。

狠抓生态建设，从源头保护好绿水青山。普洱坚持“共抓大保护、不搞大开发”，划定生态保护红线，强化生态空间管控，加强生态保护和污染源头管控，正确处理好保护与开发的关系，从源头保护好绿水青山；构建“一核两翼三带”空间发展格局，形成以思茅宁洱一体化为核心区带动墨江江城，以景谷景东镇沅和澜沧孟连西盟为两翼，澜沧江经济带、两山经济带、“绿三角”经济带多引擎带动发展的格局；评估调整生态保护红线，以现有生态保护红线成果为基础，重点核实生态保护红线内合法矿业权、重大基础设施工程等情况，识别存在的矛盾冲突，明确调整规则，有针对性地提出调整方案，确保生态保护红线划定成果权威、科学、可执行。

全面加强生态保护与建设，持续推进生物多样性保护。推动建立普洱市生物多样性保护基金会、普洱市生物多样性保护院士专家工作站，并安排财政资金保障工作经费；实施亚洲象及其栖息地保护试验示范项目和普洱市中老越跨境生物多样性保护示范项目，推进生物多样性保护跨区域交流与合作；强化污染源头管控，全面推动水资源节约、水生态环境保护和水污染防治，实施以拆除取缔非法养殖网箱及捕捞渔具为重点的三年综合整治工作；开展绿色矿山创建工作，多措并举推动农用地污染防治，全市化肥农药使用量已连续五年实现负增长；同时加强对现有国家公园、国家森林公园、省级森林公园管理，围绕国家级、省级、县级自然保护区，提升全域生态环境质量，全面加强公益林保护与修复；抓好湿地公园、湿地保护小区和小微湿地建设，确保新设矿业权不再进入自然保护区。

7.5 丽江：积极开展制度创新，探索人与自然和谐共生的发展路径，建立“共抓大保护”的生态环境治理新机制

坚定走绿色可持续的高质量发展之路，大力发展生态产业。丽江始终坚

持山水林田湖草沙一体化保护和系统治理原则，坚决扛起生态保护修复政治责任；同时不断提升林草湿沙生态系统的多样性、稳定性和持续性；科学开展大规模国土绿化行动，全面实施森林可持续经营，做大做强森林“四库”，提高生态系统碳汇能力；深化集体林权制度改革，大力发展油橄榄、核桃等林草特色产业，强化典型引领，总结绿色生态基地建设经验，科学合理利用林草资源，积极推进森林乡村、森林康养基地建设，加快林草产业发展，加速推动实现生态美百姓富。

高度重视生物多样性保护，通过建设生物多样性保护的管理实体来完善物种保护工作。丽江构建生物多样性保护网络，划定梅里雪山—碧罗雪山寒温性针叶林区等八大生物多样性保护关键区域，大范围、整体性保护其类型多样、区域特征明显的生态系统；划定并严守生态保护红线，落实最严格的生态环境保护制度，生态保护红线非经法定程序不得调整，从而有效减少、减弱人为活动对生物多样性重点区域的干扰，保护受威胁的野生动植物群落生境；积极开展国土空间生态保护修复，实现自然资源可持续利用和生态环境全域保护；建立健全生态保护修复制度体系，组织开展《云南省国土空间生态修复规划（2021—2035 年）》编制工作，积极构建省、州（市）、县三级国土空间生态修复规划体系；统筹山水林田湖草沙一体化保护与修复，抚仙湖流域生态保护修复工程纳入国家第二批山水林田湖草生态保护修复工程试点，工程总投资 97.28 亿元，生物多样性逐步恢复。

以生态保护和修复、国土绿化、自然灾害防治等为重点，严格落实河湖长制，联动推动河湖保护治理向纵深发展，保证生态环境质量向好发展。通过全面推行林长制，丽江林草资源管护从过去林草部门“单兵作战”，提升为各级林长牵头抓总的“一把手”工程。全市林草资源总量增长、质量提升，截至 2021 年，丽江全市森林覆盖率达 72.14%，活立木蓄积量达 1.26 亿立方米，草原综合植被盖度达 73%，湿地保护率达 50.21%，自然湿地保护率达 63.69%，不仅林草资源保护指标位居全省前列，林草投入也在逐年增加。丽江通过不断推进自然保护地管理建设，保护地整合优化成全省样板，强化生物多样性保护。截至 2021 年，丽江已建设滇西北野生植物基因库、滇西北植物园、百花园、百果园、百草园、中华高原芳香植物园“一库五园”，同时国家级重点保护一级、二级野生动植物分别新增至96种、58种；累计培育当地林草产业龙头企业国家级1户、省级22户、市级113户，累计实施产业基地建设490.15万亩，林草产业总产值高达136亿元。

7.6 保山：努力建成世界一流“三张牌”示范区（绿色食品、绿色能源、健康生活目的地）、兴边富民示范区、国际文化旅游胜地

农业资源丰富，农业水平较高，在优越自然条件下更有能力发展现代高质量农业。保山地处横断山脉南端，区位优势独特、自然资源富集、生态环境优越，是全球34个生物多样性热点地区之一，是中国生物多样性较丰富的地区之一、中国白眉长臂猿之乡，是西南生物生态安全第一道屏障。保山聚焦水稻、咖啡、石斛、茶叶、肉牛五大产业，打造国家水稻繁育基地，全链条重塑咖啡产业，做大做强昌宁红茶品牌和石斛产业，大力发展肉牛产业，高质量建设世界一流高原特色农业示范区，为基础条件相似的区域提供经验借鉴。其中，保山的施甸被袁隆平院士誉为“中国杂交水稻最佳繁育基地”，保山以施甸为重点，打造国家水稻繁育基地，为保障国家粮食安全提供种源支撑。

加强生物多样性保护，严格自然保护地监管。2021年，保山印发《关于筑牢滇西生物生态安全屏障的实施意见》。为此，保山成立生态环境保护委员会、生态文明排头兵工作领导小组、环境污染防治工作领导小组、生态创建工作领导小组、生物多样性保护委员会、筑牢滇西生物生态安全屏障工作领导小组，这些专项小组已经形成统一领导、高位推进的工作格局。同时，保山出台实施《保山市城市生态化发展的实施意见》《保山市全面推行河长制的实施意见》《保山市全面推行林长制工作实施方案》《保山市市级有关部门和单位生态环境保护责任清单》等制度，不断完善生态环境保护法制，着力构建源头预防、过程控制、损害赔偿、责任追究的生态环境治理体系，落实好管发展必须管环保、管生产必须管环保、管行业必须管环保的要求，形成政府主导、企业主体、各方参与、市场调节的多元治理

格局。截至 2021 年，保山共划定生态保护红线 5121.72 平方千米，占国土面积的 26.87%，区域内重要生态系统和生物多样性得到有效保护。保山统筹山水林田湖草沙冰系统治理，科学修复生态，恢复退化生态系统，持续改善生态状况。

7.7　张家界：推进绿色发展，打造“世界绿谷”

守护绿水青山，推进绿色发展。张家界森林植被保护完整，全市森林面积达 58.4 万公顷，森林覆盖率达 71%，居湖南首位。“十三五”期间，张家界水环境质量持续稳步改善，澧水流域所有国控、省控、市控地表水监测断面水质达到Ⅱ类以上，水质优良率达 100%。同时，张家界累计建成县级规模以上城镇污水处理厂 7 个、乡镇污水处理厂 40 个。张家界市政府不断推动建立污染地块联动监管机制，实施农用地分类管理，完成 14 个土壤污染防治重点项目，共开展 5 轮涉镉等重金属污染源排查，土壤环境安全可控。枧潭桥断面镍浓度年均值从 2012 年的 0.255mg/L 下降到 2020 年的 0.0228mg/L，下降幅度达 91.06%，人民用水安全得到保障，水质状况持续转好。

美丽资源，催生美丽经济。张家界是湖南的“绿心”，也是长江流域重要生态屏障区。在生态绿色基础上，张家界已开发建成各类景区景点 300 多个，其中国家级旅游景区景点 31 个，“商、养、学、闲、情、奇”等旅游发展要素齐备，形成丰富多样的自然遗产观光游、民族风情文化休闲游、体验探险游、科研科普游等旅游产品大格局。同时，张家界乡村旅游不断发展，张家界市政府以“旅游+文化”“旅游+农业”“旅游+城镇”“旅游+服务业”等多种方式促进旅游与其他产业融合，全域辐射带动乡村旅游发展。

7.8　怀化：打好“生态牌”，走好“产业路”，以文旅融合推进绿色发展

挖掘文化资源，实现非遗资源跨界融汇。怀化通过挖掘文化资源，实现非遗资源跨界融汇，开发主题旅游产品和精品线路，培育出一批具有民族风情、红色研学、历史文化体验等主题的旅游产品。怀化通过不断提炼原生态

文化，实现革故鼎新、推陈出新，打破地域限制实现差异互补。为寻求文化共性，当地景区通过因地制宜创办非遗传习所、专业合作社，促进花瑶挑花、巫傩、花瑶山歌等一大批具有代表性的非遗跨地界传承发展。

坚持实践创新，以多元实践激发生态文明建设社会活力。2021 年，六大工业新兴优势产业快速发展，新增规模工业企业 80 家，制造业增加值增长 20%。2021 年，东旭光电项目成功落户怀化高新区。同时，怀化市政府实施专精特新“小巨人”企业培育计划，分别新增国家级、省级专精特新“小巨人”企业 2 家、4 家。2021 年，“五好”园区创建和园区专业化建设步伐不断加快，园区规模工业增加值增长 12%，占比 65%；园区技工贸收入增长 15%，主导产业主营业务收入占比 65%；园区亩均生产总值、亩均税收均增长 15%。

以生态农业为重点，大力推进农业产业化发展。怀化农业产业不断壮大。基本农田保持 383.07 万亩，新建高标准农田 30.84 万亩；粮食生产喜获丰收，粮食总产高达 199 万吨；粮油、中药材、水果、茶叶等农业优势特色产业稳步发展，柑橘主产区种植面积多达 146 万亩，中药材种植面积多达 100 万亩。同时，怀化新增农业产业化国家重点龙头企业 2 家、农民合作社省级示范社 31 家、省级示范家庭农场 47 家。

7.9 临沧：开放前沿、绿色之城、著名茶乡，推动绿色低碳发展，大力打造国家可持续发展示范区

高度重视生态环境保护，加强生态环境保护治理。临沧重视生态环境保护，构建“三屏一带”生态安全格局体系，建立“多规合一”管理体系，健全生态环境保护法规，完善生态文明考核机制和生态环境监管机制。一方面，构建“多规合一”管理体系。建立全市统一规范空间规划编制机制，划定生产、生活、生态空间开发管制界限，以主体功能区划为统领，建立空间规划体系；以经济社会发展规划纲要为统领，推动城乡、土地利用、生态环境保护等规划“多规合一”。另一方面，健全生态环境保护法规。制定颁布实施《临沧市城市绿化管理条例》《临沧市南汀河保护管理条例》《临沧市古茶树保护条例》《临沧市锦绣茶尊古茶树保护实施办法》《临沧市古茶树保护条例

实施办法》等法规、政策或标准；完善生态文明考核机制，建立健全生态环境监管机制，严格落实生态环境保护党政同责、一岗双责，构建各级各部门齐抓共管的责任体系。在生态环境保护上算大账、算长远账、算整体账、算综合账，与绿色同行、与自然共赢，成为临沧发展的路径和选择。

立足生态优势，发展生态产业，推动绿色发展、融合发展。临沧打造以特色农业、绿色农业、生态农业为基础，以环境友好型农产品加工业为支撑，以休闲旅游业为补充的绿色产业结构，不断延长产业链，通过三产融合加快绿色发展，向广大群众持续输送“生态红利”。“十三五”末，临沧已建成高原特色产业基地2200万亩，乡村人口人均产业基地达15亩以上，茶园面积167万亩，产量15万吨、全省第一；临沧坚果面积263万亩，产量4万吨，世界第一；核桃面积800万亩，产量51万吨，全省第二；甘蔗面积150万亩，年产甘蔗600万吨，全省第一。临沧以人的清单、物的清单、问题清单、项目清单“四张清单”开启了乡村振兴的“临沧实践”，“万名干部规划家乡行动”扎实开展，“百村示范、千村整治”工程全面实施，沿边小康村建设成效明显；临沧成功申报创建国家可持续发展议程创新示范区，甘蔗、核桃全产业链发展成效明显，国际澳洲坚果研究与发展促进会和“一带一路”减贫与发展联盟两个国际组织秘书处落地临沧。

旅游资源丰富，将生态文化旅游产业作为新兴支柱产业进行培育建设。临沧旅游资源丰富，独特的地理位置、气候条件以及勤劳智慧的各族群众，造就了临沧古茶之乡、药材之乡、美食之乡、温泉之乡等绿色名片。临沧生态文化旅游产业作为新兴支柱产业培育建设情况良好，荣获“国家森林城市”“全国森林旅游示范市”“中国十佳绿色城市”“中国红茶之都”“十大避暑避寒旅游城市”等众多称号。

7.10 衢州：坚持生态优先价值取向，发扬特色生态文化，建设浙江大花园核心区

结合特色生态产品，实现生态价值最大化。衢州通过推进现代生态循环农业建设，积极创建世界食品安全创新示范基地，做大做强“三衢味”农产

品区域公用品牌，大力提升柑橘、茶叶、蜂蜜、清水鱼等优势特色产业，全市有机农产品数量居全省首位。

重点构建生态空间格局，打造生态环境标杆地。衢州率先颁布实施《衢州市生态市建设规划》，全市生态空间范围稳定在50%以上，森林覆盖率常年保持在71.5%以上，先后荣获“国家森林城市”“国家级生态示范区”以及全国首批“绿水青山就是金山银山”实践创新基地等称号。

加强生态修复，高质量完成水土保持。衢州作为钱塘江源头城市，是典型的山地和丘陵地区，扎实做好水土保持治理工作是保护浙江生态屏障的第一道关。2021年，全市共完成新增水土流失治理面积53.73平方千米，超额完成16.73平方千米，完成率为145.22%。衢州实施生态治理修复工程，创新水土流失治理与“两山银行”改革相结合，对常山的辉埠后社片区矿山开采、钙产品加工遗留污染用地及周边土地进行集中收储，开展污染治理和水土流失治理；统筹地形地貌、环境功能、产业规划等因素，通过循环出让、生态复绿、土地复垦等模式分类处置，变矿渣场地为连片耕地。

实现生态环境高质量、人居环境高质量、经济发展高质量。衢州创新生态补偿机制，建立纵向、横向、市场化等多元生态补偿方式；深入开展绿色金融改革，创新绿色信贷、绿色债券等模式，首创“个人碳账户”体系；开展国家公园体制改革试点建设，制定钱江源国家公园标准体系；联动推进市、县（市、区）美丽城市建设，成功创建国际花园城市、国际可持续发展示范城市和全国文明城市；实施农村风貌提升、全域土地综合整治与生态修复三年行动，乡村大花园建设成效显著；建设“衢州有礼”诗画风光带，打造“诗和远方”现代模样和“富春山居图”现代样板。

8　健康生活发展经验

根据2021年健康生活指标评价结果，杭州、南京、上海、舟山、宁波、丽水、衢州、温州、绍兴、湖州位列前十。

8.1　杭州：坚持变革引领，亚运健康城市建设锚定新高度

数字化健康管理水平全面提升。依托全民健康云和城市大脑多跨协同数据，围绕健康杭州建设总体目标，杭州对准健康大脑三条跑道，打造卫生健康数字化改革“151+X”体系架构；综合归集卫生健康数字化改革整体智治以及数字政府等五大综合应用主要成果，建设杭州健康大脑 1.0 版本；高效完成“出生一件事 2.0”“互联网+医疗健康”新服务上线和 25 个试点未来社区数字健康新服务等省“规定”的数改项目；创新开发建设智慧卫监、精卫协管等应用场景，其中“智慧卫监”实现对非法行医和超范围诊疗、诱导医疗等违法行为进行大数据监测和非现场执法，“精卫协管”实现卫健和公安部门对严重精神障碍和公安列管人员的数字化网格化协同管理。

大健康多元共治格局基本形成。以市政府出台推进健康杭州三年行动实施意见为契机，结合亚运健康城市建设，全面实施健康杭州三年行动；成立“北京大学公众健康与重大疫情防控战略研究中心”杭州中心，市级健康管理（治理）重点学科获批，培育各类型健康单位 873 家，开展金牌讲课讲师巡讲活动百余场，获评《清华城市健康指数》综合评估引领型健康城市和“健康中国年度标志城市”；《健康杭州“十四五”规划》正式印发，出台健康杭州三年行动 25 个专项方案；爱国卫生运动取得新成效，全域推进“月末周五卫生大扫除”、季节性除“四害”和“爱国卫生运动月”活动，专题调研推进“小营巷式”爱国卫生品牌示范点建设。

全生命周期健康管理普惠共享。一是完善婴幼儿照护服务体系。新增婴幼儿照护服务社区成长驿站 163 家、托位 2398 个，每千人托位数达到 2.83 个，组织婴幼儿家长养育技能提升专业课堂 592 场，民生实事总体完成率达 160.41%。二是做好妇幼保健服务。孕产妇死亡率 1.85/10 万，5 岁以下儿童死亡率 2.43‰，婴儿死亡率 1.54‰，孕产妇系统管理率和 0~6 岁儿童健康管理率分别达到 97.81%和 99.19%。三是创新老年人健康服务。“老年友好型社区”建设成为杭州市争当浙江高质量发展建设共同富裕示范区城市范例首批

试点项目，创建全国示范性老年友好型社区 9 个、市级老年友好型社区 50 个；开展老年友善医疗机构建设，评定老年友善医疗机构 203 家。

8.2 南京：卫生事业全面发展，医疗资源均衡配置取得成效

深入实施“健康南京”行动计划，全民健康素养水平位居全省前列并稳步提高。全市拥有三级医院 37 家，涉农区实现三级医院全覆盖。全市各类医疗卫生机构年诊疗量突破 9000 万人次，住院人数超 190 万人。实施卫生城市长效管理，顺利通过国家卫生城市复审，成绩位居国内同类城市前列。全市农村无害化卫生户厕普及率达到 99.9%。溧水区全面打造“健康中国”国家试点样本。提升老年健康服务水平，构建综合连续、覆盖城乡的老年健康服务体系，老年人健康管理率达到 70%。建成市级安宁疗护指导中心和 3 家安宁疗护试点医院。完成尘肺病防治攻坚行动和矿山、冶金、化工等行业领域尘毒危害专项治理，开展重点职业病危害因素监测和风险评估。

医疗卫生资源配置持续均衡。完善医疗资源布局规划，严格控制老城区医疗机构建设规模，积极鼓励引导医疗资源向新城区拓展。建成市公共卫生医疗中心，初步构建大传染病防治格局；建成儿童医院河西院区，有效缓解儿科资源短缺矛盾；建成鼓楼医院江北院区，填补江北优质医疗资源空缺；建成市中医院新院区，推进优质医疗资源均衡布局。全市拥有急救站点 86 个，救护车 170 辆，成为国家首批航空医疗救护联合试点、互联网+院前医疗急救试点和院前医疗急救呼救定位试点城市。全市年献血量达到 31.5 吨，千人口献血率为 23‰，高于国家千人口献血率 15‰的目标。儿童、康复等薄弱专科建设得到加强，儿童专科床位数达到 3400 张，全市新增 6 家二级康复医院，康复床位数 2956 张。

建成“十五分钟”健康服务圈。全市共有 134 个社区卫生服务中心（镇卫生院）、671 个社区卫生服务站（村卫生室）；全市基层机构床位数达 11957 张，基层卫生人员数 32381 人。创成全国“百强”社区卫生服务中心 5 家、省社区医院 32 家、省示范卫生院 13 家、省示范村卫生室 142 家、省农村区域性医疗卫生中心 3 家、省特色科室 31 个；建成覆盖城乡的中医医疗服务网

络，大力推进中医药事业发展，江宁区、溧水区、浦口区建成三级中医院，南京市（地市级以上地区）和江宁区、玄武区等 9 个区（县级）创建成为“全国基层中医药工作先进单位”。

8.3 上海：聚焦民生健康福祉，提升城市竞争力，奠定健康基石

推进公共卫生体系建设。上海落实“1+5+1”公共卫生政策法规体系，市疾控中心新建工程按期推进，中心实验室检测参数扩项至 1700 项，列全国省级疾控中心第一；健全三级流调梯队，组建 10 支市级应急处置核心队伍，保持 24 小时待命，确保 2 小时抵达现场、4 小时完成流调核心信息、24 小时初步查清基本情况并完成流调报告。

高标准落实城市健康发展战略。上海优化卫生资源空间布局，服务“五个新城”发展战略，印发新城医疗卫生资源配置方案，集中开工新华医院奉贤院区、瑞金北院二期、市一南院二期和六院临港院区二期等工程项目，推动中山医院青浦新城院区立项，提供新城卫生人才发展“政策包”；推进卫生健康数字化转型，互联网医院总数增至 76 家，标准化智慧健康驿站增至 238 家；七大重点应用场景实现市级医院和 16 个区全覆盖，互联互通互认应用项目从 44 项增至 111 项；打造上海健康服务品牌，深化首批国际医疗旅游试点，向 9 家中期评估优良单位授牌。

优化健康服务供给。制定公立医院高质量发展实施方案，国家卫生健康委与上海签订共建中山医院和瑞金医院高质量发展国家试点医院合作协议，华山医院获批国家神经疾病医学中心和传染病医学中心；完成 21 家区域性医疗中心服务能力评估和认定，拥有区域性医疗中心累计 43 家；所有社区卫生服务中心均达国家优质服务基层行基本标准，家庭医生“1+1+1”签约超 860 万人，重点人群签约率达 77%；中医药服务内涵进一步深化，修订实施《上海市中医药条例》，获批建设国家中医药综合改革示范区，龙华医院入选国家医学中心（中医类）辅导类单位，启动 5 家中西医结合旗舰医院建设；卫生健康惠民实事顺利完成，新建 6 个医疗急救分站，建成开放 46 家示范性社区康复中心，建成 35 个全国示范性城乡老年友好型社区和 534 家老年友善医疗机构。

8.4 舟山：完善综合健康服务体系，打造全面健康保障网络

推动党的建设走深走实。按照党要管党、全面从严治党要求，分级梳理制定党风廉政建设责任清单，紧扣时间节点抓好落实。打破“地域分割”组建成立全市民营医院党建联盟，8家民营医院分别与公立医院签订党建结对共建书。深入实施“蓝海红帆·八百行动”计划，各级各类医疗机构开展海岛送医送药送健康服务20余次，惠及3000余名群众。大力推进系统党史学习教育，开展“医心向党·七个一百”系列活动，营造学思践悟浓厚氛围。

夯实健康发展战略基石。扎实推进健康舟山建设，编制《2020年健康舟山建设发展报告》；启动控烟限酒先行市创建，对85家无烟党政机关开展控烟暗访，举办“无烟生活 推动控烟限酒行动”2021年舟山市戒烟大赛，探索推广规范化戒烟限酒门诊建设；组织开展第33个爱国卫生月活动，认真做好国家卫生城市第三轮复审准备，4月顺利通过省级考核；实施医疗卫生“山海”提升工程，各县（区）医共体牵头医院均与省级医院达成合作共建关系，全面启动由舟山医院牵头、市新城社区卫生服务中心和普陀山社区卫生服务中心参与的市直管区域全面托管型医联体建设。

不断提升健康保障能力。以数字化改革赋能智慧医疗，实施“先看病后付费”“慢病患者网上复诊”数字社会便民行动，“海岛数字化医疗急救服务”成为全省第二轮“揭榜挂帅”中榜项目，针对性解决基层看病就医堵点痛点。深化“一老一少”健康服务，开展“智慧助老”“银龄跨越数字鸿沟”行动，新创老年健康教育示范点9个；推进婴幼儿照护服务指导中心和实训基地建设，实施母婴安全行动计划，强化出生缺陷防治。创新“校地合作”人才培养模式，与浙江中医药大学共同做好首批46名基层中医师承培养对象招录工作。

8.5 宁波：城乡健康服务综合升级，数字化转型初显成效

城乡健康服务能力持续提升。作为蝉联“五连冠”的国家卫生城市，宁波入选国家首批健康城市建设推动健康中国行动创新模式（宫颈癌综合防治）试

点城市；国内首个在全市范围启动老年人跌倒高风险人群和骨质疏松症健康管理；消除丙肝公共卫生危害工作模式在全国推广；家庭养育健康指导项目打造“宁波样板”，公共场所母婴设施配置走在全国前列；市妇幼保健院成为国家级儿童早期发展示范基地；7 个社区（村）被评为全国示范性老年友好型社区；形成“小棉袄暖心行动”等一批在全国有较大影响力的品牌特色项目。

城乡医疗服务数字化转型。为方便群众看病就医，市级医疗机构全部建成互联网医院，依托云医院平台，为患者提供云咨询、云诊疗、云护理、云药房和云健康管理等多项线上医疗卫生服务。惠享理赔和居家护理两项应用在全省数字社会系统场景应用在线路演得分分列第一和第三，截至 2021 年年底，累计快速理赔 42 万余次，提供居家护理服务 2. 1 万余次，服务量占全省六成。

城乡医疗水平差距不断缩小。近年来，宁波以数字化改革为引擎，以医学高峰建设为重点，以卫生健康治理体系建设为保障，推动卫生健康资源供给更加富足，初步奠定全市卫生健康事业高质量发展格局。在最新的全国三级公立医院绩效考核中，3 家市级医院跻身全国百强，7 家获“A”等级，市妇儿医院、市中医院、市康宁医院在专科医院绩效考核中分别位列全国第十八、第四十和第十二；全国卫生健康信息化发展指数位列直辖市、副省级城市和省会城市第六。

8. 6　丽水：构建全周期卫生服务体系，完善“健康丽水”建设

公共卫生服务突出全人群、全周期。疾病防控深入推进，儿童免疫规划疫苗接种率保持在 95%以上；莲都、缙云、景宁通过省级慢病综合防控示范区现场复审；全市高血压患者规范管理率、糖尿病患者规范管理率分别达 78. 82%、75. 71%；实现县乡两级社会心理服务机构全覆盖，在册严重精神障碍患者规范管理率达 99%；食品污染及有害因素监测 2912 份，人口覆盖率达 1. 23 份/千人。积极构建鼓励按政策生育的良好环境，全面完成不利于优化生育政策实施的规章制度的清理。妇幼健康服务不断强化，孕产妇死亡率 7. 29/10 万，婴儿死亡率 1. 82‰，均控制在目标范围内；全市 0~3 岁婴幼儿托位总数达 6030 个，千人托位数 2. 55 个（按幼儿园收托规模统计）；二级以上综合

医院母婴室配置率达100%，三星级以上母婴室达92家。老龄健康服务积极推进，在全省乃至全国率先以市政府名义出台关于推进老年宜居环境建设的实施意见；各县（市、区）共有10家基层医疗机构在院内开展医养结合服务；大力探索“互联网+老年健康”服务新模式，启动“数字化助老服务丽水样本”建设，开展数字健康“医养通”试点。成功承办长寿之乡绿色发展区域合作联盟二届一次会员代表大会暨“长寿之乡与高质量绿色发展”高峰论坛，完成长寿之乡绿色发展区域合作联盟理事会换届，启动丽水长寿之乡标准体系建设，进一步擦亮丽水“长寿之乡”品牌。

健康丽水建设体现高水平、高品质。健康丽水建设机制不断完善，深入实施健康丽水28个专项行动，其中健康知识普及行动入选省首批20个健康浙江行动示范样板之一，排名第二，健康素养水平达34.02%。2020年度健康浙江建设考核获全省第一，九县（市、区）全获优秀，丽水获评全国健康城市建设十大样板市（地级市）。深入推进爱国卫生工作，市本级以全省第一、全国第七的成绩通过国卫复评，龙泉、云和也顺利通过复评。强化公共卫生服务体系建设，市编委出台《关于健全完善公共卫生应急管理体系的若干意见》等，为全面推进丽水强大公共卫生服务体系建设指明方向，提供政策遵循。全面开展健康促进县（区）建设，全市二级以上医院实现健康促进医院全覆盖，健康促进学校覆盖率达92.8%，新创健康家庭13014户、健康企业107个、健康单位339家。6个县通过病媒生物密度控制水平C级评估。无烟党政机关、医疗机构、中小学校建设覆盖率均达100%，丽水在省级无烟工作场所和公共场所控烟暗访评估中获第三名。及时处置17起突发公共卫生事件。加强卫生综合监管，全市共办结各类行政处罚案件2147件，同比增长0.85%，办理大案要案133件，同比增长189.13%，罚没款953.74万元，同比增长73.35%；无行政复议、行政诉讼败诉案件。高质量完成省、市卫生健康民生实事。

构建山区医疗服务丽水模式，加快补短板、提质量。针对基层不强短板，加快“15家县域医共体牵头医院+片区医疗中心+智慧流动医院+综合应急联动急救”山区医疗服务丽水模式构建，县域医共体“一家人一盘棋一本账”

模式更加成熟定型。完成 100 家较大村卫生室规范化建设，新增国家推荐标准卫生院 4 家。在全省率先建成“智慧流动医院”，入选省党史学习教育办“三为”专题实践活动最佳实践案例（全市唯一）。医疗急救服务能力三年行动计划顺利启动和推进，基本建成“五分钟社会应急救护圈”，实现 8 个县级献血屋建设全覆盖，全市 9 个急救调度系统均与省 120 云急救调度系统互联互通，2 家县级医院急救站完成提升改造，新增 4 个乡镇卫生院急救点。家庭医生签约服务提质升级，全市常住人口家庭医生签约率达 49. 31%，十类重点人群签约覆盖率达 85. 03%。基层医疗服务能力明显提升，乡镇卫生院 100%开设夜间门急诊，96. 1%可开展门诊小手术，14. 56%能提供住院服务。

8.7 衢州：推动卫生健康信息化改革，因地制宜发展中医药产业

探索“互联网+监管”新模式，推动卫生健康行业监管提质增效。衢州加强卫生健康信息化架构设计，持续推进卫生健康数字化转型，将城市大脑数据共享开放机制应用到卫生健康监管领域，积极探索实时监控、在线监测、综合研判的“互联网+监管”非现场执法新路径，实现了事中事后监管全领域、全时段、全覆盖，切实提升了监管的时效性、准确性和公正性。在抗击新冠疫情过程中，助力常态化疫情防控，真正实现数字健康更惠民、更利医、更善治、更兴业。2020 年 3 月，衢州智慧卫监安全防护与消毒灭菌创新技术成果入选科技部火炬计划；同年 7 月，省政府将衢州卫生健康非现场执法作为向国办汇报“互联网+监管”的亮点工作之一。

因地制宜，大力发展中医药产业和康养旅游项目。衢州有着浙江最大的中医药产业园——以“浙八味”及江南地区名优道地药材为主要种植、研发对象的万余亩中医药种植基地，在此基础上，按照“万亩药材基地+政府主导产业+上市公司运作+现代中医药城”建设模式，衢州引进总投资 16. 6 亿元的中医药健康城项目，与浙江省药学会、浙江大学等单位合作，建设集产、研、购、游、住、体验为一体的高端中医药服务平台。同时，借助名中医资源优势，打造全省面积最大的中医药博览馆、国内领先的智慧国医馆等场所；重点发展以医学科创、高端康养、健康服务为主导的“3+X”产业，着力打造

康养产业主题空间。引进高端资源，衢州着力建设智慧创新医学产业园、智慧医养未来社区、健康消费综合体等项目，打造集医疗产业生态、健康服务和消费娱乐为一体的产业创新平台及复合体验中心，实现长三角智慧医疗新高地、四省边际医疗桥头堡的建设目标。

学科科研喜结硕果，人才引育量质齐升。衢州荣获全省2021年度医学高峰高地建设工作成绩突出集体，是唯一获此殊荣的非副省级城市。全市有2家医院胸痛中心通过国家认证，2个学科入围中国医院科技量值学科排名40强，1个项目获国家自然科学基金项目立项，1个项目获国家局省共建重大项目立项，40个项目获省科技计划项目立项。市人民医院呼吸与危重症医学科有望建成国家临床重点专科，全系统行业精英在省级及以上学科竞赛比武中有16个项目获奖。

8.8 温州：医学与改革齐飞，数字赋能成果显著

医学高峰打造硬核成果。实施医疗高地专班攻坚，加快打造一流医院、一流团队、一流平台，温州医科大学3所附属医院进入全国科技实力百强医院，温州医科大学附属第一医院入选省级区域医疗中心项目库，温州医科大学附属第二医院获批配置手术机器人，国科大附属肿瘤医院温州院区挂牌开诊，市中医院获国家中医特色重点医院建设项目，瑞安市人民医院创成三甲综合医院。推动建设强大公共卫生体系，建成规范化发热门诊32家、基层发热诊室196家；浙南公共卫生紧急救援基地、市六医二期等80个医疗卫生项目完成投资30.37亿元，新增建设床位2285张。推动中医药事业加快发展，市委、市政府出台《关于促进中医药传承创新发展的实施方案》，并召开全省中医药大会，加快打造中医药强市。统筹实施市直医院人才学科双倍增行动和高校毕业生招引“510”计划，新增国家级人才2人、省级人才18人，招聘高校毕业生3411人。

均衡发展注入改革动力。在强县市方面，实施医疗卫生“山海”提升工程和“名医下沉”专项行动，4家三甲医院与7家县级医院紧密对接（市中心医院全面托管永嘉人民医院），选派274名副主任以上医师下沉帮扶，推动

山区海岛县医疗机构实现部分诊疗技术“从无到有、从弱到强”的突破。在提基层方面，集成推进县域医共体、城市医联体建设，在基层开设全专联合门诊 300 个，建成县乡联合病房 39 个，推广实施医疗卫生新技术新项目 70 项；在全省率先探索医共体规范化建设，苍南县医共体建设成效获省政府督查激励；在平阳县试点推进医共体背景下全员岗位管理和薪酬绩效改革，得到省卫健委充分肯定并在全省全国专题会议上交流经验。实施医疗卫生服务“网底”工程，完成基层卫生未来健康场景应用项目建设 21 家，新增公办村卫生室（站）104 家，新改扩建乡镇卫生院（社区卫生服务中心）30 家，全市基层医疗卫生机构标准化率达到 91. 2%。

数字赋能取得更大成效。围绕“1+1+5”任务体系，即防疫大脑、健康大脑和 5 个场景应用，促进理念更新、工作推进、成果迭代，在硬核改革中不断创新就医流程和服务模式。在“智慧防疫”方面，联合市大数据局建设疫情防控作战图、市快速预检系统和温州防疫码，开发市应急核酸检测系统、“智能小护士”消息提醒等应用，迭代升级精密智控机制。在“多跨场景”方面，积极打造“健康大脑+”应用场景，老年人两慢病“知享保”服务平台在 7 个区县推广使用；建成生命急救“一键达”应用，实现患者“上车即入院”；实现特定人群看病报销“一卡刷”，深化“用血直免”，全国首创探索开展无感式床边用血直免和在线智能实时报销结算业务。在“数改成果”方面，医学检查检验结果实现互认共享；全省率先推进未来乡村健康场景下的智慧健康站建设，并启动市域推广；老年人“两慢病”数字健康服务入选浙江省数字社会第二轮“揭榜挂帅”项目，“一老一小”数字健康服务平台入选首批省级卫生健康数字化改革基层创新储备库。

8.9　绍兴：深化综合医改，升级全生命周期健康服务

创新卫生健康数字化改革，深化综合医改系统集成。聚焦群众关注的高频事项，积极谋划数字化多跨协同综合应用，推进一批典型应用上线，老年数字健康服务等 5 个项目入选首批省卫生健康委创新项目储备库。探索建设疫情防控多点触发预警系统，覆盖 1225 所中小学校和幼托机构。加快新技术融合应

用，迭代升级“互联网+医疗”，推进“5G+院前急救”区、县（市）全覆盖，率先对接“浙江急救”云平台并正式运行，试点开展5G+AI影像人工智能诊断平台建设，推进检查检验结果互认共享，卫生健康政务服务事项实现“全省通办”。实施基层医疗服务价格改革省级试点，启动新一轮较大规模公立医院医疗服务价格改革，全面推动公立医院高质量发展。深入开展“优质服务基层行”活动，完善基层绩效考核机制，夯实基层网底，7家社区卫生服务中心试行建设社区医院，新建村卫生室57家，定向培养村医128人，全市基层就诊率达64.36%，县域内就诊率达90.28%。强化“越医”传承发展，制定出台促进中医药传承创新发展政策，增设中医特色专病门诊21个。

加快区域医学高地建设。借力杭绍甬一体化协同发展，引建4家省级医院绍兴院区，着力推进市镜湖医院、市妇幼保健院和市中医院等项目建设，高起点谋划新院学科布局、人才培养、临床研究和服务辐射，全力推动区域医疗水平全面提升。深化委市共建，加强上引外联，推进国家级临床重点专科、省级区域专病中心、跨区域专科联盟建设。完善人才培养机制，加大高层次人才引育力度，新建国内名医专家工作室55个，新入选省卫生领军人才1人、创新人才和医坛新秀等13人。持续提升医疗质量，强化公立医院内涵建设，诸暨市人民医院成功晋升三甲综合医院；绍兴市妇保院、绍兴文理学院附属医院、新昌张氏骨伤医院等8家医院顺利通过等级评审。

提档升级全生命周期健康服务。实施“一老一小”重点人群关爱工程，建设老年健康服务示范点10家，老年人健康管理率达72.65%。推进老年友好环境建设，3家单位被推选为2021年全国示范性老年友好型社区候选单位。拓展儿童健康服务链，成立儿童康复中心家长学校，启动托育服务体系建设专项规划编制，累计建成托育机构342家，每千人托位数增加到2.53个。优化基本公共卫生服务，深化“两慢病”全周期管理，规范建立城乡居民电子健康档案465.55万份，高血压、糖尿病患者规范管理率分别达75.35%、74.68%。全面完成国家社会心理服务体系建设试点任务，建立健全基层社会心理服务四级平台，实现市县乡三级全覆盖。依法实施三孩生育政策，持续加强高危孕产妇管理，完成宫颈癌检查57581人、乳腺癌检查59890人。

8.10 湖州：深化卫生服务体系改革，完善数字健康城市建设

医药卫生体制改革持续深化，公共卫生保障体系不断健全。湖州被确定为国家公立医院综合改革试点市、分级诊疗试点市和全省唯一“三医联动”“六医统筹”集成改革试点市，入选浙江省综合医改“十佳典型案例”，公立医院综合改革连续 3 年在全省考核中位列第一，3 次获得国务院办公厅真抓实干成效明显督查激励。全市域推进分级诊疗制度建设，县域医共体（城市医联体）建设实现区县全覆盖。创新精密智控“一册三环五机制”，落实集中硬隔离、居家隔离硬管控措施，成为全省本地确诊病例少、清零早、未发生二代病例的地市。传染病、慢性病实现全市域自动采集、网络直报，甲乙类传染病连续 11 年呈下降趋势，近 3 年保持全省最低水平。慢性病综合防治管理扎实推进，重大慢性病过早死亡率下降到 9.27%。创新心理健康“十位一体”体系，建立“南太湖心航”心理健康服务平台。

医疗卫生服务体系不断优化。全市推进医疗卫生建设项目 37 个，总投资超 150 亿元，浙北医学中心等一批医院和基层医疗卫生机构新建（改扩建）项目顺利竣工投用。持续推进医疗服务接轨沪杭行动，“医学高峰”建设成效初显，5 个中医学科达到国家级重点学科标准。推进优质资源下沉，检验、影像、心电共享中心实现区县全覆盖。夯实基层服务网底，基层医疗卫生机构全部实现乡村一体化管理，87.69%的基层医疗卫生机构能提供住院服务，十类重点人群家庭医生签约覆盖率提高到 86.23%。

“互联网+医疗健康”加快发展。启动数字健康城市建设，建成市、区县两级区域卫生信息平台，医疗健康数据实现市、县、乡、村四级互联互通，在全国率先全市域通过国家区域卫生信息互联互通测评。全市统一的互联网医疗服务平台持续服务，区域影像云全市覆盖，建成国内首个“无胶片”城市。全国首创“医后付”服务，所有医院均能开展智慧结算、检查预约、刷脸就医等服务。建立全市妇幼健康管理平台，创新母子健康手册和出生“一件事”掌办服务。

附录3　专题报告：创新引领高质量发展

1　高质量发展的内涵

党的二十大报告指出，高质量发展是全面建设社会主义现代化国家的首要任务。从经济发展新常态的内在要求来看，高质量发展是从高投入、高产出、高耗能和低效率的粗放型增长转向创新驱动的低耗能、低成本、高效率的集约型增长；从新发展理念的内在要求来看，高质量发展是完整、准确、全面贯彻新发展理念的发展，是努力实现创新成为第一动力、协调成为内生特点、绿色成为普遍形态、开放成为必由之路、共享成为根本目的的发展；从解决社会主要矛盾的内在要求来看，高质量发展的根本目的是提高人民生活水平、增进民生福祉，核心是实现高质量就业，不断提升人民生活品质，满足人民日益增长的美好生活需要。

高质量发展内涵十分丰富，其实质是综合式发展。它以经济高质量发展为起点，逐步跨越经济领域，向社会生活的各领域渗透。它既要具有科学的发展理念、科技创新的持久动力、合理的经济结构、满足需求的有效供给体系、多样平衡的生态环境、坚强有力的社会保障体系，同时，要具有健康和谐的社会环境、实现公平美好的社会效益（杨蔚，2023）。但毋庸置疑，创新是推动高质量发展的关键。

2 制度创新推动经济高质量发展——宜宾

2.1 引言

制度供给是影响经济社会发展的重要因素之一，在新时代新环境新要求下，制度需与时俱进，结合社会发展进行改革和创新。在经济高质量发展阶段，制度创新有利于促进宏观调控、社会治理等方面进步，有利于推动经济转型和高质量增长。制度创新很大程度上是促进社会经济高质量发展的重要力量，要正确把握制度创新和高质量发展之间的关系，更好地运用制度创新推动社会经济高质量发展。

2.2 宜宾制度创新现状

习近平总书记多次强调，创新是引领发展的第一动力。宜宾深入贯彻党中央决策部署，坚持以创新推动高质量发展，经济社会发展实现跨越提升。十年来，宜宾 GDP 从 2013 年的 1293.5 亿元增长至 2022 年的 3427.8 亿元，稳居四川第三位（见附图 1）。

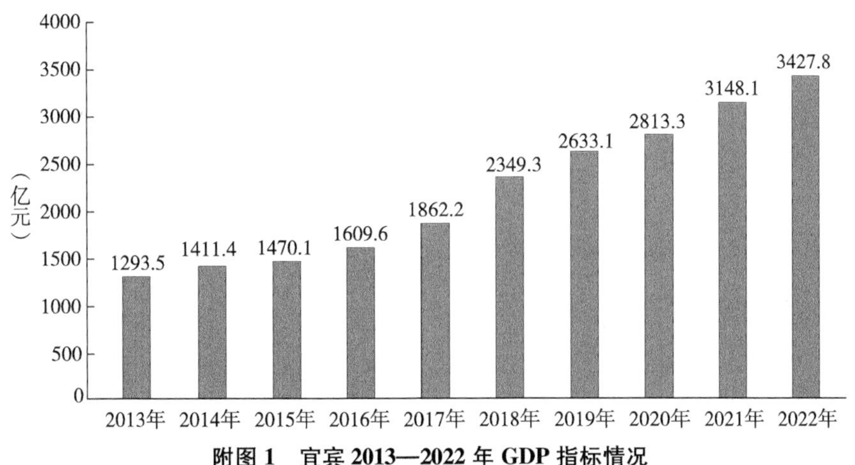

附图 1 宜宾 2013—2022 年 GDP 指标情况

数据来源：2013—2021 年的数据来自《2022 宜宾统计年鉴》，2022 年的数据来自《宜宾市 2022 年国民经济和社会发展统计公报》，均四舍五入保留小数点后 1 位数（下同）。

另外，根据《长江经济带绿色创新发展指数报告（2022）》，在 33 个长江上游城市中，宜宾 2017—2020 年绿色创新发展指数稳居前十，绿色创新发展较好。由此可见，宜宾不仅经济发展一路高歌，绿色创新发展也取得了不错的成绩，经济发展与绿色创新实现同频共振。究其原因，在于宜宾市政府以有效的制度创新推动了经济社会高质量发展。

2013—2022 年，宜宾市政府共计公开出台 830 项制度（见附图 2），范围涵盖科技创新、乡村振兴、产业升级、营商环境、生态环境、民生保障、疫情防控等方面，为高质量发展提供坚实支撑。其中，绿色创新方面的制度共有 178 项，占制度总量的 21.4%，涉及产业制度、科技制度、生态环境制度、营商环境制度四个领域。

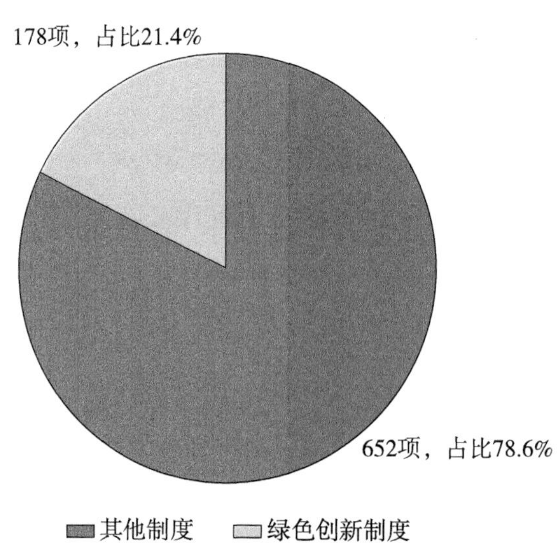

附图 2　宜宾 2013—2022 年制度出台情况

数据来源：宜宾市政府官方网站。

为更好研究宜宾绿色发展制度创新情况，选取绿色创新制度数量占制度总量的百分比来衡量其绿色发展制度创新水平，此处用 X_1 表示，X_1 数值越大，表明其绿色发展制度创新水平越高（见附表 1 及附图 3）。

附表 1　　宜宾 2013—2022 年绿色创新制度占制度总量的百分比

年份	制度总量（项）	绿色创新制度数量（项）	X_1（%）
2013	151	22	14. 6
2014	153	22	14. 4
2015	55	6	10. 9
2016	53	10	18. 9
2017	139	38	27. 3
2018	66	16	24. 2
2019	47	13	27. 7
2020	42	8	19. 0
2021	48	16	33. 3
2022	76	27	35. 5

数据来源：宜宾市政府官方网站。

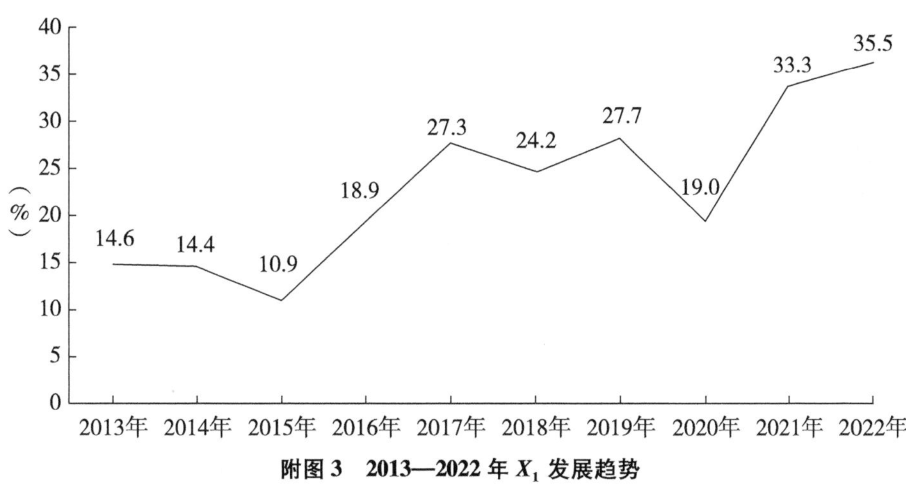

附图 3　2013—2022 年 X_1 发展趋势

如附表 1、附图 3 所示，X_1 波动上升，2015 年降至最低点 10. 9%，随后逐步回升，2021 年和 2022 年快速上升，分别达到 33. 3% 和 35. 5%，2022 年为历史最高值，约为 2013 年的 2. 4 倍，表明宜宾绿色发展制度创新水平得到大幅提升。

2.3 宜宾制度创新的经验及成效

2.3.1 产业制度创新促进产业升级，产业发展开创新格局

产业制度是在一定时期内，政府为促进产业发展、维护产业秩序、保障产业利益所制定的一系列政策、法规和措施的总称。产业制度对于经济发展具有重要意义，它关系到产业结构的优化、产业竞争力的提升以及国民经济的可持续发展。

宜宾2013—2022年产业制度创新情况如附表2所示。

附表2　宜宾2013—2022年产业制度创新情况

年份	制度总量（项）	产业制度数量（项）	产业制度占制度总量的比重（%）	年份	制度总量（项）	产业制度数量（项）	产业制度占制度总量的比重（%）
2013	151	8	5.3	2018	66	3	4.5
2014	153	5	3.3	2019	47	4	8.5
2015	55	1	1.8	2020	42	1	2.4
2016	53	2	3.8	2021	48	3	6.3
2017	139	10	7.2	2022	76	8	10.5

数据来源：宜宾市政府官方网站。

根据附表2数据可以计算出，2013—2022年宜宾市政府共计公开出台830项制度，其中产业制度45项，占制度总量的5.4%。“十三五”时期宜宾共计公开出台347项制度，其中产业制度20项，占该时期制度总量的5.8%。宜宾在“十三五”时期注重产业转型升级，通过制度创新刺激产业发展，探索产业新结构，以构建可持续发展的健康产业生态。

为更好研究产业制度创新情况，选取产业制度占制度总量的比重来衡量产业制度创新水平，用X_2表示，X_2数值越高，代表产业制度创新水平越高（见附图4）。

如附图4所示，X_2波动上升，2013年X_2的数值为5.3%，2022年上升至10.5%，约为2013年的2倍，说明该地产业制度创新水平有了极大提升。值

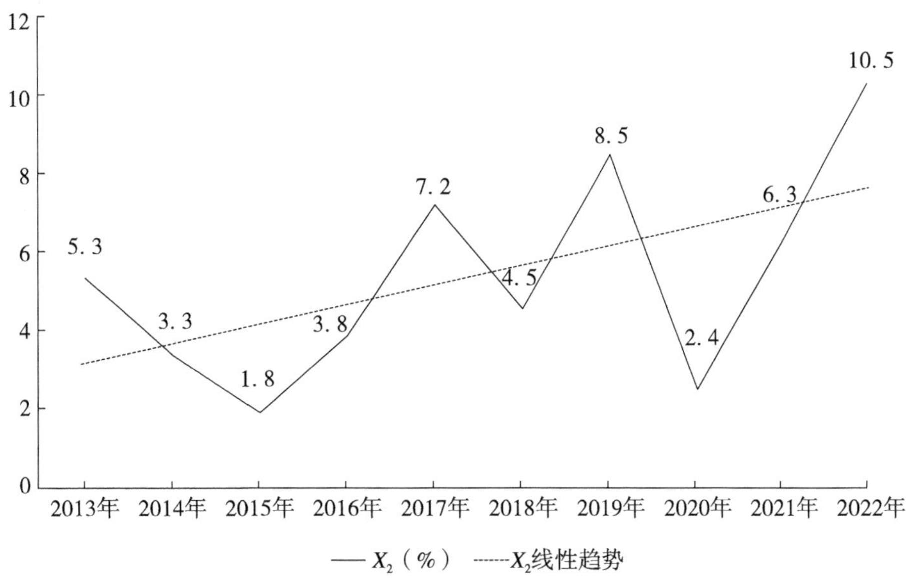

附图 4　2013—2022 年 X_2 发展趋势

得注意的是，2017 年 X_2 的数值为 7.2%，达到第一个峰值，产业制度创新明显；2019 年达到第二个峰值，X_2 的数值为 8.5%，产业制度创新继续发挥巨大作用；2022 年 X_2 达到最大峰值 10.5%，产业制度创新尤为突出。

从附表 3 可以更直观地了解到宜宾产业制度创新对工业发展的影响。宜宾 2013—2021 年工业总产值逐年递增，2019 年工业总产值首次突破 1000 亿元。同时，工业总产值占 GDP 的比重呈波动下降趋势，城市经济发展对工业的依赖程度逐步减弱。2013—2015 年，工业对经济增长的贡献较大，工业总产值占 GDP 的比重皆超过 40%；2016—2021 年，工业总产值占 GDP 的比重皆小于 40%，2017 年工业总产值占 GDP 的比重最小，为 34.9%。

附表 3　　宜宾 2013—2021 年工业发展情况

年份	GDP（亿元）	工业总产值（亿元）	工业总产值占 GDP 的比重（%）	工业增加值增速（%）
2013	1293. 5	594. 3	45. 9	7. 6
2014	1411. 4	607. 3	43. 0	8. 2
2015	1470. 1	607. 4	41. 3	9. 0

续 表

年份	GDP（亿元）	工业总产值（亿元）	工业总产值占GDP的比重（%）	工业增加值增速（%）
2016	1609.6	608.1	37.8	9.7
2017	1862.2	649.1	34.9	10.5
2018	2349.3	920.0	39.2	11.3
2019	2633.1	1001.5	38.0	10.4
2020	2813.3	1036.3	36.8	5.6
2021	3148.1	1196.4	38.0	11.3

数据来源：《2022宜宾统计年鉴》。

工业增加值的增速呈波动上升趋势。2017—2019年工业增加值增速均超过10%，2018年、2021年达到最大增速11.3%，工业保持较快发展。

由此可见，产业制度创新这只有为之手，一方面不断推动工业经济节节攀升，另一方面也在控制经济增长对工业的依赖程度，经济发展逐渐转向更优结构、更高质量。

宜宾不断提升产业制度创新能力。一是狠抓产业转型，坚定实施“产业发展双轮驱动”战略，加速构建现代产业体系。一方面，传统产业加快转型、持续壮大。出台传统产业改造提升实施方案等政策，推动传统产业提质增效；印发《中共宜宾市委 宜宾市人民政府关于加快白酒产业高质量发展的意见》，白酒等特色优势产业持续壮大，以五粮液为代表的白酒产业继续发挥宜宾经济“顶梁柱”作用。2022年，宜宾规模以上白酒企业实现营业收入1757亿元，同比增长7.5%。另一方面，新兴产业“无中生有”、快速成势。以智能终端、动力电池为代表的战略性新兴产业迅速发展，正在成为全市经济发展新支柱。2019年成功引进全球动力电池制造龙头企业——宁德时代，实现产业链向上下游延伸，“从缺到全”完善一批重点产业链，并加快完善“1+N”动力电池产业生态圈，打造出又一张宜宾名片——动力电池之都。2022年四川时代累计产销动力电池72千兆瓦时，占全国动力电池总产量的15.5%。

二是积极践行国家“双碳”战略，瞄准数字经济新蓝海、绿色新能源“一蓝一绿”产业发展新赛道，抢抓机遇、主动出击，坚定不移发展光伏产业。2022 年，按照“1+N”空间布局光伏产业，宜宾高新区以“1”为主，布局从拉棒、切片、电池到组件的光伏主产业链；多点多极支撑“N”，主要在部分县区布局光伏产业配套项目，加速建圈成链。光伏产业强势崛起，加速成为宜宾工业经济高质量发展的重要支撑，截至 2023 年第三季度，宜宾光伏产业实现产值 193.9 亿元。当前，宜宾正加快构建“世界级优质白酒、全球一流动力电池、国家级晶硅光伏、全国同类城市领先的数字经济”四大产业集群。

2.3.2 科技制度创新激发创新活力，创新发展集聚新动能

科技制度是指政府为加快科研成果转化，促进科研成果价值实现而采取的相关措施。政府通过科技制度为产业转型升级提供高新技术、高新人才、良好科技创新环境等。宜宾持续加强科技制度创新，进一步完善创新体系，印发《宜宾市系统推进全面创新改革试验实施方案》《宜宾市科研院所改革试点责任分工方案》等具体实施办法，推进科研院所、科技人员、重大科研基础设施和大型科研仪器创新改革。

R&D 经费支出占 GDP 的比重是衡量某个地区科技投入多少和科技规模大小十分重要的标准。为更好研究宜宾科技制度创新情况，选取 R&D 经费支出占 GDP 的比重来衡量其科技制度创新水平，用 X_3 表示，X_3 数值越大，代表科技制度创新水平越高。宜宾 2013—2021 年科技制度创新情况如附表 4 所示。

附表 4　　宜宾 2013—2021 年科技制度创新情况

年份	GDP（亿元）	R&D 经费支出（亿元）	X_3（%）
2013	1293.5	9.1	0.70
2014	1411.4	19.8	1.40
2015	1470.1	19.2	1.30
2016	1609.6	20.0	1.24
2017	1862.2	21.9	1.18

续 表

年份	GDP（亿元）	R&D 经费支出（亿元）	X_3（%）
2018	2349.3	24.4	1.04
2019	2633.1	29.4	1.12
2020	2813.3	37.0	1.32
2021	3148.1	44.2	1.40

数据来源：《2022 宜宾统计年鉴》。

从附表 4 可以看出，宜宾 2013—2021 年 R&D 经费支出逐年增加，2021 年 R&D 经费支出约为 2013 年的 4.9 倍。X_3 略有波动，但 2018—2020 年呈上升趋势，表明科技制度创新水平不断提升。2022 年宜宾科技创新能力、规模以上高新技术产业营收、科技型中小企业数量三项指标居四川第三位；高新技术企业数量、研发经费投入、技术合同登记额三项指标居四川第四位，科技对经济增长贡献率达 60%以上。

一是人才政策磁吸赋能，夯实科技创新基石。宜宾出台“人才新政 30 条”“两院院士和国家级领军人才来宜创新创业 10 条措施”“人才绿卡”等系列人才政策，设立每年 6 亿元院校扶持资金和 3 亿元人才发展专项资金，组建 10 亿元规模的人才创新创业基金，实现重点产业、领域人才政策全覆盖。2022 年，在宜办学高校达 12 所，在校大学生达到 10 万人；累计引进落地高层次人才项目和高端创新创业团队项目 47 个。

二是产教融合集聚平台，增强创新供给能力。宜宾为全国首批、西南地区唯一的国家产教融合试点城市。在培育壮大创新平台方面，引进欧阳明高、邓中翰等院士（专家）工作站 7 个、产研院 13 家，建成市级以上人才引育平台 32 个、省级及以上研发（孵化）平台 137 家。2022 年，宜宾建成四川省动力电池创新联合体、新能源汽车先进动力技术创新中心，省级新型研发机构达到 4 家，数量仅次于成都，居四川第二位。在推动校企深度合作方面，建立在宜校企对接机制，共建市级产教融合实训基地等，推动校企常态化开展合作。

三是科技政策护航企业，支持企业创新发展。支持民营企业发展，实施民营企业创新引领行动，支持引导民营企业进一步强化自主创新意识，提升核心竞争力。支持战略性新兴产业企业发展，出台《推动智能终端产业高质量发展的支持政策》等文件，对企业加大研发创新、转型升级、开拓市场、集群发展、人才及金融支撑等方面给予政策支持。支持高新技术企业发展，实施“高新技术企业倍增计划”，建立高新技术企业后备库，对入库企业按照“一企一策”方式给予帮扶指导。健全“揭榜挂帅”机制，加速推进“新型研发机构”建设和科技项目实施，提升科技创新能力。2022 年，高新技术企业达 309 家，同比增长 54.5%；规模以上高新技术产业营业收入达 1635.2 亿元，同比增长 58.7%，居四川第三位；“揭榜挂帅”科技项目 14 个，“揭榜”金额 8430 万元；科技型中小企业 1324 家。

2.3.3　生态环境制度创新擦亮生态底色，绿色发展呈现新气象

生态环境制度是指生态环境保护制度，就是在生态环境领域内，构建有利于保护生态环境、打击破坏生态和污染环境行为的体制机制、法律法规、治理措施等，以持续改善生态环境，推动生态文明建设。

为更好研究宜宾生态环境制度创新情况，选取生态环境制度数量占制度总量的比重来衡量其生态环境制度创新水平，用 X_4 表示，X_4 数值越大，代表生态环境制度创新水平越高。宜宾 2013—2022 年生态环境制度创新情况如附表 5 所示。

附表 5　　宜宾 2013—2022 年生态环境制度创新情况

年份	制度总量（项）	生态环境制度数量（项）	X_4（%）
2013	151	4	2.6
2014	153	8	5.2
2015	55	1	1.8
2016	53	2	3.8
2017	139	18	12.9
2018	66	7	10.6

续 表

年份	制度总量（项）	生态环境制度数量（项）	X_4（%）
2019	47	3	6.4
2020	42	5	11.9
2021	48	6	12.5
2022	76	6	7.9

数据来源：宜宾市政府官方网站。

2017 年，国家狠抓生态文明建设，生态优先、绿色发展成为当年主旋律。宜宾深入贯彻“绿水青山就是金山银山”理念，如附表 5 所示，2017 年 X_4 达到峰值 12.9%，生态环境制度创新水平实现跨越提升。

附图 5 所示为 2013—2022 年 X_4 发展趋势，从中可以看出，X_4 的数值略有波动，但总体呈线性上升趋势。2013—2016 年 X_4 的峰值为 5.2%，2018—2022 年 X_4 的最低值为 6.4%，可见宜宾近几年生态环境制度创新水平远远超过之前，保持在较高水平。

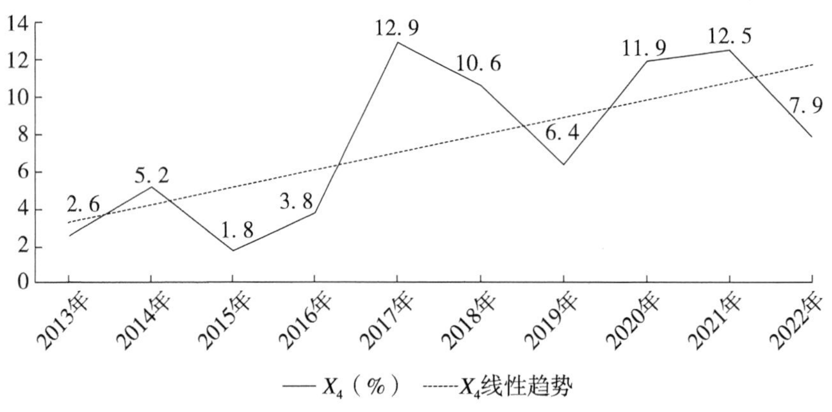

附图 5　2013—2022 年 X_4 发展趋势

一是多措并举，守护一江清水。宜宾坚定贯彻“共抓大保护、不搞大开发”方针，印发《贯彻落实习近平总书记来川来宜视察重要指示精神“牢固树立上游意识、守护好一江清水、筑牢长江上游生态屏障”三年行动方案》（以下简称《守护好一江清水三年行动方案》），以三年为期，开展十大行动。

推进“两岸青山 · 千里林带”森林生态系统修复，深入实施长江、金沙江、岷江生态综合治理，“长江十年禁渔”成果持续巩固。实施沿江污染企业“退城入园”，启动“新三推”城镇污水治理项目，牵头对汇入“三江”干流的重要一级支流逐一开展水质监测，等等，全方位守护一江清水。

二是多元共治，健全生态治理体系。“十三五”期间，制定《宜宾市生态文明体制改革方案》等 21 项生态文明体制专项改革方案，建立健全生态文明建设目标考核评价机制、生态环境保护责任追究机制、生态环境保护目标考核机制等一系列生态文明体制机制；落实宜宾环境保护“党政同责、一岗双责”责任制等，压紧压实生态环境保护责任；严格执行三条底线“红黑榜”通报机制及专项考核，实现督查问效与督查问责有机结合。

三是坚决打好蓝天、碧水、净土保卫战。“十三五”期间，印发实施打好污染防治攻坚战“八大战役”以及完善生态环境准入促进绿色发展等 9 个方案，中心城区环境空气质量持续提升，国省考核断面地表水水质优良率、建设用地污染地块安全利用率均保持在 100%。

四是示范引领绿色发展。以“三江九河”生态功能区为重点，深入开展“城市双修”，2016 年成功创建中国杰出绿色生态城市，2017 年成功创建国家卫生城市、国家森林城市，2020 年成功创建全国文明城市、国家园林城市。

2.4 宜宾营商环境制度创新存在不足

营商环境是指企业等市场主体在市场经济活动中所涉及的体制机制性因素和条件。营商环境制度是指政府为优化营商环境，促进市场主体健康发展，从而激发市场活力和社会创造力所采取的一系列措施。营商环境制度创新有利于进一步优化营商环境，为民营经济做大做优做强创造优良条件，促进民营经济健康可持续发展。

为更好研究宜宾营商环境制度创新情况，选取民营经济增加值指数来衡量其营商环境制度创新水平，用 X_5 表示，X_5 数值越大，代表营商环境制度创新水平越高。宜宾 2013—2021 年营商环境制度创新情况如附表 6 所示。

附表 6　　宜宾 2013—2021 年营商环境制度创新情况

年份	民营经济增加值（亿元）	X_5
2013	752.8	110.7
2014	816.8	109.0
2015	865.9	109.8
2016	942.8	109.0
2017	1056.0	109.7
2018	1404.9	109.5
2019	1585.1	108.9
2020	1643.0	103.9
2021	1856.0	109.4

数据来源：《2022 宜宾统计年鉴》。

由附表 6 可以看出，2013—2021 年宜宾民营经济增加值持续上涨，2017 年首次突破 1000 亿元，2021 年民营经济增加值比 2013 年增加了约 1.5 倍，民营经济保持向上发展良好态势。

如附图 6 所示，X_5 的数值略有波动，没有明显增长趋势，说明宜宾营商环境制度创新水平有待提高。虽然民营经济增加值一直保持增长，但民营经济活力尚未完全释放，潜力也没有得到完全挖掘，需要更有效的制度刺激民营经济快速发展。

2.5　关于宜宾制度创新的展望

从 2022 年 6 月到 2023 年 7 月，习近平总书记先后两次到四川视察指导，对四川发展作出明确指示。两次来川，习近平总书记都强调了科技创新，尤其 2023 年 7 月，习近平总书记在川考察时指出，以科技创新开辟发展新领域新赛道、塑造发展新动能新优势，是大势所趋，也是高质量发展的迫切要求，必须依靠创新特别是科技创新实现动力变革和动能转换。近年来，宜宾以创新推动城市转型，以科技促进经济发展，与习近平总书记

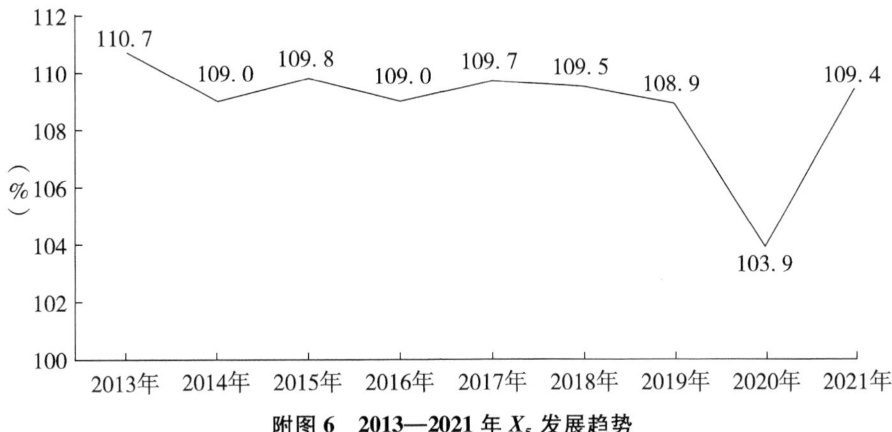

附图 6　2013—2021 年 X_5 发展趋势

的殷切嘱托不谋而合。推动高质量发展，不仅要一以贯之习近平总书记来川视察重要指示精神，更要进一步落实习近平总书记重要指示精神，以制度创新赋能高质量发展。

2.5.1　扎实推进科技制度创新，着力打造创新高地

一是持续深化“产学研用”一体化和教育链、人才链、创新链、产业链“四链”融合思路，形成吸纳人才的常态化机制，打造引进一个人才、带来一个团队、兴起一个学科、带动一个产业、形成一个集群的集聚效应。二是增加科技创新的研发投入，尤其是 R&D 经费支出，聚焦动力电池、晶硅光伏等特色优势产业技术攻坚，力争实现新突破。三是千方百计培育壮大科技企业，继续开展“揭榜挂帅”研发机构和研发项目专项行动计划；实施优质企业梯次培育计划，完善专精特新中小企业培育机制，强化“小升规”精准服务，培育一批制造业“单项冠军”及专精特新“小巨人”企业。四是提升科技创新承载能级，以产业共性平台建设为抓手，以研发机构建设为重要路径，加快打造科技创新体集群。五是优化激励机制激发创新活力，实施激励方法，努力引导更多企业参与科技研发或科研成果转化。

2.5.2　全面升级产业制度创新，构建现代化产业体系

坚持把发展特色优势产业和战略性新兴产业作为主攻方向，加快推动建设以新型工业化为主导的制造强市。一是以产业集群建设为导向，构建“一

产业集群一建设方案”，围绕补链、延链、强链进行创新实践探索，运用“链式思维”形成相互协同的工作运行机制。二是制定制造强市建设行动方案，全力推进制造强市建设，推动产业基础高级化和产业链现代化。编制实施战略性新兴产业发展规划，大力发展智能终端、信息服务等产业，加快推进产业向数字经济新蓝海、绿色新能源“一蓝一绿”优化转型，做大做强动力电池和晶硅光伏等绿色低碳产业。三是持续推动白酒等特色优势产业发展，大力实施制造业“双百工程”，引进先进制造业龙头企业、高精尖特项目，以项目促进产业建设提档升级。

2.5.3 坚决推动生态环境制度创新，擘画绿水青山美丽画卷

一是坚定不移走生态优先、绿色发展之路，持续深入打好蓝天、碧水、净土保卫战，持续深化《守护好一江清水三年行动方案》，持续实施长江、金沙江、岷江生态综合治理，全面完成沿长江景观修复工程，确保一江清水向东流。二是创新推动绿色低碳发展。深入实施碳达峰碳中和行动，优化能源结构，持续推进固体废物源头减量和资源化利用；全面推进“电动宜宾”建设，以绿色新能源重塑城市交通结构。三是以推进近零碳排放园区试点建设为契机，培育壮大清洁能源及其支撑、应用产业，探索绿色能源供给与光伏制造等产业融合发展机制。

2.5.4 持续优化营商环境制度创新，促进民营经济健康发展

一是用机制激发各类市场主体活力。高质量推进示范创建，健全民营经济、中小微企业健康发展机制，强化县（区）主导搭建中小企业园区、初创企业孵化器等培育载体，完善促进民营经济发展绩效考核指标体系，提振民营经济发展信心。二是持续深化“放管服”改革。加大“放”的力度，持续深化简政放权；提升“管”的效果，借助“互联网+监管”，构建新的监管机制，以公正监管促进公平竞争，规范引导新兴产业、新生事物健康发展；优化“服”的质量，持续优化办理流程、简化办理环节、降低办理费用，并加强跨层级、跨地区、跨系统、跨部门的网络协同，以实现更加高效、便捷、优质的服务体验。三是用金融力量撬动市场发展。发挥现有金融机构融资主渠道作用，降低贷款门槛，丰富信贷产品，创新信贷管理，尽快推进多层次

资本市场建设，进一步拓宽战略性新兴产业企业特别是中小企业融资渠道，解决资金瓶颈难题。

3　技术革新推动经济高质量发展——重庆

3.1　引言

习近平总书记在党的二十大报告中强调，“加快构建新发展格局，着力推动高质量发展”。中国经济正处在由高速增长向高质量发展转变的关键时期，促进高质量发展是明确政策方向、实施宏观调控、出台宏观经济政策措施的基本要求。深入了解高质量发展的内涵，能更好把握经济的整体情况和发展趋势，实现增长方式和发展模式的统一。

党的十八大以来，以习近平同志为核心的党中央，提出并贯彻新发展理念，着力推进高质量发展，推动构建新发展格局，引领中国经济取得历史性成就、发生历史性变革。这些成就的取得更加彰显了坚持创新驱动发展的重大意义。从党的十八大提出“实施创新驱动发展战略”，到党的十九大提出“创新是引领发展的第一动力”，再到党的十九届五中全会提出“坚持创新在我国现代化建设全局中的核心地位”，党的二十大进一步强调“科技是第一生产力、人才是第一资源、创新是第一动力”，表明我们党对创新驱动发展重要性的认识不断深化。

新时代十年，我国创新驱动发展在实践中取得显著成效。2022 年我国 R&D 经费投入强度（R&D 经费与 GDP 之比）为 2.54%，比上年提高 0.11 个百分点，提升幅度为近 10 年来第二高，R&D 经费投入强度水平在世界上列第十三位，成功进入创新型国家行列。① 十年来的实践雄辩地说明，必须以创新驱动引领高质量发展，才能加快推进我国社会主义现代化建设，顺利完成实现第二个百年奋斗目标的历史任务。

---

① 数据来源：国家统计局。

3.2 重庆制度创新现状[①]

在工作重点方面，重庆科技赋能经济社会发展取得新成效。全市科技进步贡献率59.5%，提高6.6个百分点。科学研究和技术服务业营业收入年均增长近15%。科技型企业、高新技术企业分别突破4万家、5000家，全市16个高新区工业总产值占全市总产值的40%以上。为近万家企业发放知识价值信用贷款284亿元，科创基金投资项目累计1526个（次）、金额192.4亿元。

科创中心核心承载区建设迈出新步伐。高标准建设西部（重庆）科学城、两江协同创新区、广阳湾智创生态城，引进建设中科院重庆汽车软件创新平台、北京理工大学重庆创新中心等新型研发机构65家，以金凤实验室为代表的“重庆实验室”加快建设。同时，启动建设超瞬态实验装置、种质创制大科学中心、分布式雷达等重大科技基础设施。

重大科技平台建设实现新提升。获批建设国家新一代人工智能创新发展试验区、国家科技成果转移转化示范区，新增布局国家技术创新中心、国家应用数学中心、省部共建国家重点实验室等国家科技创新基地8个，全市累计建成国家科技创新基地32个。承担国家科技任务3791项，实际到账科研经费超过44.4亿元，年均增长超过20%。

科技体制改革激发新活力。近年来，重庆相继修订实施《重庆市科技创新促进条例》《重庆市促进科技成果转化条例》等地方性法规，出台“财政金融政策30条”“成果转化24条”等系列改革措施和政策文件，增强科技人员获得感。

川渝协同创新展现新作为。近年来，联合四川制定成渝共建“一带一路”科技创新合作示范区实施方案，两地共建重点实验室等创新平台9个，联合实施科研项目45个，两地共享科研仪器设备近万台（套），同时泸州、遂宁、永川、潼南等20多个川渝毗邻地区开展科技合作。

① 本部分数据来源：重庆市政府。

3.3 重庆制度创新的经验

3.3.1 推动成渝地区协同创新，深化全域联动创新

首先，川渝协同创新机制不断完善。两地签订“1+6”科技创新合作协议，全方位深化创新合作。成立川渝协同创新工作组，定期召开工作组会议，商定川渝协同创新重大事项清单和工作清单，共同推进重大规划编制、重大科创平台建设、重大项目实施和重大政策制度出台，共同争取一批国家科技创新平台布局川渝，成立川渝高校、高新区、产业园区、创新基地等联盟40余个。

其次，共建西部科学城取得新成效。引导大型国企、国内外知名高校、国家一流科研院所在成渝地区尤其是在重庆布局建设高水平研发机构，川渝科技资源共享服务平台共享科研仪器设备1.2万台（套）。获批建设国家新一代人工智能创新发展试验区、国家应用数学中心、两个国家重点实验室，川藏铁路、生猪等国家技术创新中心落户川渝。加快超瞬态实验装置、种质创制大科学中心、分布式雷达验证试验等9个重大科技基础设施建设，累计引进建设新型研发机构22个、科技创新基地137个。重庆两江协同创新区引进建设开放式国际化研发机构50家，建成市级创新平台140余个，获批市级新型高端研发机构21家，同时引进大量创新平台。

最后，关键核心技术联合攻关取得新突破。成渝科技创新合作计划累计联合实施攻关核心技术项目115项，资金超过1亿元。共同编制《泸永江融合发展示范区总体方案》《遂潼川渝毗邻地区一体化发展先行区总体方案》等规划或方案13个。成渝地区与国家联合实施重点研发计划项目，支持围绕先进制造业、战略性新兴产业、未来产业等重点领域开展关键核心技术攻关，突破产业“卡脖子”技术。

3.3.2 强化企业科技创新主体地位，加快突破关键核心技术①

一是增强企业创新能力。支持科技型企业开展科技攻关，以行业产业关

① 本部分数据来源：重庆市科学技术局《重庆市进一步完善科技型企业培育体系若干措施》。

键核心技术攻关为任务，强化企业科技创新主体地位，在汽车核心软件、高端器件与芯片、生物医药、新能源等领域组织实施一批重大（重点）科技专项，每年布局攻关任务200项以上，研发项目资金超过70%将投向企业，力争突破一批“卡脖子”关键核心技术。鼓励科技型企业牵头或参与建设市级技术创新中心、制造业创新中心。对新认定的国家技术创新中心一次性资助最高1000万元，对创建成为国家级制造业创新中心的牵头单位给予最高2000万元/年研发补助。加强企业科创板上市“一对一”辅导服务，将上市奖补重心前移，对在科创板上市的企业按上市进程分阶段给予最高800万元奖补。

二是支撑产业技术升级。支持科技型企业向专精特新发展，重点培育市级专精特新中小企业成为国家专精特新“小巨人”企业、制造业单项冠军企业，分别奖励50万元、100万元。鼓励科技型企业积极开发具有自主知识产权、技术水平高、产业带动力强、市场竞争力强的首版次软件产品，给予保费补贴或直接奖补（二选一）。对投保软件首版次质量安全责任类保险的产品，按照实际保费进行补贴，最高不超过100万元。根据产品技术水平，择优选取若干首版次软件产品，按照上一年度累计销售金额的20%给予不超过100万元奖补。

三是强化科技金融服务。支持有条件的区县参与设立种子基金，通过公益参股方式加大对初创期科技型企业的支持力度，优先支持大学生创新创业项目。做大重庆科技成果转化股权投资基金规模，推动国家科技成果转化引导基金落地，鼓励区县、社会资本积极参与，力争基金规模达到20亿元以上，运用市场化、专业化方式促进科技成果在渝转移转化。对以股权投资方式投资重庆科技创新企业，或投资外地科技创新企业引入重庆落户的私募投资基金管理人，按投资总额的1%给予最高1000万元奖励。

3.3.3 培养创新人才，推进成果转化

一是引育科技创新人才。深入实施新重庆英才计划，紧密结合“33618”现代制造业集群建设、遵循国际人才流动规律和人才成长规律引育科技人才，切实加大对人才的支持力度，落实好重庆英才“包干制”项目，给予人才更多自主权和选择权。支持科技型企业引进国外高端人才，全面推行外籍“高

精尖缺”人才地方认定标准，深入开展外籍“高精尖缺”人才认定标准试点工作。编制发布急需紧缺职业（工种）目录，谋划举办万亿级产业集群、“满天星”软信行业、人工智能产业、先进制造业等技能竞赛，促进科技型企业急需高技能人才培育。

二是加快数字化平台建设。完善重庆市技术要素公共平台，为企业提供研究开发、检验检测、技术转移、创业孵化等全周期、全流程、专业化科技服务。健全科技型企业梯次培育平台和科技型企业孵化库、高新技术企业后备库、科创板上市企业储备库、领军企业成长库（“一平台四库”）功能，发挥“四库”筛选作用，逐步提高科技型企业入库标准和质量。上线高层次人才引进、鸿雁计划等操作系统，提高人才服务数字化水平。

三是开展赋予科研人员职务科技成果所有权或长期使用权试点。选取部分创新能力强、转化成效显著、示范作用突出的高校、科研院所，开展赋予科研人员职务科技成果所有权或长期使用权试点。先赋权后转化，通过实施科技成果产权激励，进一步提升科研人员开展科技创新和成果转化的积极性。鼓励试点单位将本单位利用财政性资金形成或接受企业、其他社会组织委托形成的归单位所有的职务科技成果所有权赋予成果完成人（团队），试点单位与成果完成人（团队）成为共同所有权人。

3.4 重庆制度创新的成效

3.4.1 “科技副总”赋能企业创新

“科技副总”进企业专项工作，是一种“创新柔性”引才方式，选拔对象为高校、科研院所的专家、教授和青年科技人才、青年骨干教师。该专项工作的开展能充分发挥个人和所在单位资源集聚优势，不断深化校地校企产学研合作。“科技副总”进企业，让越来越多的科研成果从实验室走进车间、走向市场，转化为现实生产力。为了让“科技副总”引得来、留得住、用得好，江津区一方面建立区领导联系服务机制，为“科技副总”配备“一对一”人才服务专员，提供必要工作条件和个性化服务保障；另一方面从全区人才发展资金中列出专项，给予“科技副总”相应的岗位津贴和项目补助。

江津区“科技副总”进企业专项工作开展以来，已帮助企业解决关键难题70余个，促进科技成果转化20余项，为企业带来直接经济效益超过1亿元。

3.4.2 重点支持专精特新企业，引导企业强化科技创新①

重庆专精特新中小企业具有市场竞争力强和专业化程度高的特点。专精特新企业主导产品市场占有率居全市前列，其中国家级专精特新“小巨人”企业市场占有率排名居全市首位的占比高达77.12%，部分企业产品在全国甚至全球市场占有率亦名列前茅；同时专精特新企业主营业务收入占营业收入比重的平均值超过80%，国家级专精特新“小巨人”企业超过95%，聚焦主业特征明显。

重庆优化调整财政资金使用结构，市级工业和信息化专项资金、中小微企业发展专项资金重点支持专精特新等重点企业，引导企业强化科技创新和转型升级。支持企业建立研发机构，加大研发投入；支持企业“触网上云用数赋智”；推动企业提升知识产权创造、运用、保护和管理能力，为专精特新企业提供专利申请、知识产权法律维权、产学研对接、成果转移转化、政策咨询和培训六大服务。

2022年，重庆新增专精特新中小企业1579家，累计达到2484家；新增“小巨人”企业137家，是前三批总数的1.2倍，累计达255家。2023年上半年，又新增专精特新中小企业1366家，连续两年新增超1000家，总数达到3850家，可以说近两年重庆专精特新中小企业呈井喷式增长。

3.4.3 创新融资服务体制机制

近年来，重庆把建设融资服务平台作为优化金融营商环境主要抓手，利用数据信息共享与大数据开发应用，开发融资服务平台，不断扩大金融服务覆盖面，将数字金融作为发展重庆金融的“金钥匙”，破解企业信息不对称难题，解决中小微企业融资难、融资贵、融资慢问题。其中，独具特色的“渝企金服”平台由重庆市经济和信息化委员会主导，重庆市中小企业发展服务中心负责实施，旨在打造一个政府公益性平台，为企业提供精准、透明、全

① 本部分数据来源：重庆市经济和信息化委员会。

方位的融资服务。“渝企金服”平台应用“一个入口、直达多个融资服务场景”模式，企业通过平台入口，可以直达包括商业价值信用贷、应急转贷、票据贴现、小微企业担保贷和中小微专项资金申报等 10 余个融资服务业务单元；围绕产业优势，与金融形成良好互动，开发出更多标准化金融产品。

“渝企金服”作为公益性产业金融服务平台，近年来围绕产业需求谋创新，相继推出转贷、商业价值信用贷、商业价值担保贷、制造业抵押增值贷等系列政策性金融产品；同时，重庆为推进专精特新企业高质量发展，在“渝企金服”平台搭建专精特新企业银企对接通道，引导融资服务机构做好需求对接、培训路演等线下服务。截至 2023 年 4 月，“渝企金服”已为超过 2 万家企业解决融资需求近 1700 亿元。①

3.5　关于重庆制度创新的展望

3.5.1　加强顶层设计，建立统筹机构

重庆应当在充分考虑区域条件、产业结构、经济布局、科技创新资源基础上，立足于地方特色以及在产业链、创新链和价值链上的分工，发挥市场的导向作用，并通过资金投入、政策制定、制度建设等方式进行区域科技创新资源统筹和优化配置；建立重庆科技资源统筹服务中心，充分发挥政府的组织管理职能，将各部门及其所属单位的科技创新资源、科研项目、科技经费进行统筹配置，搭建起资源、研发、成果、金融、咨询五大综合服务平台体系。

3.5.2　完善资源布局，促进区域协同发展

立足四大片区基础创新资源，结合各片区发展特色和优势，推动各片区资源链、创新链、产业链的协同、串联。发挥主城区科创资源集聚优势，优化提升原始创新核心功能，加强高端研发主体和平台布局；发挥渝西片区产业实力雄厚优势，通过政府支持、市场化运作，推动技术创新，加大产学研合作，加强技术创新服务平台、成果转化服务平台等应用研究类科技创新资源布局；发挥渝东北、渝东南生态、旅游资源优势，推动生态农业、康养产

① 数据来源：重庆市政府。

业、文化旅游等创新资源集聚，以科技项目、科技园区建设等为载体，全面提升县域科技公共服务能力，提升县域经济社会发展的科技支撑能力。

3.5.3 优化配置结构，提升资源利用效率

优化科技创新资源配置结构，构建以企业为主体、市场为导向、产学研深度融合的技术创新体系。明晰政府与市场的边界，更加尊重市场规律，以引导人才、技术、资本、管理等创新要素向企业集聚为重要原则，持续增加财政科技资金投入；加大对科技型企业的支持力度，鼓励产学研结合，组建产业技术协同创新联盟；逐步完善“企业决策、先行投入、协同攻关、市场验收、政府补助”的组织实施机制；实施高校科技创新能力提升计划，推进高校实验室、仪器设备、文献信息等科技创新资源开放共享，组建技术转移机构，加强高校与企业之间的技术合作，推动高校科技成果产业化；加强高水平科技创新平台搭建，集聚“高精尖缺”人才；建立高层次人才和团队服务机制，破除户籍、住房等限制因素，完善人才培养、引进、流动、激励机制。

4 绿色金融创新推动高质量发展——上海

4.1 引言

《上海国际金融中心建设“十四五”规划》指出，上海正在向着“到2035年建成具有全球重要影响力的国际金融中心”目标全力进发。其中，推动绿色金融发展是上海国际金融中心建设规划的重要组成部分。绿色金融不但有利于环境污染治理，而且可以助力增进民生福祉。2021年，上海市政府出台《上海加快打造国际绿色金融枢纽服务碳达峰碳中和目标的实施意见》，将“建设上海绿色金融改革创新试验区”作为打造国际绿色金融枢纽的核心和关键举措，这是我国提出“双碳”目标后第一个由省级政府出台的绿色金融文件。

以习近平新时代中国特色社会主义思想为指导，上海深入贯彻落实习近平生态文明思想，加快构建新发展格局，充分依托上海金融要素市场集聚优

势，培育绿色金融高质量发展机构，加强监管引导，健全规范标准，深入探索绿色金融改革创新，切实提升绿色金融服务水平，积极开展绿色金融国际合作，加大对绿色、低碳、循环经济的支持，促进经济社会全面绿色低碳转型，推进“十四五”时期上海“无废城市”建设，助力上海国际金融中心建设，为落实“双碳”目标提供高质量金融服务。

4.2 上海绿色金融创新现状

近年来，上海不断践行绿色发展理念，大力推进绿色金融服务模式创新，引导更多金融资源汇聚绿色低碳领域。

由上海高级金融学院邱慈观、王坦教授于 2022 年开始编制的上海绿色金融指数，创造性地基于一个评估框架、采用两套不同的度量方法和权重配置形成两只指数——由“上海绿色金融现况绩效指数”反映事实绩效，由“上海绿色金融社会认知指数”反映公众认知。区别于当时市面上已经存在的绿色金融指数，邱慈观、王坦教授与课题组针对绿色金融体系建立起一个逻辑链条模式，并将该链条主干融入上海绿色金融指数评估框架，得到 6 个驱动因子、26 个属性，以及 88 个对应现象。6 个驱动因子中，3 个涉及金融活动，分别是金融市场建设、金融工具，以及政策支持与配套保障；另外 3 个涉及实体活动，分别是产业发展与企业活动、生态空间与城市建设，以及宏观经济与基础设施。从指数测算结果来看，2021 年上海绿色金融现况绩效指数整体得分为 11.67%。相比于 2018 年的 3.92%、2019 年的 5.61%，以及 2020 年的 6.67%，可以看出上海绿色金融自 2018 年起连续四年成长，且成长率与时俱增，从而表明上海绿色金融成长前景可期。

4.3 上海绿色金融创新的经验

《上海绿色金融行动方案》提出八个方面三十条重点任务。一是积极部署绿色金融发展战略。健全绿色金融发展规划，制定绿色运营行动方案。二是加快完善绿色金融推进机制。建立绿色金融组织体系，优化绿色金融资源配置，完善绿色金融管理流程，开发绿色金融专业系统。三是全力服务重点领域绿色发展。推进重点行业绿色发展，推进重点企业绿色改造，推进重点区域绿色建设，推进绿色科技发展，推动绿色生活方式构建。四是主动深化绿色金融创新实践。推进绿色信贷产品和服务创新，拓宽绿色融资渠道，丰富绿色保险产品和保障体系，探索碳金融市场服务创新。五是深入探索绿色金融合作模式。推进绿色金融跨部门协作，推进绿色金融银行业保险业合作，推进绿色金融产学研联动，推进绿色金融区域合作和绿色金融国际合作。六是持续健全绿色金融风险防控体系。建立健全环境、社会和治理（ESG）风险管理体系，完善对客户环境、社会和治理风险管理，加强绿色金融风险管理，运用保险工具进行环境风险管理。七是逐步推动绿色金融标准体系建设。建立对标国际的 ESG 信息披露机制，完善绿色金融标准体系，推动建立碳金融评价标准体系。八是营造良好绿色金融发展外部环境。积极推动绿色项目库建设，发挥行业协会协调服务作用，加强同业互促与宣贯交流。

上海银保监局等八部门要求辖内各银行保险机构重点做好三项组织保障措施。一是健全组织领导，明确归口管理部门，加强业务统筹和资源倾斜，全力推进绿色金融发展工作。二是抓好组织落实，细化目标任务，明确责任分工和具体举措，完善相关内部管理制度和流程，确保绿色金融持续有效发展。三是开展定期评估，主动公开绿色金融战略和政策，充分披露绿色金融发展情况，定期组织实施内部审计，主动开展绿色金融自评估。

“绿水青山就是金山银山”，未来，上海银保监局将持续指导辖内银行保险机构明确具体任务，主动担当作为，落实工作责任，自觉将《上海绿色金融行动方案》各项要求落到实处，全方位构建上海银行业保险业支持服务碳达峰碳中和体制机制，助力上海国际金融中心建设，推动经济社会全面绿色低碳转型。

4.4 上海绿色金融创新的成效

为深入探讨，本书从人才汇聚、平台建设、环境营造、投入增长等方面分析上海在绿色金融创新方面的特色和亮点。《上海市浦东新区绿色金融发展若干规定》为绿色金融创新发展提供法治保障；与中证指数公司共同推出两大绿色指数；支持推出一批绿色金融全国首创产品、推动一批绿色金融支持项目落地等。绿色金融作为经济转型与发展的新引擎，是高质量发展的重要推力。浦东充分发挥金融产业规模优势、金融要素高度集聚优势、金融开放创新“试验田”优势，全面推进绿色金融创新发展。

《上海市浦东新区绿色金融发展若干规定》于 2022 年实施，是上海在金融领域运用立法变通权的首次尝试。为进一步贯彻落实该规定要求，发挥绿色金融在“双碳”落实中的作用，完善绿色基金产品体系，浦东新区金融局联合中证指数公司编制中证浦东新区绿色 50ESG 指数和中证浦东新区绿色主题信用债指数，并于 2023 年 5 月 8 日公告发布。两只指数是我国首个聚焦区域发展的绿色股票指数和绿色债券指数，具有绿色和 ESG 特征，具有引领性、表征性和投资属性，有助于提升资本市场对浦东绿色转型贡献较大及 ESG 评价较优公司的关注度，更好支持浦东优质实体产业做大做强。

中证指数有限公司研究开发部副总经理周夏风表示，通过持续发布绿色指数，将引导创设绿色指数化投资基金产品，能够推动市场资金流入符合绿色和高质量发展理念的产业中去，并进一步引导上市公司环境绩效信息披露完善，形成金融服务绿色发展的合力。

截至 2023 年 7 月底，中证浦东新区绿色 50ESG 指数涵盖 50 个注册在浦东的上市公司样本，总市值 2.3 万亿元；中证浦东新区绿色主题信用债指数涵盖 169 只绿色债券，总市值 6300 亿元。其中，中证浦东新区绿色 50ESG 指数样本公司平均绿色收入总额超出 A 股总体水平 23%，单位温室气体排放量低于 A 股总体水平 66%，85%的样本公司具有碳减排措施、实行绿色办公或设立专门的环境管理部门，平均社会贡献值超过 A 股总体水平 49%，绿色低碳引领效应显著。

4.5 关于上海绿色金融创新的展望

4.5.1 提升我国金融体系在国际上的影响力和竞争力

2013 年，我国提出“一带一路”倡议，其中最重要的创新理念是“金融经济命运共同体”。基于这一理念，我国加强与共建“一带一路”国家和地区之间的经济联系，并积极与其开展金融合作，推动建立多层次的金融服务体系。

同时，我们也要认识到，我国在全球金融治理体系中的地位和影响力需要进一步提高。面对当前地缘政治冲突加剧的情况，我们需要将 G20 的开放精神落实到金融业，积极应对挑战，全方位、多层次、务实灵活地参与全球金融治理，维护国际金融稳定。

具体来说，我国正在积极推进人民币国际化战略，通过人民币国际化，推动金融业对外开放，同时提升自身在全球金融服务体系和治理体系中的供给能力，扩大人民币和以人民币计价产品的国际影响力。此外，我国金融业的最终目的是服务实体经济，在践行国家重点战略时，我国也在加强国际研究与合作，提高其在金融国际治理过程中的议事地位与投票权。

在国内国际双循环格局中，我国应大力推动与新兴市场间的合作，参与发展亚洲基础设施投资银行和金砖国家新开发银行等新兴国际金融机构，提升新兴发展中国家在全球金融治理体系中的话语权。

4.5.2 创新引领：聚焦六大抓手

上海是我国金融市场体系较为完备的城市之一，拥有全国性的股票、债券、外汇、黄金、期货、保险等金融市场交易平台，同时金融基础设施日益完善。为更好发挥上海在金融开放创新中的引领作用，上海制定《上海国际金融中心建设“十四五”规划》，旨在到 2025 年显著提升上海国际金融中心能级，进一步凸显其服务全国经济高质量发展的作用，巩固人民币金融资产配置和风险管理中心地位，明显增强全球资源配置功能，为到 2035 年建成具有全球重要影响力的国际金融中心奠定坚实基础。规划提出六项具体目标，即打造“两中心、两枢纽、两高地”。

上海作为我国金融改革创新与金融高水平开放重要窗口，未来需要聚焦以下六大抓手：

第一，紧紧把握国家战略，服务经济社会发展大局，深化与人民币国际化、自贸区建设、“一带一路”建设、科创中心建设、长三角区域一体化发展等重大国家战略的协同联动，共同打造全国高质量发展的动力系统。

第二，聚焦制度创新，探索金融高水平绿色开放新路径，把握上海自贸试验区及临港新片区建设重大机遇，积极在宏观审慎管理、创新监管互动机制等方面深入探索。

第三，以本币为主导，协同推动人民币国际化和资本项目可兑换，扩大"一带一路"建设中人民币的使用，促进在岸离岸市场良性互动。

第四，面向国际，积极参与全球金融治理，打造国际一流营商环境、引进国际优质金融资源、培育本土跨国金融机构、吸引国际化金融人才等，促进全球资金、信息、技术、人才等要素资源加速汇聚。

第五，在金融风险可控的前提下，持续开放金融市场，加强与重要跨境金融市场的"互联互通"，加快开放银行间债券、外汇、货币等市场，提升上海金融市场全球定价权和影响力。

第六，着力培育具有国际影响力的中外资知名企业，聚集具有国际影响力的全球功能性机构，扩容市场交易主体，增强对全球资源配置的主导性和掌控力，积极挖掘全球资产配置需求。

5 科技创新推动高质量发展——苏州

5.1 引言

习近平总书记指出："谁在创新上先行一步，谁就能拥有引领发展的主动权。"抓创新就是抓发展，谋创新就是谋未来。作为长江经济带上科技创新领跑者，苏州绿色创新指数连续多年名列前茅。苏州近年来持续加大绿色创新投入，在绿色创新上取得长足进步。值得一提的是，其创新转化能力仅次于上海，2020—2022 年连续三年位居长江经济带第二。这座城市正以浓厚的科研氛围和突出的创新能力推动高质量发展，稳步走在推进中国式现代化建设的前列。

我国当前正处于全面贯彻新发展理念，加快构建新发展格局的关键时期，在经济增长模式由高速度增长向高质量演进的时代背景下，苏州开拓出一条高质量发展的创新之路，锻造并持续扩大自己的科创优势。探索苏州地区绿色创新的成功经验和增长源泉，从而推动其经济与生态文明持续稳定发展，进一步发挥对长江经济带乃至全国绿色创新建设的辐射驱动和示范引领作用，对于为全社会解决发展动力问题具有重要意义。

下文基于2017—2021年长江经济带绿色创新发展指数，对科技创新相关文献进行梳理，从创新制度、研发投入、创新基础、创新转化、创造产出、绿色经济、生态环境和健康生活八个层面，分析评估苏州绿色创新发展情况，探索挖掘苏州创新实践案例及成效，总结苏州创新经验，为更好实现创新引领高质量发展提供借鉴。

5.2 苏州绿色创新能力评价情况

《长江经济带绿色创新发展指数报告》（以下简称《报告》）主要采用2017—2021年数据。数据主要来源于各统计年鉴、公报等。

《报告》显示，2017—2021年苏州绿色创新发展指数逐年递增，分别为47.07、48.88、53.09、54.79和60.34（见附图7），五年间的排名在第六名上下轻微浮动，在110个长江经济带城市中表现稳定且亮眼。

附图7　苏州绿色创新发展指数

2021年苏州绿色创新投入指数明显优于绿色创新产出指数，两者分别为66.03、54.62。在绿色创新投入指数的相关指标中，苏州的创新转化指标连续 5 年排名第二，仅次于上海；在绿色创新产出指数的相关指标中，苏州的生态环境指标轻微下滑，由 2017 年的第九十下降至 2021 年的第九十五。总体而言，苏州在科技企业孵化、创新生态建设、科技金融发展等方面优势突出，但在节能提效、生态环境保护和市民健康生活打造等方面还有较大的改进和提升空间。

5.2.1 创新制度方面

制度决定质量的高限，是创新引领高质量发展的风向标，创新制度指数反映政府对于创新的重视程度、创新市场的氛围环境以及特色制度创新能力。附图 8 显示了 2017—2021 年苏州在创新制度指标上的排名变化，该指标排名小幅波动，五年间分别位于第四、第六、第四、第六、第六 。近年来，苏州从顶层高度重视创新，发布一系列科技创新相关政策，在全社会营造出高质量创新生态环境，不断壮大战略科技力量，集聚力量开展一批原创性、引领性科技攻关，加速实现高水平科技自立自强。

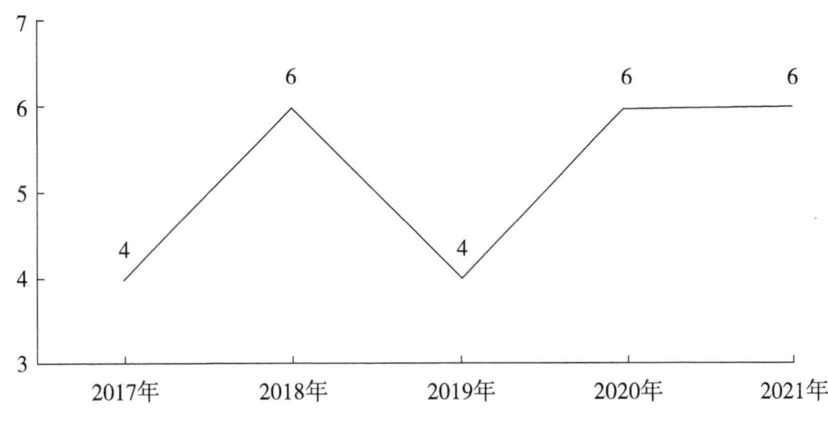

附图 8 2017—2021 年苏州创新制度指标排名

如附表 7 所示，苏州“党政机关报和政府门户网站中相关关键词的出现频率”指标从 2017 年的 1889 次上升到 2021 年的 4128 次，体现出苏州市政府提升了对该地区科技创新发展的重视程度。政府对于科技创新发展的重视是促进当地创新生态建设的重要因素，重视程度高意味着苏州在科技创新上舍得投入，有政策倾斜，这样便能吸引更多科技创新企业扎根苏州。苏州“中国最具影响力的综合报纸对当地发展经验的报道频率”指标也由 2017 年的 227 次上升至 2021 年的 358 次。苏州近年来闯出一条科技创新高质量发展道路，处处涌现着攀高逐新的澎湃激情，得到越来越多的媒体报道宣传；虽然受到新冠疫情等影响，苏州人均 GDP 在 2020 年出现下滑，但在 2021 年依旧强势，实现人均 17.75 万元。人均 GDP 是衡量地区经济发展水平的重要指标，高的人均 GDP 是政府为科技创新企业提供经济支持的底气，经济支持为科技创新提供“肥沃的生长土壤”。

附表 7　　创新制度指标相关情况

年份	党政机关报和政府门户网站中相关关键词的出现频率（次）	中国最具影响力的综合报纸对当地发展经验的报道频率（次）	人均 GDP（万元/人）
2017	1889	227	16.21
2018	2748	229	17.35
2019	3322	287	17.92
2020	3846	251	15.82
2021	4128	358	17.75

5.2.2 研发投入方面

研发投入是企业为推动技术创新和提升竞争力而进行的资金、人力及时间等资源的投入。研发投入是科创企业实现高质量发展的重要途径，能够推动企业可持续发展。附图 9 显示了 2017—2021 年苏州研发投入指标的排名变化，可以看出，苏州研发投入指标排名五年间始终位于前十。虽然苏州在科技研发上持续加大投入，但在“唯创新者进，唯创新者强，唯创新者胜”的时代，其投入力度还有待加强。

全部 R&D 人员数量占总就业人口数量的比例是城市人才结构和创新吸引力的衡量指标之一，R&D 人员数量越多，表明城市科技创新程度越高，对科技人才吸引力越强。如附表 8 所示，2017—2021 年，苏州“全部 R&D 人员数量/总就业人口数量”指标由 2.25 人年/万人上升至 3.59 人年/万人，苏州不断加强青年科技人才培养，科学化管理科技专家库，提高 R&D 人员待遇，培

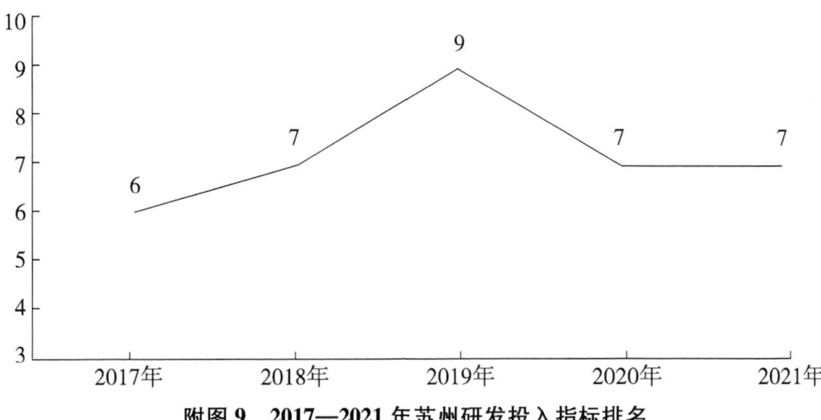

附图 9　2017—2021 年苏州研发投入指标排名

养并吸引大批科技人才，人才队伍结构得到不断优化。2017—2021 年，苏州“地方一般公共预算收支状况”指标和“R&D 内部经费支出/工业增加值”指标不断提升，2021 年苏州的地方一般公共预算收支状况达到 1.04%，R&D 内部经费支出为 888.7 亿元。一方面，苏州持续加大科技创新薄弱环节和关键领域投入，有力保障基础研究、关键核心技术攻关等资金需求；另一方面，苏州不断优化政策供给，给予科技型中小企业研发财政补贴，极大激发创新动力。

附表 8　研发投入指标相关情况

年份	$\frac{\text{全部 R\&D 人员数量}}{\text{总就业人口数量}}$（人年/万人）	地方一般公共预算收支状况（%）	$\frac{\text{R\&D 内部经费支出}}{\text{工业增加值}}$（%）
2017	2.25	0.72	6.42
2018	2.68	0.82	6.34
2019	3.00	0.94	7.52
2020	2.93	1.07	8.69
2021	3.59	1.04	10.22

5.2.3　创新基础方面

“基础不牢地动山摇，根基稳固人贤楼高。”创新基础指标侧重从创新人才基础、绿色能源基础和绿色设施基础三方面进行衡量，创新基础是绿色创新发展的根基，反映城市自身创新要素储备和可持续发展能力。附图10是2017—2021年苏州创新基础指标排名变化，该指标排名稳定，连续四年位于第十二名。近年来，苏州壮大青年创新队伍，引导龙头企业早期研发，不断提升源头创新能力，筑牢创新根基。但其与排名前十城市间的差距较大，仍需下功夫夯实基础，储备长远，发展绿色新能源，为绿色创新发展提供保障。

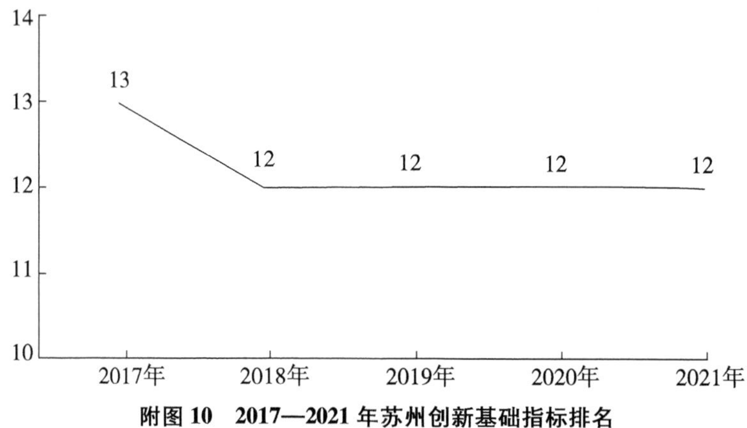

附图10 2017—2021年苏州创新基础指标排名

高等院校作为重要创新主体，担负着组织、开展科研活动和培养、输送高质量科技创新人才的重任，城市中高等院校越多，意味着科研创新人才储备越丰富，创新能力与活力越强。如附表9所示，2017—2021年，苏州高等院校在校学生数不断增多，由22.28万人增加至27.51万人。苏州积极布局高校科研院所，创新能力得到持续提升：苏州大学未来校区一期先后投用，南京大学苏州校区实现首届招生，中国科技大学高等研究院加快建设，哈尔滨工业大学苏州研究院签约落户，C9高校全部在苏州实现重大布局……在“以绿色创新推进新时代高质量发展”的倡导下，不仅要加强科技创新，还要推进绿色生态可持续发展，苏州持续推进能源转型，节能降耗成效显著，人均清洁能源使用量由2017年的16.16立方米上升至2021年的25.76立方米，能源结构持续优化。

附表 9　　创新基础指标相关情况

年份	普通高等院校个数（个）	普通高等院校在校学生数（万人）	人均清洁能源使用量（家庭天然气）（立方米/人）	每万人拥有的公共汽车数（辆）
2017	26	22. 28	16. 16	5. 08
2018	26	23. 56	19. 09	5. 45
2019	26	24. 90	20. 87	5. 58
2020	26	26. 30	23. 74	4. 98
2021	26	27. 51	25. 76	4. 96

5. 2. 4　创新转化方面

创新转化是指对使用科技创新要素生产出的科技成果所进行的后续试验、开发、应用、推广直至形成新产品、新工艺、新材料，再到发展新产业等活动。创新转化指标是创新成果转化能力的体现，创新转化指标越高，表明创新成果转化能力越强，从而越有可能实现科技成果的高质量创造。附图 11 展示了 2017—2021 年苏州创新转化指标排名。苏州连续 5 年位于第二，创新转化发展能力强势。苏州在推动创新成果转化、落地上下足了功夫，2021 年，先进技术成果长三角转化中心正式落地苏州，有力促进先进技术成果转移转化。苏州不断聚合创新资源，激活创新主体，拥有大量科技企业孵化器，形成较为领先的资源整合能力、服务保障能力和成果转化能力。

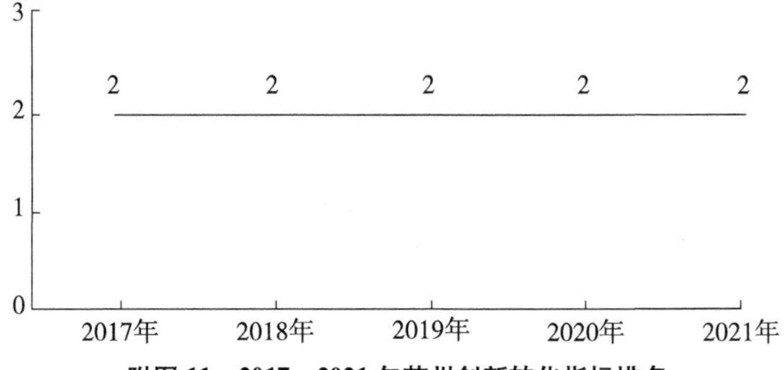

附图 11　2017—2021 年苏州创新转化指标排名

如附表 10 所示，2017—2021 年，苏州拥有超过 150 家科研机构，数量众多的科研机构有明确的研究方向和任务，长期有组织地从事研究与开发活动，持续为科技成果转化提速。苏州聚焦数字经济时代，产业创新集群融合发展，形成并完善企业分层孵化体系，为在孵科创项目提供全方位、多维度、一站式创业服务，涌现出一大批优质科技企业孵化器。2021 年苏州共拥有 137 家省级以上孵化器，这些孵化器为科技型中小企业成长与发展提供帮助和支持，提高创业成功率，促进科技成果转化，不断推动高新技术产业发展。苏州高新技术企业数量增长迅速，2017 年不足 4500 家，到 2021 年已超过 10000 家。这些高新技术企业持续进行研究开发与技术成果转化，形成企业核心自主知识产权，并以此为基础开展经营活动。苏州通过出台系列扶持政策，持续完善科技企业全生命周期培育链条，催生出一批专精特新和科技领军高新技术企业，形成集聚效应，为打造创新生态业态注入新活力。

附表 10　创新转化指标相关情况

年份	科研机构数（家）	省级以上孵化器数量（家）	高新技术企业数（家）
2017	155	107	4464
2018	155	112	5416
2019	165	118	7052
2020	157	129	9772
2021	158	137	11165

5.2.5 创造产出方面

科技创新投入的根本目的在于创造更多科技成果，科技创造产出是将科技成果推向市场，实现创新最终价值的关键环节，也是衡量一个地区科技发展政策实施效果的重要指标。创造产出指标主要涉及知识化产出和产业化产出两个方面，附图 12 展示了 2017—2021 年苏州创造产出指标排名，五年间苏州的该指标排名下滑。近年来，依靠坚实的工业底盘，苏州大力

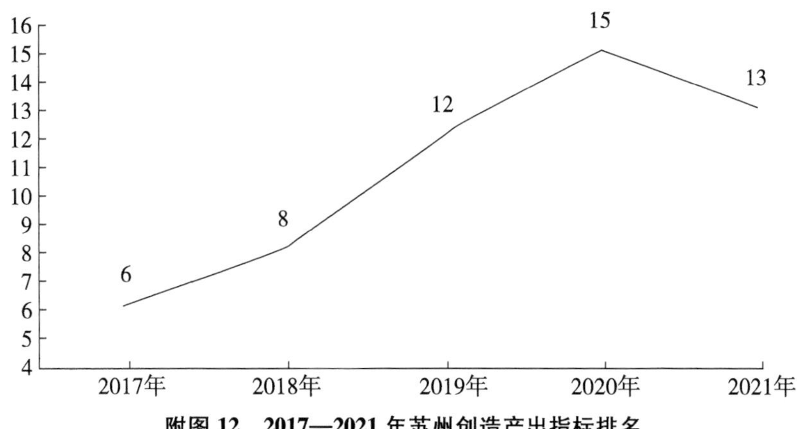

附图 12 2017—2021 年苏州创造产出指标排名

推进产业创新集群发展，推动产业基础高级化、产业体系现代化，在科技成果产业化方面取得长足进步，但距离头部城市仍存在一定差距，需持续努力。

苏州不断在创新高端化和创新产业化上下功夫，企业技术创新知识成果不断增加，制造业创新活力显著增强。如附表 11 所示，2017—2021 年，苏州“每万人发表国内外科技论文（SCI）”指标由 4.74 篇增加至 5.66 篇。由此可见，苏州科技创新知识产出正逐步与国际接轨，向世界看齐，国际竞争力不断提升，这一成就离不开苏州市政府对于知识产权事业发展的高度重视。近年来，苏州部署建设国家知识产权保护示范区，充分发挥知识产权保护工作在支持全面创新中的重要作用，为苏州创新高端化提供有力支撑和坚强保障，激发出全社会产出创新知识的活力与热情。苏州“每万人发明专利授权数”指标也得到显著提高，为创新产业的蓬勃发展奠定基础。此外，苏州“技术合同成交额/GDP”指标持续提升。苏州以集群的形态组织创新、以数字的手段赋能创新产业。以光子产业为例，苏州大力推动光子产业聚集，形成具有苏州特色的光子产业创新集群，光子产业链条完整，龙头企业集聚，集群优势明显，光子产业得到飞速发展。苏州产业链与创新链高速融合，内生创新动力持续增强，产业基础高级化、产业体系现代化新图景越发清晰。

附表 11 创造产出指标相关情况

年份	每万人发表国内外科技论文（SSI）（篇）	每万人发明专利授权数（件）	$\frac{\text{技术合同成交额}}{\text{GDP}}$（%）
2017	4.74	10.87	1.16
2018	5.12	10.12	1.48
2019	5.97	7.76	1.96
2020	4.84	7.77	2.45
2021	5.66	11.47	2.75

5.2.6 绿色经济方面

习近平总书记在党的二十大报告中指出：“推动经济社会发展，绿色化、低碳化是实现高质量发展的关键环节。”让绿色发展成为普遍形态是高质量发展的根基，而绿色经济作为绿色发展的经济形态，以生态、环境、资源为要素，以产业经济为基础，以科技创新为支撑，以经济、社会、生态协调发展为目的。绿色经济指标反映城市绿色生产程度，附图 13 展示了 2017—2021 年苏州绿色经济指标排名，五年间该指标排名波动上升。苏州虽然实现了绿色经济指数连续增长，但从排名变化可以看出，与其他城市相比，苏州在绿色经济上下的功夫还远远不够，未来，苏州应当持续加快绿色低碳发展，以推动城市高质量发展。

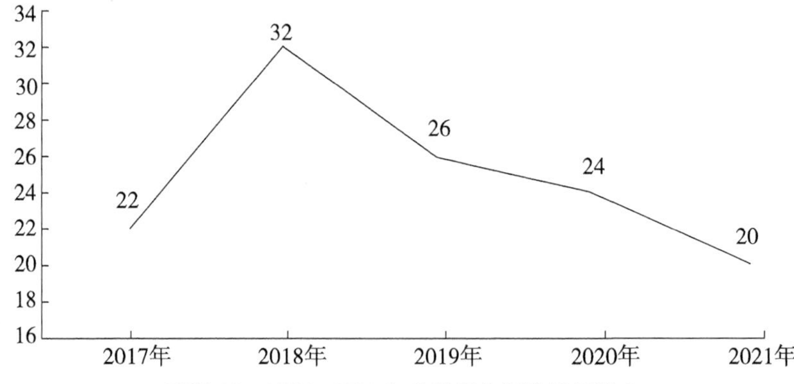

附图 13 2017—2021 年苏州绿色经济指标排名

“能源强度”指标可以反映地区经济发展对于化石能源的依赖程度，该指标越高，表明地区经济发展越依赖化石能源，绿色程度越低。如附表 12 所示，2018 年苏州“能源强度”指标达到 0.86 吨标煤/万元，表明其高度依赖化石能源发展经济。但随着环境和资源约束以及绿色发展理念深入贯彻，苏州不断优化能源利用方式，提高用能效率，推进非化石能源代替，支持企业利用太阳能、生物质能、地热能等可再生能源，推进分布式发电、多元储能、高效热泵、智慧能源管控等一体化项目开发，能源强度自 2019 年实现连续下降。“碳强度”指标用于衡量地区经济与碳排放量之间的关系，该指标往往随着技术进步和经济增长而下降。近年来，苏州大力推动能源技术与数字技术融合发展，加大对光伏、风电、智能电网及氢能和智慧能源等领域投入力度，加快建设具有国际竞争力的新能源产业创新集群，构建多元化清洁能源供应体系。2017—2021 年，苏州“碳强度”指标逐年下降，从 0.0075 吨二氧化碳/万元降至 0.0057 吨二氧化碳/万元，体现出苏州推进能源转型的决心及其取得的成效。苏州“工业固体废物综合利用率”指标常年在 94%左右，仍存在提升空间。

附表 12　　绿色经济指标相关情况

年份	能源强度（吨标煤/万元，当年价）	碳强度（吨二氧化碳/万元，当年价）	工业固体废物综合利用率（%）
2017	0.42	0.0075	93.40
2018	0.86	0.0069	94.00
2019	0.43	0.0067	94.00
2020	0.42	0.0064	95.75
2021	0.41	0.0057	94.00

5.2.7　生态环境方面

习近平总书记指出：“以高品质生态环境支撑高质量发展，加快推进人与自然和谐共生的现代化。”各城市应当站在人与自然和谐共生的高度谋划发展，巩固树立和践行绿水青山就是金山银山的理念。生态环境决定各城市发展空间和高度，因此，改善生态环境的重要意义日益凸显。附图 14 展现了 2017—2021 年苏州生态环境指标排名，苏州该指标排名较为落后。由此可见，苏州生态环境建设仍存在较大提升空间，各项生态环境问题亟待解决，未来，苏州应高度重视生态环境建设，持续改善大气、水等环境质量，系统推进全市生态环境保护和绿色高质量发展。

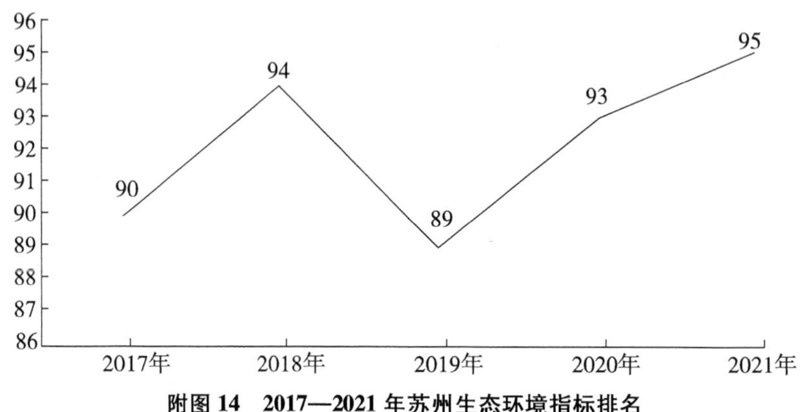

附图 14　2017—2021 年苏州生态环境指标排名

“城市空气质量优良天数比例”指标是衡量城市空气环境的重要指标，该指标越高，表明城市空气质量优良天数越多，空气环境就越好，而空气质量长期不佳对人体、动植物均会造成较大危害。如附表 13 所示，由于新冠疫情对工业的冲击，苏州 2020 年和 2021 年“城市空气质量优良天数比例”较往年有大幅度提高，保持在 85%左右。作为全国乃至全世界的工业大市，苏州应当平衡好工业发展与生态环境保护之间的关系，加快推进产业结构转型升级，深入打好蓝天、碧水、净土保卫战，持续推动减污降碳协同增效。苏州“地表水达到Ⅲ类水或以上比例”指标在 2021 年达到 86.7%，这是苏州水污染治理成果的体现。过去几年，苏州持续构建高效治污、有序流动、河湖健康、智慧管控的城区河湖水系，制定排污口“一口一策”整治方案，大大提升各区域水体质量。此外，苏州通过种植乔木、灌木等各种森林植物，加强非法砍伐、采伐监管力度等举措，进一步保护林地资源，实现 2022 年“森林覆盖率”指标的提升。

附表 13　生态环境指标相关情况

年份	城市空气质量优良天数比例（%）	地表水达到Ⅲ类水或以上比例（%）	森林覆盖率（%）
2017	71.5	74.0	20.76
2018	73.7	68.8	20.85
2019	77.8	87.5	20.92
2020	84.4	87.5	20.43
2021	85.5	86.7	20.52

5.2.8　健康生活方面

党的十八大以来，以习近平同志为核心的党中央作出全面推进健康中国建设的重大决策部署。健康是人民幸福的重要指标，健康生活指标反映城市健康服务质量，是人民安全感、幸福感的衡量指标。附图 15 展示了 2017—2021 年苏州健康生活指标排名，5 年间该指标排名波动明显。苏州应加强对市民健康生活的重视程度，大力开展健康城市建设，走近市民，贴近市民，进一步完善城市健康服务流程及配套设施，增进市民福祉，提升市民获得感和安全感。

附图 15　2017—2021 年苏州健康生活指标排名

随着人民群众医疗健康服务需求持续增长，加快提高医疗健康供给数量和质量，是满足人民美好生活需要的要求，也是实现经济社会高质量发展的基础。如附表 14 所示，苏州“每千人口医生数”指标由 2019 年的 3.31 个下降至2020年的2.92个后，2021年“每千人口医生数”指标达到3.08个，这缓解了苏州市民就医压力，为提升市民健康水平提供基本保障。排放未经处理的生活污水会造成城市水体污染，进而危害城市生态环境和市民身体健康。自2018年起，苏州“生活污水集中处理率”指标与长江经济带城市平均水平的差距不断拉大，至2021年已落后平均水平3.24%。苏州应强化城市污水处理能力建设，统筹规划、科学布局污水处理厂，推进生活污水集中处理进程，从而逐步缩小与其他城市的差距。苏州“人均预期寿命”指标与长江经济带城市人均预期寿命差距逐渐缩小，至2021年苏州市民平均预期寿命仅高于长江经济带城市平均值1.10岁。苏州应持续倡导健康生活，在全社会营造“全民健身，全民健康”氛围，开展形式多样的健康活动，以百姓健康为中心，进而实现健康服务高质量供给。

附表14　　健康生活指标相关情况

年份	每千人口医生数（个）	生活污水集中处理率（%）	人均预期寿命（岁）①
2017	2.84	-1.06	1.61
2018	3.06	-0.47	1.47
2019	3.31	-1.37	1.31
2020	2.92	-2.50	1.52
2021	3.08	-3.24	1.10

5.3　苏州科技创新的经验与成效

苏州，河水如镜，山水如画，这里不仅有烟雨江南的柔情，更处处迸发着创新的激情。多年来，苏州以创新实干践行时代使命，不断在科技创新上率先取得新突破，闯出一条高质量发展的城市创新路径，为中国式现代化建设源源不断地注入创新动力。在这座千年古城中，集群发展势不可当，产业创新大潮澎湃，科创孵化加速发展，信贷融资助力企业，苏州已然成为全国

① 该指标为高于长江经济带城市平均值的数据。

重要的创新高地。深入探索与挖掘苏州的创新实践与成效，对解答“科技自立自强”这一时代命题具有很大的借鉴意义。

5.3.1 创新集群，壮大产业，发挥集聚能效

推进数字经济时代产业创新集群发展是苏州学习贯彻党的二十大精神，服务新发展格局，实现科技自立自强，构建现代化产业体系所作出的积极探索与生动实践。2022 年年初，苏州以“一号文件”形式出台指导意见，聚焦电子信息、装备制造、生物医药、先进材料四大主导产业和光子、集成电路等 25 个重点细分领域，高水平构建一批具有苏州特色的先进制造业集群。

光子产业融通发展，追光前行。苏州高新区是苏州打造一流光子产业创新集群主阵地，金橙子中国研发总部正有条不紊地在苏州高新区太湖科学城开工建设，项目总投资 3 亿元，建筑面积约 3.8 万平方米，预计 2025 年投产，将主要进行激光柔性智能制造控制平台及高精密数字振镜的研发及产业化。随着“高光 20 条”支持政策发布，100 亿元光子投资基金设立，30 万平方米太湖光子科技园投入使用，大批光子企业相继入驻园区。光子集群园区以产业共性需求为根本，以龙头企业和重点院所带动中小企业，支持光子企业利用公共平台进行研发，产业链上下游融通发展，实现从“追光人”到全产业链发展的跨越，一幅千亿级一流光子产业创新集群画卷正徐徐展开。

生物医药产业联合发力，领跑全国。苏州生物医药产业园位于苏州工业园区，是苏州工业园区培育生物产业发展的创新基地。多年来，园区聚焦新药研发、高端医疗器械、生物技术及新型疗法等重点领域，集聚最优资源、集成最强政策，园区生物医药产业发展质态和创新能力都走在全国前列。2022 年园区生物医药企业超 2200 家，产业产值超 1300 亿元。在创新药领域，累计一类新药临床批件 562 张，上市新药 22 个。生物医药集群发展，依靠公共技术平台支撑，推动关键核心技术突破，增强产业链供应链自主可控能力，打破美国制药公司垄断地位，助推我国生物医药产业迈入快车道。

苏州着力打造产业创新集群，聚集能效，攻坚克难，不断冲击科技最高峰。

5.3.2 专业孵化，全程陪伴，加速成果转化

多年来，苏州高度重视科技企业孵化器建设和发展，不断完善创业孵化服务体系，打造高能级创业孵化载体，形成综合性企业孵化器、专业性孵化器、民营孵化器等多类型、多性质孵化器竞相发展新格局，助力科技企业招商，为在孵科创项目提供公共技术服务、投融支持、科技政策、知识产权、管理培训、人力资源等全方位、多维度、一站式创业服务，不断孵化科技创新新生力量，培育并壮大一批科技型企业。

云耀深维是一家致力于金属3D打印技术开发、设备及材料研发的公司，创办两年其市场估值就达到数亿元。该企业之所以能实现高速发展，离不开创新创业孵化器——中科智能科创中心的助力。“在公司成长的过程中，科创中心提供了贴心的服务和指导。”云耀深维创始人谈到，在孵化云耀深维的过程中，孵化中心提供了“保姆式的服务”，帮助团队准备申报材料、申请奖补资金，牵头帮助公司举办市场对接会，公司在其帮助下，还获得了数千万元融资。

创新孵化器解决了不少企业在人才、资金等方面的起步难题。点石航空动力有限公司是苏州一家航空企业，成立以来，研发成果不断涌现，助力国家小型航空发动机产业发展。起步之初，点石航空面临着前期投入成本高、缺乏创业经验、缺少启动资金、没有办公场地等各种问题，太仓航空产业园的孵化器为其提供办公室、厂房和资金支持，才使得企业渡过难关，专心科技研发。孵化器直击初创型科技企业痛点，为企业提供“一站式”全生命周期服务，使其发展成为行业内的新生力量。

多样化的创新孵化形式为企业提供专业化服务，全生命周期陪伴企业渡过难关，加速科研成果落地与转化。

5.3.3 科创信贷，招商引资，助力企业运行

大部分科创企业在发展中存在研发资金投入大、技术转化周期长等问题，且企业轻资产特性与传统银行抵押的信贷模式也不匹配，资金问题成为不少企业的痛处。苏州市政府为鼓励社会资金涌入初创期科技型企业，保障初创期科技型企业成长，印发《苏州市天使投资项目管理办法（试行）》《苏州

市天使投资引导项目补贴实施细则（试行）》等投融资方面相关政策，不断优化科创金融供给服务，推动高水平科技自立自强。

苏州倡导银行机构适当下放授信审批和产品创新权限，畅通融资渠道，打造良好金融环境。以建设银行苏州分行为例，该行围绕苏州四大主导产业和产业集群细分领域，统筹研究布局，持续加大金融资源供给；组建专业团队并扩大供应链金融服务，与近千家核心企业合作，为超 4000 家上下游供应商、经销商等提供全链条、全流程在线融资，累计投放金额超 800 亿元。在科创信贷持续发力下，一大批企业的资金压力得到缓解，企业得以稳定运营。

苏州在科技招商过程中强化“科招+资本”双轮驱动，联合社会资本，以投带招、以招促投，打造金融资本合力。以苏州高新区为例，该区成立科创天使基金，首批基金总规模就超过 20 亿元，在科技招商过程中选投一批创新能力强、科技含量高、产业化前景好的项目。同时，区内集聚的各类投资机构，也为科技招商提供了强有力支撑。苏州高新区不断强化金融支撑，成立百亿级医疗器械母基金、集成电路产业母基金、光子产业投资基金，推出“高新贷”“数字贷”“科技成果转化贷”等产品，成为资本青睐的“蓝海”，截至 2022 年 7 月，苏州高新区金融小镇集聚各类投资机构近 900 家，资金规模达 1800 亿元，帮助英诺科医疗、盛睿泽华医药、迈志微半导体、宇玫博生物等一批科技企业完成数千万元的天使轮融资。

苏州充分发挥科技金融对科技创新企业的推动作用，联合社会资本，打通融资渠道，助力企业发展壮大。

5.4 苏州创新取得好成绩的原因与启示

通过前文对苏州绿色创新发展指数各指标的分析和对创新实践案例的梳理，我们不难发现，苏州在“创新引领高质量发展”的赛道上奋勇争先，已然闯出一条具有苏州特色的发展道路，尤其在创新转化方面，苏州迸发出强大的创新动能，展现出十足的创新潜力。在科技自立自强的当今时代，总结苏州创新取得好成绩的原因与启示对长江经济带其他城市，乃至全国各城市具有重要的借鉴意义。

5.4.1 集群发展，创新生态助推产业转型

苏州通过产业创新集群，深度融合创新链、产业链、资金链和人才链，强化自主创新能力，提升产业发展质量，推动产业升级转型。苏州重点聚焦电子信息、装备制造、生物医药、先进材料四大主导产业，以集群形态组织创新活动，高水平构建具有苏州特色的产业创新集群，逐步形成多方参与的产业创新集群发展格局。这种集群化的产业发展模式，拉动关联企业和上下游企业协同发展，从而促进产业转型升级，迈向全球价值链中高端。“抱团”发展创新模式使得苏州高新技术企业迅速涌现和增长，作为技术创新“发动机”的高新技术企业，不仅能实现自身的快速发展，更重要的是能营造出“热带雨林式”的创新生态，提高城市创新活跃度。苏州实现以高新技术企业带动初创企业，从而由低端制造业向高端制造业转型的良性发展循环，有效打通原创创新、集成创新和开放创新。苏州举全市之力发展产业创新集群，打造出一座创新氛围好、创新浓度高、创新生态优的城市，在高质量发展进程中，加速产业向高端化迈进。

5.4.2 全局规划，打造分层孵化育成体系

苏州统筹全局，合理规划，着眼科创企业全生命周期发展，构建科技企业梯度培育模式，加速科技成果转化。科技企业孵化器以促进科技成果转化、培育科技企业为宗旨，提供科技创业服务，是国家创新体系的重要组成部分、创新创业人才的培养基地、大众创新创业的支撑平台。苏州高度重视科技企业孵化器的发展和建设，为引导并支持当地科技企业孵化器建设，苏州对于不同等级的孵化器给予不同额度的建设和运营经费补助。为提高科技企业孵化器的管理水平和孵化服务能力，在政策层面，苏州于2020年出台《苏州市科技创业孵化载体管理实施细则（试行）》，明确对苏州众创空间和孵化器的管理办法，完善“众创空间—孵化器—加速器”科技创业孵化链条，形成国家、省、市三级梯度培育模式。在孵化企业层面，委托第三方机构对市级（含）以上科技企业孵化器，围绕基本建设、专业能力、孵化成效等方面进行分类绩效评估，对评估合格的孵化企业，

每年给予最高 50 万元后补助。在全局规划下，苏州科技孵化链不断提升专业化发展水平，为在孵科创项目和企业提供全方位、多维度、一站式创业服务，助力科技成果转化落地。

5.4.3 政府担当，强化金融供给与融资便利

苏州政府充分发挥金融在创新中的粘合和催化作用，做科创企业和金融机构之间的润滑剂，体现出政府的使命和担当。在《苏州市科技创新促进条例》中，苏州市政府就科技创新领域的金融供给和融资服务提出多条倡议，如第四十一条指出，市、县级市（区）人民政府应当通过政府引导、社会参与、市场化运作等方式，建立覆盖天使投资、风险投资、产业基金、并购基金等的科技创新基金体系。市、县级市（区）人民政府可以设立天使投资引导基金，投资设立天使投资子基金，吸引社会资本对重点领域创新型初创期企业实施股权投资。第四十四条指出，苏州鼓励商业银行设立科技支行、科技金融专营机构，完善科技信贷管理机制，推出多种专属科技信贷产品，开展信用贷款、知识产权质押贷款、股权质押贷款、投贷联动等融资业务。鼓励小额贷款公司、融资担保公司、融资租赁公司、商业保理公司等地方金融组织依法开发特色金融产品和服务，为科技企业提供融资便利。苏州充分发挥政府性融资担保机构风险分担作用，在多区域设立风险损失补偿资金池，支持科创企业发展，分担商业银行信贷风险，为科创企业的信贷提供有力政策保障。苏州不断强化金融供给、畅通融资渠道，打造良好金融环境，为科技创新注入金融动能，助力高质量发展。

5.4.4 协同布局，优化创新资源设施配置

苏州积极布局高校、科研机构和科创企业，促进产学研协同发展，聚集创新资源优化配套设施，提供高质量技术供给。苏州发挥高校院所、科研机构和科技企业在功能与资源上的优势，耦合对接技术创新上中下游，构建龙头企业牵头，高校支撑，各创新主体协同的创新联合体，打通“产学研用”链条，加快打造现代化产业体系。苏州着力推进重大科创载体建设，建成国家第三代半导体技术创新中心、国家生物药技术创新中心，与 260 余所国内外高校院所开展形式多样的合作，建设各类产学研创新载体超

150家，实施产学研合作项目2万余项。同时，苏州聚集创新资源支持实验室等基础设施建设，为科技创新提供物质保障。苏州围绕电子信息、装备制造、生物医药、先进材料四大产业创新集群，聚焦16个细分领域，主动布局建设苏州市重点实验室，构建定位清晰、充满活力的实验室体系。同时推进纳米技术、电子信息、脑科学、先进材料等领域重大科技基础设施建设，参与长三角重大科技基础设施共建共享，提高利用效率和开放共享水平。苏州持续推进顶层设计和各方联动，强化科技创新策源功能，拉动创新成果转化“进度条”。

5.4.5 政策保障，安全环境激发创新动力

苏州制定全方位的政策保障科技创新企业发展，为企业提供优惠便利，营造安全的市场环境，激发出强大的创新动力。苏州不断加大对科技研发企业的培育和扶持力度，提供如高层次人才引育交流、周转池编制使用、科研项目经费资助、引才补贴、免税支持等若干扶持政策，从体制机制层面为科技创新筑根培基，固本培元。此外，《苏州市科技创新促进条例》作为苏州第一部科技创新综合性地方性法规，通过明确规章制度，让创新有法可依，保障各类创新主体权益。该条例规定了协同创新的科技成果转化收益分配比例，明确了司法行政部门为创新主体提供法律服务的义务，也提出了骗取科技项目经费、补贴或税收优惠待遇的处罚办法等。苏州全市营造出和谐安全的创新生态环境，不仅使得当地科技创新主体能够心无旁骛地开展研发活动，也吸引更多高水平人才和企业入驻苏州，苏州正用法治之力保障科技创新之船行稳致远。

6 创新与高质量发展文献综述

6.1 制度创新推动高质量发展

6.1.1 制度创新的含义与现状

“制度”泛指以规则或运作模式规范个体行动的一种社会结构，是决定社

会经济发展的重要因素。合理的制度安排有助于实现资源要素低成本、高效率配置，促进经济长期增长（North，1994；Acemoglu 等，2005）。许丹（2021）指出制度以其根本性和规范性等特质推动社会的存续与发展，Nelson（2002）认为制度不仅是关乎经济利益的激励或约束机制，还作为一种技术内生变量，在经济增长与产业演化过程中发挥作用。黄凯南（2010）认为制度也可视作制度参与者间互动形成的规则系统，并且规则演变与技术演进具有相似之处：旧规则会被新的、更有价值的规则取代，规则的调整与变迁过程实际上就是经济系统的演化过程。

符国涛（2019）认为制度创新的核心内容是社会政治、经济和管理等制度的革新，是支配人们行为和相互关系的规则的变更，是组织与其外部环境相互关系的变更，其直接结果是激发人们的创造性和积极性，促使新知识的不断创造和社会资源的合理配置及社会财富源源不断地涌现，最终推动社会的进步。许丹（2021）则说明制度创新不仅关系到相关服务水平的提高，而且影响高质量发展政策环境的优化。

良好的制度环境本身也是创新的产物，而其中很重要的就是创新型的政府，只有创新型的政府，才会形成创新型的制度、创新型的文化。符国涛（2019）指出目前科技创新需要解决体制、机制、政策、法规等诸多问题，很大程度上有赖于中央和地方政府以改革的精神拿出创新型的思路，同时政府从经济活动的主角转变为公共服务提供者，努力创造优质、高效、廉洁的政务环境，进一步完善自主创新的综合服务体系，充分发挥各方面的积极性，制定和完善促进自主创新的政策措施，切实执行好已出台的政策，激发各类企业特别是中小企业的创新活力。

自主创新是强国之道，而制度创新是自主创新的保证，是促进自主创新和经济发展的一个非常重要的动力。宇文利（2020）认为我国国家制度和国家治理体系的显著优势，是我们党领导人民创造经济快速发展和社会长期稳定“两大奇迹”的根本保障所在。曹昆和黄策舆（2017）指出习近平总书记系列重要讲话中，“制度”这一手棋牵动着治国理政全局，制度创新不仅成为一个系统工程，更成为一个基础工程。

我国正加速制度创新，培育经济发展新动能。近些年，我国坚定不移推进改革开放，致力于推进高标准市场体系建设，推动重要领域和关键环节改革取得新进展，打造高水平、制度型对外开放格局，持续优化营商环境，打造统一开放、竞争有序的市场体系，不断夯实中国经济长远发展根基。增强中国特色社会主义制度自信，着力推进国家治理现代化，努力提高运用中国特色社会主义制度有效治理国家的能力，对于坚持和发展中国特色社会主义具有重大意义（符国涛，2019；白宇和曲源，2023）。

6.1.2 制度创新与市场机制相得益彰

将制度顶层设计与市场能动性相结合，才能更好实现宏观经济目标。市场机制能够传递信息、提供激励和分配收入，这些功能使市场能够进行自动调节，有效率地配置资源。一方面，制度设计能够把握方向、谋划全局、协调各方、营造公平有序的市场秩序，制度的创新能为市场运作提供更好的环境与保障；另一方面，市场经济的发展情况与资源禀赋为制度创新提供背景基础，市场经济的自调节能力也促进着政策施行。李宏伟（2022）说明制度创新需要依托全国统一大市场，在尊重市场规律的基础上，用改革激发市场活力，用政策引导市场预期，用规划明确投资方向，用法治规范市场行为，坚守契约精神，营造公平竞争、公开透明的市场环境，用好“看不见的手”和“看得见的手”，形成市场作用和政府作用有机统一、相互补充、相互协调、相互促进的格局，推动经济社会发展行稳致远。

有效市场和有为政府共同推动全国统一大市场建设。社会主义市场经济体制确立之后，深化行政体制改革的主线，就是要把属于市场的还给市场，把属于社会的还给社会，把属于行政的留给行政，“简政放权、放管结合、优化服务”协同推进。党的十八届三中全会提出，经济体制改革是全面深化改革的重点，核心问题是处理好政府和市场的关系，使市场在资源配置中起决定性作用，更好发挥政府作用。《中共中央　国务院关于加快建设全国统一大市场的意见》提出，要坚持有效市场、有为政府的工作原则，坚持市场化、法治化，充分发挥市场在资源配置中的决定性作用，更好发挥政府作用，强化竞争政策基础地位，加快转变政府职能。建设全国统一大市场，必须发挥好有效市场和有为政府的作用，既要“有效市场”，又要“有为政府”。处理好市场与政府的关系，既要使市场在资源配置中起决定性作用，发挥市场机制、市场主体和资本的力量，又要更好发挥政府作用，强化宏观政策调节，支持和引导资本规范有序发展（王琳，2022；李宏伟，2022）。

王京生（2020）认为社会发展需要政府与市场协同并进，如在创新市场的发展中，国家层面强化对创新市场建设的顶层设计，同时建立若干创新市场试验试点，“摸着石头过河”。制度创新，需要建立具有市场竞争力的制度，推行激励更有效的制度创新，促进各种要素在我国创新市场上汇集、交易、培育、转化，提高市场的转化效能。

6.1.3 制度创新的意义

Wang（2016）指出，制度创新能够促进各类生产要素、商品以及服务的跨区域流动与集聚。良好的政策环境、法治环境和市场环境能够促进市场主体持续快速增长，规范市场秩序、激发市场活力，在宏观、微观层面对经济发展起着重要作用。

陈诗一和祁毓（2022）指出，在宏观区域层面，对于“双碳”目标的实现，有实证检验表明，通过制度创新与技术创新双向互动、深度融通和优势互补，能放大技术创新对“双碳”目标实现的支撑作用。

自贸区建设已逐渐发展成为中国新一轮制度创新的桥头堡，以制度创新和金融改革来力促贸易的便利化。不少针对自贸区发展的研究指出，推动制度创新，有利于推动传统产业转型升级及产业链延伸（李娟，唐鄰和姚星，2018；支宇鹏，黄立群和陈乔，2021）；提高产品市场发育水平与要素市场发育水平（张红霞，葛倩倩和卢超，2022）；优化进出口贸易结构和质量（蒋灵多，陆毅和张国峰，2021）；吸引外商直接投资（Chen 等，2020；Fu，2019）；提高区内市场主体的协同创新能力，形成协同创新网络（Jiang 等，2021；王明益等，2023），助力区域经济的高质量增长（王爱俭，方云龙和于博，2020）；推动营商环境的市场化、法治化和国际化，从而激发城市创业活力，并辐射带动邻近城市的创业发展（张柳钦，李建生和孙伟增，2023）。

在微观企业层面，建设高质量制度环境能带动人才、技术、资金汇聚，提高企业全要素生产率。我国步入经济新常态，市场的竞争压力加剧，企业是促进社会经济增长的重要载体，对企业尤其中小企业的关注度不断提升。财税和金融制度对企业发展意义重大，受传统财政税收制度的影响，中小企业发展空间狭窄，金融政策对中小企业支持力度也尚有提升空间。因此，开展财税和金融制度创新，积极优化市场资源配置，是推动企业可持续发展的重要手段。制度环境已成为各地区人才竞争焦点，制度创新有利于吸引人才，推动人力资本与民营企业互动（郁培丽，王臻佳和黄训江，2022）。制度创新影响技术创新，环境政策具有显著的技术创新正效应（鞠晴江，王川红和方一平，2008），能够显著提升地区企业，尤其非国有企业的全要素生产率（吕洪燕，孙喜峰和齐秀辉，2020）。

6.2 绿色金融创新推动高质量发展

全球环境问题日益加剧，自然环境的冲击既影响着人类经济金融交易行为，也威胁着经济金融系统的稳定与安全。随着人类对经济发展的可持续性认知的提升，企业在环境、社会以及公司治理等方面（ESG）的作为直接影响到它们各自发展的前景和价值的体现，其 ESG 表现也成为投资者关注的重要指标。近年来，探究生态环境因素与金融系统之间的相互作用以及 ESG 指标对投资价值的影响等问题，获得丰富的学术研究成果，并为各级政府提供可持续发展领域的政策建议。

6.2.1 环境问题对金融市场的影响

在环境问题对金融市场的影响上，李洁等（2021）指出空气污染可能会通过影响个人情绪或认知能力，进而影响个人的投资决策能力和金融市场的有效性。他们通过分析中国 247 个城市、773198 个基金账户完整交易信息的专有数据集发现，空气污染显著增强了投资者的处置效应。同时，他们通过两个外生冲击来证明空气污染和处置效应之间存在因果关系。Dorg R 等（2021）选取金融分析师这一群体作为研究对象，通过研究空气污染数据和分析师发布的分析报告发现，当金融分析师在对上市公司进行实地调研期间受到高污染天气影响时，他们的情绪会更加悲观，因此对该公司的每股盈利预测也会更加悲观一些。这一影响的程度会因多方面的因素而有不同。例如，空气污染的影响只会在短期内存在；若来自多家机构的分析师一同走访公司，则空气污染不会对他们的分析产生显著影响；另外，来自空气污染较为严重的城市的分析师受到空气污染的影响相对较弱。

针对金融与环保的课题，学者不仅展开学术研究，也通过成果的应用助力社会可持续发展。由上海高级金融学院邱慈观、王坦教授于2022年开始编制的上海绿色金融指数，创造性地基于一个评估框架、采用两套不同的度量方法和权重配置形成两只指数——由“上海绿色金融现况绩效指数”反映事实绩效，由“上海绿色金融社会认知指数”反映公众认知。区别于当时市面上已存在的绿色金融指数，邱慈观、王坦教授与课题组针对绿色金融体系建立起一个逻辑链条模式，并将该链条主干融入上海绿色金融指数评估框架，得到6个驱动因子、26个属性，以及88个对应现象。6个驱动因子中，3个涉及金融活动，分别是金融市场建设、金融工具，以及政策支持与配套保障；另外3个涉及实体活动，分别是产业发展与企业活动、生态空间与城市建设，以及宏观经济与基础设施。从指数测算结果来看，2021年上海绿色金融现况绩效指数整体得分为11.67%。相比于2018年的3.92%、2019年的5.61%，以及2020年的6.67%，可以看出上海绿色金融自2018年起连续四年成长，且成长率与时俱增，从而表明上海绿色金融成长前景可期。课题组的这些研究结果将为绿色金融的政策制定提供决策参考，也将为后续相关课题的研究发展指出一条可行道路。

这些发现极大地拓展了已有文献对于环境问题和金融市场相互关系的研究，对于维护金融市场的健康和稳定具有重要意义，也说明了环保问题的紧迫性和绿色金融的重要性。

6.2.2 环境问题对企业价值的影响

环境保护与每家企业的生存发展都息息相关。企业社会责任（CSR）强调要在生产过程中关注人的价值，强调对环境、消费者、社会的贡献。而CSR信息披露对公司发展的影响也是显著而深远的。Wu等（2022）聚焦企业环保投资课题，将研究重点放在政府监管在企业环保投资中扮演的角色，以及企业环保投资为社会和企业带来的收益。他们针对全国性的环境保护政策“环境保护重点城市”的建立展开研究，发现当城市被划定为环境保护重点城市后，企业会增加环保投资，尤其是对社会溢出效应明显的环保项目。媒体对城市环境问题的报道增多；当地官员完成预先设定的环保目标越多，就更有可能获得晋升；对于环境保护重点城市而言，如果当地企业环保投资更多，则该城市能够在更大程度上减少污染、改善就业，同时吸引更多高质量的新公司。另外，环保投资更多的企业，其缴税额相对较少，并且能够获得更多的补贴和银行贷款；在同一环境保护重点城市，对环保项目投资更多的企业相比其他企业有更大的价值增长，能够研发出更多的绿色专利，并且劳动生产率更高。这项研究证实了恰当的监管机制能够在促进企业增加环保投资的同时提高企业价值和社会福利。

6.2.3 环境问题对经济发展的影响

此外，绿色金融创新被认为是当前金融创新和推动可持续发展的重要手段，近年来，越来越多的研究关注绿色金融创新对中国经济发展的作用和挑战。文书洋等（2022）构建理论模型并基于省级面板数据进行实证分析，指出绿色金融通过支持绿色创新（包括高污染行业内部的技术升级）提升经济增长质量，并强调最优绿色金融政策需动态调整。刘自敏等（2023）则聚焦绿色金融改革创新试验区这一政策实践，利用城市数据发现该政策通过促进绿色技术创新和产业结构优化（高级化与合理化）显著提升了城市绿色全要素生产率。斯丽娟等（2022）同样以试验区政策为准自然实验，证实其有效促进了区域产业结构生态化发展，且信贷资源配置效率的提升是关键机制，对中西部等欠发达地区效果更显著。金环等（2022）从企业微观视角研究发现，短期内试验区政策通过信贷错配（流向非重污染企业）和策略性套利行为抑制了非重污染企业生产率，但倒逼重污染企业通过“创新补偿效应”提升了生产率。谢旭升等（2021）则揭示了绿色金融的空间效应，基于省级面板数据发现其不仅能直接促进本地经济高质量发展，还能通过提升环境规制强度和推动绿色技术创新产生显著的正向空间溢出效应，带动周边地区发展。

综上所述，这些文献共同揭示了绿色金融创新对中国经济高质量发展的多维度影响与复杂机制。总体而言，绿色金融主要通过支持绿色技术创新、优化产业结构和强化环境规制等核心路径发挥积极作用，对经济增长质量、生产率和生态转型具有显著促进作用，并存在空间外溢效应。然而，政策实施效果存在异质性和潜在挑战。这要求政策制定需精细化、动态化，尤其应注重支持污染行业内部绿色技术升级、优化信贷资源配置效率、防范政策套利，并加强区域协同，以最大化绿色金融对可持续发展的贡献。

6.3 科技创新推动高质量发展

6.3.1 科技创新与高质量发展之间的关系

1912 年，熊彼特在《经济发展理论》中提出创新理论，强调生产技术的革新在经济发展过程中发挥着至高无上的作用。20 世纪 80 年代，罗默开创新经济增长理论，强调经济增长需要科学技术创新作为发展动力。近年来，许多国内学者就创新与高质量发展的关系开展研究。冯云廷和计利群（2020）指出，持续的技术创新是城市实现经济稳定增长的关键，调整优化经济结构是提升创新能力的有效途径。袁峰等（2022）的研究发现，科技创新与高质量发展呈现出逐渐融合成整体的趋势，两者是一个动态交互的过程，它们之间展现出较强的耦合协同发展效应。此外，基于不同的行业和视角，高质量发展的创新路径也有所不同，杨丹等（2020）的研究指出绿色创新主要通过推动产业结构高级化而实现产业高质量发展，王焰和张向前（2020）提出为推动先进制造业的高质量发展，要从促进创新能力培养、创新人才引进和培育机制、加强协同创新、完善配套设施和优化产业集群等方面着力。

6.3.2 高新企业发展研究

企业创新对社会高质量发展有着积极的作用，但研发活动所存在的周期长、投入大和不确定性强等风险，使不少企业在发展自主创新的道路上停下脚步。为鼓励企业加大创新投入，更好发挥创新的正外部性，我国自 2008 年开始着力实施高新技术企业认定工作。不少研究指出，认定为高新技术企业可以增强企业创新的信心并激发其创新的活力，徐晔和蔡奇翰（2019）的研究指出高新技术企业认定可以通过减少税收的中介作用激励企业技术创新。张雪花等（2023）的研究发现高新技术企业认定与企业创新水平提高存在显著的因果关系，高新技术企业认定对创新水平的影响仅次于研发人员和融资能力。截至2021年，全国高新技术企业数量由十多年前的4.9万家，增加至33万家，高新技术企业研发投入占全国企业研发投入的70%。但是，高新技术企业飞速发展的同时，也暴露出一些问题。潘扬等（2023）指出我国高新技术企业存在领域分布不均衡、国际化水平较低和专利有效运用率不高等问题。胡根华等（2023）的研究发现我国高新技术产业高质量发展水平呈现出明显的区域性差异，表现为由东部地区向中西部地区逐渐降低。徐海燕和丁洁莹（2022）指出经济水平对市场主体和创新资源的吸引力、发展观念、市场机制都是造成发展差异的重要原因。高新技术企业作为创新能力强、技术水平高、研发实力雄厚的群体，其高质量发展对全国的创新生态建设和经济高质量发展有着重要意义，有学者为高新技术企业的未来发展提出了可能的方向。张凡等（2023）研究并归纳出高新技术企业四条高质量发展路径，分别是外部环境支撑下的文化与战略驱动型、资源基础与企业文化双元驱动型、战略规划与绿色发展双元驱动型以及战略规划与动态能力双元驱动型。王曙光等（2018）分析得出中国高新技术产业未来的发展方向是吸引高新技术人才、培养自主创新能力、加大科技研发投入力度。

6.3.3 产学研协同创新研究

彼得·葛洛最早明确了“协同创新”的定义，即由自我激励的人员所组成的网络小组形成集体愿景，借助网络交流思路、信息及工作状况，合作实现共同的目标。产学研协同创新在这一定义的基础上，突破组织内部，打破企业、高校、科研院所等创新主体间的壁垒，使它们发挥自身独特优势，共担风险，长期共同进行科技创新与研发活动。糜志雄和张斌（2019）将国内的产学研模式分为三类：企业和科研机构、高等院校联合建立研究开发中心和博士后流动站等实体；以科技园和专业孵化器为载体；科研机构和高等院校合资建立企业。此外，国内学者就产学研协同创新的影响因素开展了丰富的研究。韩珂（2021）研究发现知识融合能力、信任、政府政策和利益分配对产学研协同创新生态系统的影响较大。裴耀琳和郭金花（2022）研究发现产学研协同创新水平主要受地区发展水平、创新要素投入及市场发育程度的影响。石琳娜和陈劲（2023）基于“知识论”的维度，发现合理的知识协同成本投入与知识协同收益分配、完善的知识资源共享机制、有效的知识协同激励与惩罚机制及健全的法律措施是产学研协同创新系统稳定发展的关键。我国的产学研协同创新起步较晚，目前存在着主体间有壁垒、资源配置不合理、导动不到位、平台不完善、知识增值受限制、成果转化不顺畅、绩效考核不健全等问题。康子冉（2021）指出，着眼于技术转化和培养的环节以及产品推广和创新环节的协同突破机制能够有效应对科研、教育和生产协同创新面临的壁垒，推动关键核心技术研发。戴年红（2023）提出，可基于创新生态视角，从主体联盟与信任、资源汇聚与共享、行为导向与驱动、平台运行与服务、知识流动与增值、成果转化与分享、绩效反馈与评估等方面进一步优化产学研协同创新机制。

6.3.4　创新经济学相关理论

自熊彼特创造性地提出资本主义经济增长的源泉是技术创新，而非传统的原始生产要素后，国内外学者就创新与市场、经济的关系展开了大量研究，逐步形成了创新经济学相关理论。国外学者对技术创新动力机制的研究起步较早，按照技术创新要素数量和作用机制将技术创新的动力模式分为一元动力模式、二元动力模式、多元动力模式等。一元动力模式主要包括熊彼特提出的“创新诱导需求”理论和施莫克勒提出的“需求引导创新”理论。“创新诱导需求”理论认为创新占主导地位，创新企业的市场行为导致消费者改变需求偏好；而“需求引导创新”理论则认为创新行为本质上是追求利润的经济行为，受到市场需求的引导。二元动力模式的重要组成是弗里曼和莫厄里等学者共同提出的技术—市场双重驱动论，该理论认为技术创新和市场需求的关系是相互驱动、共同作用的。多元动力模式则包括政府启动论、社会—技术—经济系统的自组织动力论等，其强调创新的动力来自多因素的共同作用。此外，在创新经济学理论中，技术创新一直被认为是产业演化的主要驱动力，国内许多学者研究了技术创新与产业演化的关系。钟章奇和何凌云（2020）研究指出，微观企业技术创新行为会驱动宏观区域产业结构演化发展，宏观区域产业结构演化发展也会约束微观企业技术创新行为。孟斌斌等（2022）指出，高新技术进入经济运行系统，能够有效打通产业链各个环节，连接供给端和需求端，一个国家在全球产业网络中的演进路径取决于高新技术的扩散。

7 中央相关政策①

7.1 习近平总书记关于推动长江经济带发展的重要讲话

2018年4月26日，习近平总书记在武汉主持召开深入推动长江经济带发展座谈会时强调，推动长江经济带高质量发展，建设现代化经济体系，要坚持质量第一、效益优先的要求，推动质量变革、效率变革、动力变革，加快建设实体经济、科技创新、现代金融、人力资源协同发展的产业体系，构建市场机制有效、微观主体有活力、宏观调控有度的经济体制。这其中，实现动力变革、加快动力转换是重要一环。正确把握破除旧动能和培育新动能的辩证关系，既要紧盯经济发展新阶段、科技发展新前沿，毫不动摇把培育发展新动能作为打造竞争新优势的重要抓手，又要坚定不移把破除旧动能作为增添发展新动能、厚植整体实力的重要内容，积极打造新的经济增长极。要着力实施创新驱动发展战略，把长江经济带得天独厚的科研优势、人才优势转化为发展优势。要下大气力抓好落后产能淘汰关停，采取提高环保标准、加大执法力度等多种手段倒逼产业转型升级和高质量发展。要在综合立体交通走廊、新型城镇化、对内对外开放等方面寻找新的突破口，协同增强长江经济带发展动力。长江经济带是“一带一路”在国内的主要交汇地带，应该统筹沿海、沿江、沿边和内陆开放，实现同“一带一路”建设有机融合，培育国际经济合作竞争新优势。

---

① 相关法律、政策均为节选，有删减。

2020 年 11 月 14 日，习近平总书记在南京主持召开全面推动长江经济带发展座谈会时强调，要加快产业基础高级化、产业链现代化。要勇于创新，坚持把经济发展的着力点放在实体经济上，围绕产业基础高级化、产业链现代化，发挥协同联动的整体优势，全面塑造创新驱动发展新优势。要建立促进产学研有效衔接、跨区域通力合作的体制机制，加紧布局一批重大创新平台，加快突破一批关键核心技术，强化关键环节、关键领域、关键产品的保障能力。要推动科技创新中心和综合性国家实验室建设，提升原始创新能力和水平。要强化企业创新主体地位，打造有国际竞争力的先进制造业集群，打造自主可控、安全高效并为全国服务的产业链供应链。要激发各类主体活力，破除制约要素自由流动的制度藩篱，推动科技成果转化。要高度重视粮食安全问题。

2023 年 10 月 12 日，习近平总书记在南昌主持召开进一步推动长江经济带高质量发展座谈会时强调，要坚持创新引领发展，把长江经济带的科研优势、人才优势转化为发展优势，积极开辟发展新领域新赛道，塑造发展新动能新优势。要加强科教资源的优化组合和科技创新协同配合，围绕产业基础高级化和产业链现代化，积极布局新领域新赛道的引领性技术攻关，吸引集聚高层次科技创新人才，提升科技前沿领域原始创新能力，加快突破一批关键核心技术。大力推动产业链供应链现代化，接续实施增强制造业核心竞争力行动，培育壮大先进制造业，加快发展战略性新兴产业和未来产业，促进数字经济和实体经济深度融合。加强产业链协同合作，推动优势产业延链、新兴产业建链。

7.2 《长江中游城市群发展“十四五”实施方案》（节选）

长江中游城市群地跨湖北、湖南、江西三省，承东启西、连南接北，是推动长江经济带发展、促进中部地区崛起、巩固“两横三纵”城镇化战略格局的重点区域，在我国经济社会发展格局中具有重要地位。为加快长江中游城市群协同发展，依据《中华人民共和国国民经济和社会发展第十四个五年规划和 2035 年远景目标纲要》与《中共中央 国务院关于新时代推动中部地区高质量发展的意见》，编制本实施方案。

…… ……

五、增强科技创新能力，共同促进产业转型升级。

以推进产业基础高级化和产业链现代化为导向，增强协同创新能力，促进优势产业集群发展，提高产业发展水平和核心竞争力。

（十三）联手打造先进制造业集群。充分发挥湘江新区、赣江新区及武汉东湖等国家级高新技术产业开发区、经济技术开发区、新型工业化产业示范基地引领作用，促进城市间产业协作，优化产业链区域布局，加快建设若干先进制造业集群。巩固提升电子信息、工程机械、轨道交通、汽车等优势产业集群。……努力形成世界级产业集群。加快打造航空航天、生物医药、新材料等新兴产业集群。前瞻布局量子信息、类脑智能等一批先导产业，抢占未来发展先机。

（十四）统筹承接产业转移。落实产业发展与转移指导目录，明确差异化承接产业转移的重点方向和领域，积极承接长三角和粤港澳大湾区等地区资金、技术、劳动密集型产业，补齐建强产业链。创新产业转移合作模式，支持发展“一区多园”“飞地经济”，完善信息对接、权益分享等制度和政策体系，适当增加承接制造业转移项目新增建设用地计划指标。深入推进湖北荆州、湘南湘西等国家级承接产业转移示范区建设。支持大型企业总部或区域总部入驻。严禁淘汰退出的落后化工产能落地。

（十五）构建科技创新共同体。推进武汉东湖、长株潭、鄱阳湖国家自主创新示范区建设，培育和建设战略科技力量，提升区域创新能力。整合区域创新资源，鼓励科技基础设施和大型科研仪器设备开放共享，推动光谷科技创新大走廊、湘江西岸科技创新走廊、赣江两岸科创大走廊合作对接。聚焦光通信、集成电路、装备制造、生物育种等关键领域，组建一批协同创新合作平台，联合实施关键核心技术攻关。加强创新政策协同，建设区域技术交易市场合作平台，完善知识产权快速协同保护机制，支持有条件地区创建国家科技成果转移转化示范区。实施更有吸引力的人才政策，建立人才共认共用机制。纵深推动大众创业万众创新，激发社会创造力。

（十六）推动制造业服务业融合发展。大力发展工业设计和工程设计咨询，建设一批国家级工业设计中心，培育一批具有国际水平的工程勘察设计施工及咨询企业，支持武汉打造“设计之都”。提升金融服务实体经济能力，支持湖北、湖南开展科技金融创新，推进赣江新区绿色金融改革创新试验，鼓励设立金融后台服务基地。打造一批检验检测、广告会展、商务咨询等服务品牌。鼓励开展先进制造业和现代服务业融合发展试点。

（十七）提高农业产业化水平。加强耕地保护与质量建设，强化耕地用途管制，实行永久基本农田特殊保护，推进高标准农田建设。发展优质稻米生产，巩固提升全国重要商品粮生产基地地位。围绕油料、茶叶、水产品、畜禽、林果等优势农产品，支持发展农产品精深加工，培育壮大一批优势产业和龙头企业。完善全链条农产品质量安全监管体系，试行食用农产品达标合格证制度，共同打造湘赣红、潜江龙虾、洞庭香米等区域公用品牌。大力发展定制农业、农耕体验、民宿经济等新业态和农村电子商务，推动农村一二三产业融合发展。建设一批农业现代化示范区和现代农业产业园区，推进全国有机食品生产基地和江西全国绿色有机农产品示范基地试点省建设。

7.3 《关于全面推动长江经济带发展财税支持政策的方案》（节选）

为贯彻落实全面推动长江经济带发展座谈会精神，支持推动长江经济带高质量发展，按照党中央、国务院决策部署，现就相关财税支持政策制定如下方案。

一、总体要求

以习近平新时代中国特色社会主义思想为指导，全面贯彻党的十九大和十九届二中、三中、四中、五中全会精神，坚持稳中求进工作总基调，立足新发展阶段，贯彻新发展理念，构建新发展格局，以推动高质量发展为主题，以深化供给侧结构性改革为主线，以改革创新为根本动力，以满足人民日益增长的美好生活需要为根本目的，加大各级财政资金支持力度，完善市场化多元化投入机制，健全横向和纵向财政体制，调动政府和市场、中央和地方的积极性，支持长江经济带成为我国生态优先绿色发展主战场、畅通国内国际双循环主动脉、引领经济高质量发展主力军。

…… ……

五、支持加快破除旧动能和培育新动能，塑造创新驱动发展新优势

13. 支持加快新旧动能转换。加大对沿江省市的倾斜支持力度，积极稳妥化解钢铁、煤炭等领域落后产能，聚焦重点产业链条，支持开展产业链协同创新、公共服务平台建设和首台（套）重大技术装备保险补偿试点，促进产业基础能力提升，完善产业技术公共服务体系，推动重大技术装备推广应用。积极推动新能源与清洁能源应用。积极落实长江经济带发展负面清单指南和长江经济带产业转移指南，支持沿江省市发展现代服务业，引导制造业企业延伸服务链条，推动商业模式创新和业态创新。鼓励制造业领域相关政府投资基金积极参与投资长江经济带重大产业项目。

14. 支持科技创新平台和人才队伍建设。支持相关国家科研院所（基地）和技术机构自主开展创新研究，改善科研基础条件。支持沿江省市科技创新中心、综合性国家科学中心以及国家自主创新示范区、全面创新改革试验区发挥引领示范作用，推动长江经济带创新驱动产业转型升级。对沿江省市吸引聚集人才积极予以资金倾斜支持，支持沿江省市依法落实个人所得税优惠、津贴补贴、科研经费等政策，吸引高层次人才创新创业。

7.4 《长江三角洲区域一体化发展规划纲要》（节选）

第四章　加强协同创新产业体系建设

深入实施创新驱动发展战略，走“科创+产业”道路，促进创新链与产业链深度融合，以科创中心建设为引领，打造产业升级版和实体经济发展高地，不断提升在全球价值链中的位势，为高质量一体化发展注入强劲动能。

第一节　构建区域创新共同体

联合提升原始创新能力。加强科技创新前瞻布局和资源共享，集中突破一批卡脖子核心关键技术，联手营造有利于提升自主创新能力的创新生态，打造全国原始创新策源地。加强上海张江、安徽合肥综合性国家科学中心建设，健全开放共享合作机制。推动硬 X 射线自由电子激光装置、未来网络试验设施、超重力离心模拟与实验装置、高效低碳燃气轮机试验装置、聚变堆主机关键系统综合研究设施等重大科技基础设施集群化发展。优先布局国家

重大战略项目、国家科技重大专项，共同实施国际大科学计划和国际大科学工程。加快科技资源共享服务平台优化升级，推动重大科研基础设施、大型科研仪器、科技文献、科学数据等科技资源合理流动与开放共享。

协同推进科技成果转移转化。充分发挥市场和政府作用，打通原始创新向现实生产力转化通道，推动科技成果跨区域转化。加强原始创新成果转化，重点开展新一代信息技术、高端装备制造、生命健康、绿色技术、新能源、智能交通等领域科技创新联合攻关，构建开放、协同、高效的共性技术研发平台，实施科技成果应用示范和科技惠民工程。发挥长三角技术交易市场联盟作用，推动技术交易市场互联互通，共建全球创新成果集散中心。依托现有国家科技成果转移转化示范区，建立健全协同联动机制，共建科技成果转移转化高地。打造长三角技术转移服务平台，实现成果转化项目资金共同投入、技术共同转化、利益共同分享。

共建产业创新大平台。瞄准世界科技前沿和产业制高点，共建多层次产业创新大平台。充分发挥创新资源集聚优势，协同推动原始创新、技术创新和产业创新，合力打造长三角科技创新共同体，形成具有全国影响力的科技创新和制造业研发高地。发挥长三角双创示范基地联盟作用，加强跨区域"双创"合作，联合共建国家级科技成果孵化基地和双创示范基地。加强清华长三角研究院等创新平台建设，共同办好浦江创新论坛、长三角国际创新挑战赛，打造高水平创新品牌。

强化协同创新政策支撑。加大政策支持力度，形成推动协同创新的强大合力。研究制定覆盖长三角全域的全面创新改革试验方案。建立一体化人才保障服务标准，实行人才评价标准互认制度，允许地方高校按照国家有关规定自主开展人才引进和职称评定。加强长三角知识产权联合保护。支持地方探索建立区域创新收益共享机制，鼓励设立产业投资、创业投资、股权投资、科技创新、科技成果转化引导基金。在上海证券交易所设立科创板并试点注册制，鼓励长三角地区高成长创新企业到科创板上市融资。

第二节　加强产业分工协作

共同推动制造业高质量发展。制定实施长三角制造业协同发展规划，全面提升制造业发展水平，按照集群化发展方向，打造全国先进制造业集聚区。围绕电子信息、生物医药、航空航天、高端装备、新材料、节能环保、汽车、绿色化工、纺织服装、智能家电十大领域，强化区域优势产业协作，推动传统产业升级改造，建设一批国家级战略性新兴产业基地，形成若干世界级制造业集群。聚焦集成电路、新型显示、物联网、大数据、人工智能、新能源汽车、生命健康、大飞机、智能制造、前沿新材料十大重点领域，加快发展新能源、智能汽车、新一代移动通信产业，延伸机器人、集成电路产业链，培育一批具有国际竞争力的龙头企业。面向量子信息、类脑芯片、第三代半导体、下一代人工智能、靶向药物、免疫细胞治疗、干细胞治疗、基因检测八大领域，加快培育布局一批未来产业。

合力发展高端服务经济。加快服务业服务内容、业态和商业模式创新，共同培育高端服务品牌，增强服务经济发展新动能。围绕现代金融、现代物流、科技服务、软件和信息服务、电子商务、文化创意、体育服务、人力资源服务、智慧健康养老九大服务业，联合打造一批高水平服务业集聚区和创新平台。在研发设计、供应链服务、检验检测、全球维修、总集成总承包、市场营销、制造数字化服务、工业互联网、绿色节能等领域，大力推动服务业跨界发展。在旅游、养老等领域探索跨区域合作新模式，提高文化教育、医疗保健、养老安老等资源的供给质量和供给效率。积极开展区域品牌提升行动，协同推进服务标准化建设，打造一批展示长三角服务形象的高端服务品牌。

引导产业合理布局。坚持市场机制主导和产业政策引导相结合，完善区域产业政策，强化中心区产业集聚能力，推动产业结构升级，优化重点产业布局和统筹发展。中心区重点布局总部经济、研发设计、高端制造、销售等产业链环节，大力发展创新经济、服务经济、绿色经济，加快推动一般制造业转移，打造具有全球竞争力的产业创新高地。支持苏北、浙西南、皖北和皖西大别山革命老区重点发展现代农业、文化旅游、大健康、医药、农产品加工等特色产业及配套产业。充分发挥皖北、苏北粮食主产区综合优势，实施现代农业提升工程，建设长三角绿色农产品生产加工供应基地。建设皖北承接产业转移集聚区，积极承接产业转移。推动中心区重化工业和工程机械、轻工食品、纺织服装等传统产业向具备承接能力的中心区以外城市和部分沿海地区升级转移，建立与产业转移承接地间利益分享机制，加大对产业转移重大项目的土地、融资等政策支持力度。

第三节 推动产业与创新深度融合

加强创新链与产业链跨区域协同。依托创新链提升产业链，围绕产业链优化创新链，促进产业链与创新链精准对接，打造产业链为基础、创新链为引领的产业升级版。聚焦关键共性技术、前沿引领技术、应用型技术，建立政学产研多方参与机制，开展跨学科跨领域协作攻关，形成基础研究、技术开发、成果转化和产业创新全流程创新产业链。支持龙头企业跨区域整合科研院所研究力量，鼓励科研人员深度参与产业创新活动。成立区域产业联盟。综合运用政府采购、首台（套）政策、技术标准等政策工具，加快科研成果从样品到产品、从产品到商品的转化。

共同培育新技术新业态新模式。推动互联网新技术与产业融合，发展平台经济、共享经济、体验经济，加快形成经济发展新动能。加强大数据、云计算、区块链、物联网、人工智能、卫星导航等新技术研发应用，支持龙头企业联合科研机构建立长三角人工智能等新型研发平台，鼓励有条件的城市开展新一代人工智能应用示范和创新发展，打造全国重要的创新型经济发展高地。率先开展智能汽车测试，实现自动驾驶汽车产业化应用。提升流通创新能力，打造商产融合产业集群和平台经济龙头企业。建设一批跨境电商综合试验区，构建覆盖率和便捷度全球领先的新零售网络。推动数字化、信息化与制造业、服务业融合，发挥电商平台、大数据核心技术和长三角制造网络等优势，打通行业间数据壁垒，率先建立区域性工业互联网平台和区域产业升级服务平台。

7.5 《国务院关于强化实施创新驱动发展战略进一步推进大众创业万众创新深入发展的意见》

各省、自治区、直辖市人民政府，国务院各部委、各直属机构：

创新是社会进步的灵魂，创业是推进经济社会发展、改善民生的重要途径，创新和创业相连一体、共生共存。近年来，大众创业、万众创新蓬勃兴起，催生了数量众多的市场新生力量，促进了观念更新、制度创新和生产经营管理方式的深刻变革，有效提高了创新效率、缩短了创新路径，已成为稳定和扩大就业的重要支撑、推动新旧动能转换和结构转型升级的重要力量，正在成为中国经济行稳致远的活力之源。为进一步系统性优化创新创业生态环境，强化政策供给，突破发展瓶颈，充分释放全社会创新创业潜能，在更大范围、更高层次、更深程度上推进大众创业、万众创新，现提出如下意见。

一、大众创业、万众创新深入发展是实施创新驱动发展战略的重要载体

深入推进供给侧结构性改革，全面实施创新驱动发展战略，加快新旧动能接续转换，着力振兴实体经济，必须坚持“融合、协同、共享”，推进大众创业、万众创新深入发展。要进一步优化创新创业的生态环境，着力推动“放管服”改革，构建包容创新的审慎监管机制，有效促进政府职能转变；进一步拓展创新创业的覆盖广度，着力推动创新创业群体更加多元，发挥大企业、科研院所和高等院校的领军作用，有效促进各类市场主体融通发展；进一步提升创新创业的科技内涵，着力激发专业技术人才、高技能人才等的创造潜能，强化基础研究和应用技术研究的有机衔接，加速科技成果向现实生产力转化，有效促进创新型创业蓬勃发展；进一步增强创新创业的发展实效，着力推进创新创业与实体经济发展深度融合，结合“互联网+”“中国制造2025”和军民融合发展等重大举措，有效促进新技术、新业态、新模式加快发展和产业结构优化升级。

——创新为本、高端引领。以科技创新为基础支撑，实现创新带动创业、创业促进创新的良性循环。坚持质量效率并重，引导创新创业多元化、特色化、专业化发展，推动产业迈向中高端。坚持创新创业与实体经济相结合，实现一二三产业相互渗透，推动军民融合深入发展，创造新供给、释放新需求，增强产业活力和核心竞争力。

——改革先行、精准施策。以深化改革为核心动力，主动适应、把握、引领经济发展新常态，面向新趋势、新特征、新需求，主动作为，针对重点领域、典型区域、关键群体的特点精准发力，出实招、下实功、见实效。着

力破除制约创新创业发展的体制机制障碍，促进生产、管理、分配和创新模式的深刻变革，继续深入推进“放管服”改革，积极探索包容审慎监管，为新动能的成长打开更大空间。

——人才优先、主体联动。以人才支撑为第一要素，改革人才引进、激励、发展和评价机制，激发人才创造潜能，鼓励科技人员、中高等院校毕业生、留学回国人才、农民工、退役士兵等有梦想、有意愿、有能力的群体更多投身创新创业。加强科研机构、高校、企业、创客等主体协同，促进大中小微企业优势互补，推动城镇与农村创新创业同步发展，形成创新创业多元主体合力汇聚、活力迸发的良性格局。

——市场主导、资源聚合。充分发挥市场配置资源的决定性作用，整合政府、企业、社会等多方资源，建设众创、众包、众扶、众筹支撑平台，健全创新创业服务体系，推动政策、技术、资本等各类要素向创新创业集聚，充分发挥社会资本作用，以市场化机制促进多元化供给与多样化需求更好对接，实现优化配置。

——价值创造、共享发展。以价值创造为本质内涵，大力弘扬创新文化，厚植创业沃土，营造敢为人先、宽容失败的良好氛围，推动创新创业成为生活方式和人生追求。践行共享发展理念，实现人人参与、人人尽力、人人享有，使创新创业成果更多更公平地惠及全体人民，促进社会公平正义。

二、加快科技成果转化

重点突破科技成果转移转化的制度障碍，保护知识产权，活跃技术交易，提升创业服务能力，优化激励机制，共享创新资源，加速科技成果向现实生产力转化。

（一）建立完善知识产权运用和快速协同保护体系，扩大知识产权快速授权、确权、维权覆盖面，加快推进快速保护由单一产业领域向多领域扩展。搭建集专利快速审查、快速确权、快速维权等于一体，审查确权、行政执法、维权援助、仲裁调解、司法衔接相联动的知识产权保护中心。探索建立海外知识产权维权援助机制。发挥国家知识产权运营公共服务平台枢纽作用，加快建设国家知识产权运营服务体系。

（二）推动科技成果、专利等无形资产价值市场化，促进知识产权、基金、证券、保险等新型服务模式创新发展，依法发挥资产评估的功能作用，简化资产评估备案程序，实现协议定价和挂牌、拍卖定价。促进科技成果、专利在企业的推广应用。

（三）探索在战略性新兴产业相关领域率先建立利用财政资金形成的科技成果限时转化制度。财政资金支持形成的科技成果，除涉及国防、国家安全、国家利益、重大社会公共利益外，在合理期限内未能转化的，可由国家依法强制许可实施转化。

（四）引导众创空间向专业化、精细化方向升级，支持龙头骨干企业、高校、科研院所围绕优势细分领域建设平台型众创空间。探索将创投孵化器等新型孵化器纳入科技企业孵化器管理服务体系，并享受相应扶持政策。

（五）推动科研院所落实国家科技成果转化法律法规和政策，强化激励导向，提高科研院所成果转化效率。坚持试点先行，进一步扩大科研院所自主权，激发科研院所和科技人员创新创业积极性。

（六）促进仪器设备开放共享，探索仪器设备所有权和经营权分离机制，对于财政资金购置的仪器设备，探索引入专业服务机构进行社会化服务等多种方式。

（七）实施科研院所创新创业共享行动，鼓励科研院所发挥自身优势，进一步提高科技成果转化能力和创新创业能力，进一步开放现有科研设施和资源，推动科技成果在全社会范围实现共享和转化。

三、拓展企业融资渠道

不断完善金融财税政策，创新金融产品，扩大信贷支持，发展创业投资，优化投入方式，推动破解创新创业企业融资难题。

（八）在有效防控风险的前提下，合理赋予大型银行县支行信贷业务权限。支持地方性法人银行在符合条件的情况下在基层区域增设小微支行、社区支行，提供普惠金融服务。支持商业银行改造小微企业信贷流程和信用评价模型，提高审批效率。

（九）完善债权、股权等融资服务机制，为科技型中小企业提供覆盖全生命周期的投融资服务。稳妥推进投贷联动试点工作。推广专利权质押等知识产权融资模式，鼓励保险公司为科技型中小企业知识产权融资提供保证保险服务，对符合条件的由地方各级人民政府提供风险补偿或保费补贴。持续优化科技型中小企业直接融资机制，稳步扩大创新创业公司债券试点规模。支持政府性融资担保机构为科技型中小企业发债提供担保。鼓励地方各级人民政府建立政银担、政银保等不同类型的风险补偿机制。

（十）改革财政资金、国有资本参与创业投资的投入、管理与退出标准和规则，建立完善与其特点相适应的绩效评价体系。依法依规豁免国有创业投资机构和国有创业投资引导基金国有股转持义务。

（十一）适时推广创业投资企业和天使投资个人有关税收试点政策，引导社会资本参与创业投资。推动创业投资企业、创业投资管理企业及其从业人员在第三方征信机构完善信用记录，实现创业投资领域信用记录全覆盖。

（十二）推动国家新兴产业创业投资引导基金、国家中小企业发展基金、国家科技成果转化引导基金设立一批创业投资子基金。引导和规范地方各级人民政府设立创业投资引导基金，建立完善对引导基金的运行监管机制、财政资金的绩效考核机制和基金管理机构的信用信息评价机制。

（十三）健全完善创新券、创业券的管理制度和运行机制，在全面创新改革试验区域探索建立创新券、创业券跨区域互通互认机制。

四、促进实体经济转型升级

深入实施“互联网+”、“中国制造2025”、军民融合发展、新一代人工智能等重大举措，着力加强创新创业平台建设，培育新兴业态，发展分享经济，以新技术、新业态、新模式改造传统产业，增强核心竞争力，实现新兴产业与传统产业协同发展。

（十四）加强基础研究，提升原始创新能力。改革和创新科研管理、投入和经费使用方式。高校和科研院所要鼓励科研人员与创业者开展合作和互动交流，建立集群思、汇众智、解难题的众创空间。面向企业和社会创新的难点，凝练和解决科学问题，举办各种形式的创新挑战赛，通过众包共议方式，提高创新效率和水平。

（十五）在战略性领域布局建设若干产业创新中心，整合利用现有创新资源形成充满活力的创新网络。依托企业、联合高校和科研院所，建设符合发展需求的制造业创新中心，开展关键共性重大技术研究和产业化应用示范。推动建立一批军民结合、产学研一体的科技协同创新平台。

（十六）实施企业创新创业协同行动。支持大型企业开放供应链资源和市场渠道，推动开展内部创新创业，带动产业链上下游发展，促进大中小微企业融通发展。

（十七）鼓励大型企业全面推进“双创”工作，建设“双创”服务平台与网络，开展各类“双创”活动，推广各类大型企业“双创”典型经验，促进跨界融合和成果转化。

（十八）促进分享经济发展，合理引导预期，创新监管模式，推动构建适应分享经济发展的包容审慎监管机制和社会多方协同治理机制，完善新就业形态、消费者权益、社会保障、信用体系建设、风险控制等方面的政策法规，研究完善适应分享经济特点的税收征管措施，研究建立平台企业履职尽责与依法获得责任豁免的联动机制。

（十九）发布促进数字经济发展战略纲要，强化系统性设计，打破制约数字生产力发展的制度障碍，推进市场化的生产资料分享，提升市场配置资源效率，加速数字化转型，引领和适应数字经济发展。发起“一带一路”数字经济国际合作倡议，促进“一带一路”沿线国家数字经济交流与合作。

（二十）进一步完善新产业新业态新模式统计分类，充分利用大数据等现代信息技术手段，研究制定“双创”发展统计指标体系，科学、准确、及时反映经济结构优化升级的新进展。

（二十一）加快研究制定工业互联网安全技术标准，建设工业互联网网络安全监测平台和中小企业网络安全公共服务平台，强化工业互联网安全保障支撑能力。

（二十二）积极落实支持大众创业、万众创新的用地政策，加大新供用地保障力度，鼓励盘活利用现有用地，引导新产业集聚发展，完善新产业用地监管制度。

（二十三）研究制定促进首台（套）重大技术装备示范应用的意见，建立健全首台（套）重大技术装备研发、检测评定、示范应用体系，完善财政、金融、保险等支持政策，明确相关招标采购要求，建立示范应用激励和保障机制，营造良好的政策和市场环境。

（二十四）充分利用产业投资基金支持先进制造业发展。实施新一轮技术改造升级重大工程，支持关键领域和瓶颈环节技术改造。

五、完善人才流动激励机制

充分激发人才创新创业活力，改革分配机制，引进国际高层次人才，促进人才合理流动，健全保障体系，加快形成规模宏大、结构合理、素质优良的创新创业人才队伍。

（二十五）制定人才签证实施细则，明确外国人申请和取得人才签证的标准条件和办理程序；全面实施外国人来华工作许可制度，简化外国高层次人才办理工作许可证和居留证件的程序。开展外国高层次人才服务“一卡通”试点，建立安居保障、子女入学和医疗保健服务通道。进一步完善外国人才由工作居留向永久居留转换机制，实现工作许可、签证和居留有机衔接。

（二十六）允许外国留学生凭高校毕业证书、创业计划申请加注“创业”的私人事务类居留许可。外国人依法申请注册成为企业的，可凭创办企业注册证明等材料向有关部门申请工作许可和工作类居留许可。

（二十七）实施留学人员回国创新创业启动支持计划，吸引更多高素质留学人才回国创新创业。继续推进两岸青年创新创业基地建设，推动内地与港澳地区开展创新创业交流合作。深入开展“万侨创新行动”，支持建设华侨华人创新创业基地，探索建立华侨华人创新创业综合服务体系，为华侨华人高层次专业人才和企业家出入境、停居留以及申办外国人永久居留身份证件提供便利。推动来内地创业的港澳同胞、回国（来华）创业的华侨华人享受当地城镇居民同等待遇的社会公共服务。继续推进海外人才离岸创新创业基地建设。

（二十八）完善高校和科研院所绩效考核办法，在核定的绩效工资总量内高校和科研院所可自主分配。事业单位引进高层次人员和招聘急需紧缺人才，可简化招录程序，没有岗位空缺的可申请设置特设岗位，并按相关规定办理人事关系，确定岗位薪资。

（二十九）实施社团创新创业融合行动，搭建创新创业资源对接平台，推介一批创新创业典型人物和案例，推动创新精神、企业家精神和工匠精神融合，进一步引导和推动各类科技人员投身创新创业大潮。

（三十）加快将现有支持“双创”相关财政政策措施向返乡下乡人员创新创业拓展，将符合条件的返乡下乡人员创新创业项目纳入强农惠农富农政策范围。探索实施农村承包土地经营权以及农业设施、农机具抵押贷款试点。允许返乡下乡人员依法使用集体建设用地开展创新创业。返乡农民工可在创业地参加各项社会保险。鼓励有条件的地方将返乡农民工纳入住房公积金缴存范围，按规定将其子女纳入城镇（城乡）居民基本医疗保险参保范围。地方人民政府要建立协调推动机制，有条件的县级人民政府应设立“绿色通道”，为返乡下乡人员创新创业提供便利服务。

（三十一）各地区可根据实际需要制定灵活的引才引智政策，采取不改变人才的户籍、人事关系等方式，以用为本，发挥实效，解决关键领域高素质人才稀缺等问题。

六、创新政府管理方式

持续深化“放管服”改革，加大普惠性政策支持力度，改善营商环境，放宽市场准入，推进试点示范，加强文化建设，推动形成政府、企业、社会良性互动的创新创业生态。

（三十二）出台公平竞争审查实施细则，进一步健全审查机制，明确审查程序，强化审查责任，推动全面实施公平竞争审查制度，为创新创业营造统一开放、竞争有序的市场环境。

（三十三）推进“多证合一”登记制度改革，将涉企登记、备案等有关事项和各类证照进一步整合到营业执照上。对内外资企业，在支持政策上一视同仁，推动实施一个窗口登记注册和限时办结。推动取消企业名称预先核准，推广自主申报。全面实施企业简易注销登记改革，实现市场主体退出便利化。建设全国统一的电子营业执照管理系统，推进无介质电子营业执照建设和应用。

（三十四）加大事中事后监管力度，实现“双随机、一公开”监管全覆盖，开展跨部门“双随机”联合检查，提高监管效能。健全跨部门、跨地区执法协作机制，推进市场监管领域综合执法改革。

（三十五）在有条件的基层政府设立专业化的行政审批机构，实行审批职责、审批事项、审批环节“三个全集中”。

（三十六）适时适当放宽教育等行业互联网准入条件，降低创新创业门槛，加强新兴业态领域事中事后监管。

（三十七）推进跨省经营企业部分涉税事项全国通办。推进银行卡受理终端、网上银行、手机银行等多元化缴税方式。加强国税、地税联合办税。建立健全市、县两级银税合作工作机制，加大基层银税合作力度，逐步扩大税务、银行信用信息共享内容。探索通过建立电子平台或在银税双方系统中互设接口等方式，实现银税信息“线上”互动。

（三十八）积极有序推进试点示范，加快建设全国双创示范基地，推进小微企业创业创新基地城市示范，整合创建一批农村创新创业示范基地。推广全面创新改革试验经验。研究新设一批国家自主创新示范区、高新区，深化国家自主创新示范区政策试点。

（三十九）办好全国“双创”活动周，营造创新创业良好氛围。组织实施好“创响中国”系列活动，开展创业投资企业、院士专家、新闻媒体地方行。高质量办好创新创业赛事，推动创新创业理念更加深入人心。

各地区、各部门要认真落实本意见的各项要求，进一步细化政策措施，切实履职尽责，密切配合，勇于探索，主动作为，及时总结经验，加强监督检查，确保各项政策落到实处，推进大众创业、万众创新深入发展，为全面实施创新驱动发展战略、培育壮大新动能、改造提升传统动能和促进我国经济保持中高速增长、迈向中高端水平提供强劲支撑。

8 长江经济带沿线各省市相关政策

附表 15　　长江经济带沿线各省市政策一览

省、市		成文时间	文件名称	政策内容	关注重点
上游	重庆市	2023.01	《重庆市建设绿色金融改革创新试验区实施细则》	绿色金融发展体系更加健全。经过5年左右的努力，在试验区基本建立组织多元、产品丰富、政策有力、市场运行安全高效的绿色金融体系。金融资源绿色化、低碳化配置畅通高效，绿色信贷、绿色债券规模加快增长，绿色金融标准体系完善，其他绿色金融产品、工具及服务模式创新不断涌现，绿色产业融资环境逐步改善	绿色金融与绿色产业更加融合
		2021.11（修订）	《重庆市科技创新促进条例》	实施创新驱动发展战略，建设具有全国影响力的科技创新中心，打造重大科技成果诞生地和创新策源地，推动高质量发展	科学研究、技术创新等活动及其促进工作
		2021.11	《重庆市人民政府办公厅关于全面提升我市高校科技创新能力的意见》	坚持“两点”定位、“两地”“两高”目标，发挥“三个作用”和推动成渝地区双城经济圈建设等重要指示要求，以推动高校科技创新“转学风、提质量”为主线，以深化高校科技创新体制机制改革为抓手，持续优化高校科技创新生态，充分激发创新主体活力，聚集优势科技创新资源，加强重大科技基础设施建设，加快科技成果转移转化，促进基础学科、交叉学科、前沿学科发展，全面提升高校原始创新能力	构建支撑创新的学科体系；加强创新基地建设；构建高效科研项目实施体系；引育优秀创新人才
		2021.05	《支持科技创新若干财政金融政策》	加快推进成渝地区双城经济圈建设，聚焦“四个面向”，紧扣战略性新兴产业和关键核心技术等重点领域，加快建立以财政投入为引导、企业投入为主体、金融市场为支撑的多元科技投入体系，推动“十四五”期间科技创新项目、基地、人才、资金一体化配置，促进全市高质量发展	产业技术创新；大数据智能化

续 表

省、市		成文时间	文件名称	政策内容	关注重点
上游	重庆市	2019. 05	《重庆市人民政府办公厅关于进一步做好促进企业创新有关工作的通知》	到 2022 年，规模以上企业研发投入占主营业务收入比重达到 1. 6%以上，大中型工业企业普遍设立研发机构；创新型领军企业达到 50 家以上；高新技术企业与高成长性科技企业达到 4000 家以上；科技型企业超过 25000 家；全市工业战略性新兴产业增加值占规模以上工业增加值比重达到 27%，创新型经济结构基本形成，区域创新能力大幅提升，基本形成开放协同的创新生态	促进企业创新
	四川省	2022. 05	《推进自由贸易试验区贸易投资便利化改革创新若干措施》	更大力度推动中国（四川）自由贸易试验区高起点改革、高水平开放、高质量发展，持续打造国际化营商环境	提升贸易、投资、国际物流等便利度
		2020. 08	《四川省深入推进全面创新改革试验实施方案》	力争通过 3 年左右的新一轮全面创新改革试验，建成具有全国影响力的科技创新中心的制度框架，基本建立适应创新驱动发展要求的创新型经济体系，基本形成各类市场主体融通创新的发展格局，建成一批支撑能力强、带动作用大的重大创新发展平台，培养一批富有创新精神、敢于承担使命的创新型人才，培育一批具有国际影响力、拥有自主知识产权的创新型企业和产业集群，全省高新技术企业数量超过 7500 户，高技术制造业增加值占工业增加值比重超过 25%，全社会研究与开发投入占地区生产总值比重超过 2%，科技进步贡献率达到 60%	推广全面创新改革经验成果，充分激发全社会创新活力
		2019. 12	《中共四川省委关于深入贯彻党的十九届四中全会精神推进城乡基层治理制度创新和能力建设的决定》	深入推进现代乡村治理制度改革，创新和完善城市基层治理制度，全面加强城乡基层治理能力建设，加强城乡基层治理制度创新和能力建设组织领导	基层治理制度创新和能力建设

续 表

省、市		成文时间	文件名称	政策内容	关注重点
上游	四川省	2019.06	《四川省人民政府关于支持中国（四川）自由贸易试验区深化改革创新的实施意见》	持续优化投资环境，提升贸易便利化水平，进一步加强金融开放创新，推进人力资源领域先行先试，持续深化差异化改革探索	深化改革，推动要素向试验区聚集
		2019.03	《关于加强知识产权审判领域改革创新若干问题的实施意见》	推动建立符合知识产权案件特点的诉讼证据规则，建立体现知识产权价值的侵权损害赔偿制度，积极探索符合知识产权诉讼规律的裁判方式改革，切实提升知识产权审判质效，优化知识产权保护体系，加强知识产权审判队伍建设，加强组织领导	知识产权保护
		2019.01	《四川省人民政府办公厅关于促进全省开发区改革和创新发展的实施意见》	鼓励各地引进社会资本主导、参与开发区或“区中园”的设计、投资、建设、运营和维护；鼓励开发区加快培育一批上市企业、独角兽企业和瞪羚企业；支持开发区搭建或联合搭建公共物流信息平台，提高物流效率	推行“市场化运作、企业化经营”机制
		2018.08	《四川省人民政府办公厅关于加强企业创新主体培育的指导意见》	强化企业创新主体地位，提升企业自主创新能力，增强企业核心竞争力，加快产业结构调整和转型升级，推动全省经济发展方式转变，构建具有四川特色的现代产业体系	研发投入、企业自主创新
		2018.07	《四川省人民政府办公厅关于加快县域创新驱动发展的实施意见》	加快县域产业转型升级，培育壮大创新型企业，加强县域创新创业平台建设，强化科技惠民利民，实施科技扶贫专项行动，推进大众创业万众创新	县域产业转型升级
		2018.03	《四川省加快推进供应链创新与应用实施方案》	大力推进农村一二三产业融合发展，促进制造业协同化、服务化、智能化，持续推动服务业精细化、专业化、高效化，科学推动供应链金融发展，积极倡导绿色供应链，参与构建全球供应链	创新驱动，协同发展

续 表

省、市		成文时间	文件名称	政策内容	关注重点
上游	贵州省	2022.12	《贵州省进一步支持大学生创新创业实施方案》	突出服务十大工业产业加快发展，壮大 12 个农业特色优势产业，推进服务业创新发展十大工程，坚持创新引领创业、创业带动就业，不断深化创新创业教育改革，支持在校大学生提升创新创业能力，支持高校毕业生创业就业，提升人力资源素质，促进大学生全面发展，推动实现大学生更加充分更高质量就业，为奋力谱写多彩贵州现代化建设新篇章培养造就更多创新创业生力军	深化创新创业教育改革
		2021.11	《贵州省“十四五”科技创新规划》	以支撑经济社会高质量发展为主线，以改革激发创新潜力、以开放汇集创新资源，提高创新体系整体效能，提升科技创新供给质量和水平，加快发展动力的根本转换，充分发挥科技创新的关键和中坚作用，加快建设特色科技强省，走出一条有别于东部、不同于西部其他省份的差异化创新路子	加快发展动力的根本转换、科技创新
		2021.01	《贵州省国民经济和社会发展第十四个五年规划和二〇三五年远景目标纲要》	坚持创新驱动发展，高质量建设国家大数据综合试验区	科技创新、产业数字化
		2020.06	《贵州省服务业创新发展十大工程行动方案》	以供给侧结构性改革为主线，以构建创新体系和激发市场活力为基本立足点，以深化市场化改革和扩大高水平开放为根本动力，以新一代信息技术革命和产业革命为强大引擎，以服务企业生产和服务百姓生活为根本目的，大力推进技术创新、模式创新、业态创新、产品创新、机制创新，加快传统服务行业改造升级、新兴服务行业跨界融合，全力推动生产性服务业向专业化价值链高端延伸、生活性服务业向高品质多样化升级	服务业创新

续 表

省、市		成文时间	文件名称	政策内容	关注重点
上游	贵州省	2019. 02	《省人民政府关于推动创新创业高质量发展打造“双创”升级版的实施意见》	推动发展环境升级，培育高质量创新创业生态；推动发展动力升级，促进新旧动能接续转换；推进带动能力升级，拓展就业发展新空间；推动支撑能力升级，激发科技创新强大势能；推动平台服务升级，优化创新创业载体布局；推动投融资体系升级，高效汇聚创新创业要素；完善协同创新机制，加快构筑“双创”发展高地；激发农村“双创”活力，开辟助力乡村振兴新路径	推动创新创业高质量发展
	云南省	2023. 04	《云南省省级科技创新券管理办法》	优化科技创新资源配置方式，降低企业创新成本，激发创新活力	科技创新券
		2023. 02	《云南省科技创新容错纠错实施办法（试行）》	鼓励科研人员积极探索、勇于创新，营造鼓励创新、宽容失败、合理容错、敢于担当的良好氛围	鼓励创新
		2022. 11	《中共云南省委关于深入学习贯彻党的二十大精神奋力开创新时代云南社会主义现代化建设新局面的决定》	科学谋划新时代云南社会主义现代化建设的总体思路和奋斗目标；聚焦补短板，着力提升发展水平；聚焦强弱项，着力增强发展动力；聚焦扬优势，着力挖掘发展潜能	创新、现代化建设
		2022. 04	《云南省技术创新中心建设运行管理办法（试行）》	以关键技术研发为核心使命，产出新技术、新工艺、新方法、新产品，为企业特别是中小企业群体提供技术支撑与科技服务；孵化衍生科技型企业，促进形成更加完善的产业创新生态，引领带动重点产业和区域实现创新发展	建立技术创新中心

续　表

省、市		成文时间	文件名称	政策内容	关注重点
上游	云南省	2022.04	《云南省推进自由贸易试验区贸易投资便利化改革创新实施方案》	以可复制可推广为基本要求，全面对接区域全面经济伙伴关系协定（RCEP）等高标准国际经贸规则，赋予自贸试验区贸易投资便利化更大改革自主权，推动贸易投资便利化改革集成创新，不断提升自贸试验区贸易投资便利化水平，助力高标准、高质量、高效率、高水平建设自贸试验区，引领示范全省新时代全面深化改革和扩大开放	提升自由贸易试验区贸易投资便利化水平
		2022.03	《云南省国际联合创新平台管理办法（试行）》	结合云南省经济社会发展实际，与国外联合开展高水平基础研究和应用研究的科研平台	加强国际联合创新平台建设
		2022.01	《云南省加快提升创新创业活力若干政策措施》	深入实施创新驱动发展战略，提升创新创业活力，推动创新与创业高效联动，增强经济竞争力创新力，形成大众创业、万众创新浓厚氛围，为云南省经济社会高质量发展提供强大动力	提升创新创业活力
		2021.12	《创新驱动高质量发展29条措施》	加强创新平台载体建设，打造领先科技力量；强化企业主体地位，提升企业创新能力；加大创新人才引进和培养力度，激发人才创新活力；强化区域创新，促进科技成果转移转化	深化科技体制改革
中游	江西省	2023.09	《江西省复制推广自由贸易试验区第七批改革试点经验工作实施方案》	科创企业票据融资新模式。根据政府管理部门发布的科创类企业名单，建立银行系统支持名录，运用票据再贴现等货币政策工具引导银行给予企业融资支持。引导金融机构在风险可控的条件下加快办理贴现，或通过引入市场化融资担保机构等资源提供担保支持办理贴现。 知识产权质押融资模式创新。探索建立知识产权质押融资风险分担机制和质物处置机制。指导设区市建立政府引导的知识产权质押融资风险分担和补偿机制，运用担保、风险补偿等方式降低信贷风险。广泛开展银企对接活动拓宽融资渠道。综合运用信贷、保险、证券等多种金融工具，解决创新型中小微企业融资难题	自由贸易试验区改革

续 表

省、市		成文时间	文件名称	政策内容	关注重点
中游	江西省	2023.07	《中国（萍乡）跨境电子商务综合试验区实施方案》	聚焦“跨境电子商务+产业集群”特色、“跨境电子商务+区域合作”特色、“跨境电子商务+文化旅游”特色，力争通过3~5年的改革试验，实施“336”建设任务，即建设3个平台、3条路径、6大体系，把萍乡打造成为湘赣区域合作内陆开放型跨境电子商务标杆城市。力争到2025年，集聚跨境电子商务企业100家以上，引进和培育一批跨境电子商务龙头企业，特色跨境电子商务产业园区实现县（区）全覆盖，跨境电子商务产业链和生态圈初具规模，累计实现跨境电子商务进出口交易额30亿元	跨境电子商务综合试验区建设
		2023.07	《江西省数字政府建设总体方案》	促进数字技术在政府管理和服务的各个领域广泛应用，加快推进与企业、群众办事密切相关的应用场景创新，推动政府决策科学化、社会治理精准化、公共服务高效化	数字化转型
		2023.07	《江西省制造业重点产业链现代化建设“1269”行动计划》	到2026年，力争电子信息、有色金属、装备制造、新能源、石化化工、建材、钢铁、航空、食品、纺织服装、医药、现代家具等制造业重点产业链现代化水平全面提升，着力打造电子信息、铜基新材料、锂电和光伏新能源、钨和稀土金属新材料、航空、炼化一体化和化工新材料等综合实力和竞争力强的先进制造业集群，实现全省规模以上工业营业收入年均增长9%左右，统筹制造业质的有效提升和量的合理增长取得明显成效	产业链现代化
		2023.06	《江西省制造业数字化转型实施方案》	加快数字化、网络化、智能化技术在各领域的应用，推动制造业发展质量变革、效率变革、动力变革。到2025年，新型基础设施支撑更加有效，工业互联网平台普及率力争达到45%。数字化服务资源有效满足企业需求，规模以上工业企业普查问诊实现全覆盖。推动1万家以	制造业数字化转型

续 表

省、市		成文时间	文件名称	政策内容	关注重点
中游	江西省			上企业运用新一代信息技术实施数字化转型，带动 30 万家企业上云用云降本提质增效。两化融合（信息化和工业化融合）发展指数超过全国平均水平，基本形成覆盖产业链上下游及跨行业融合的数字化转型生态，为加快建设新兴工业强省赋能增效	
		2023. 05	《关于加强数字赋能优化营商环境的若干措施》	便利市场准入，推进工程建设项目审批全流程电子化，推广“互联网+公共资源交易”，优化智慧市政公用服务，实施“互联网+不动产登记”，提高人力资源信息化水平	加强数字赋能优化营商环境
	湖北省	2023. 10	《湖北省汽车产业转型发展实施方案（2023—2025 年）》	实施扩量提质行动，提升新能源汽车整车规模和竞争力；实施补链强链行动，完善新能源汽车零部件供应链体系；实施创新发展行动，增强关键核心技术的自主可控能力；实施资源资产增效行动，培育和壮大新的增长点；实施基础设施提升行动，提高综合服务保障能力	汽车产业转型升级
		2023. 10	《湖北省冶金产业转型升级实施方案（2023—2025 年）》	实施“链主引领”工程，打造低碳冶金千亿“航母”；实施“补短增优”工程，提升冶金产业链现代化水平；实施“资源重组”工程，提高钢铁产业集中度；实施“协同创新”工程，推动向价值链高端跃升；实施“碳排放双控”工程，推动绿色低碳发展	冶金产业转型升级
		2023. 10	《湖北省化工产业转型升级实施方案（2023—2025 年）》	实施龙头再造行动，重塑石化产业发展优势；实施集群突破行动，打造世界级磷化工产业集群；实施区域协同行动，建设国家级现代煤化工产业基地；实施资源提效行动，巩固提升盐化工产业整体竞争力；实施产业融合行动，为电子信息等优势产业提供支持；实施园区提升行动，高标准建设和管理化工园区；实施绿色转型行动，推动化工产业绿色低碳发展	化工产业转型升级

续 表

省、市		成文时间	文件名称	政策内容	关注重点
中游	湖北省	2023. 09	《加快“世界光谷”建设行动计划》	强化战略科技力量，打造世界级原始创新策源地；聚焦光电子信息核心，打造世界级新兴产业引领地；优化要素资源配置，打造世界级活力生态涵育地；实施十大关键举措，推动“世界光谷”建设全面起势；加强统筹保障，汇聚“世界光谷”建设强大合力	推进光电子信息产业发展
		2023. 08	《湖北省教育数字化战略行动计划（2023—2025年）》	加快教育新型基础设施建设，推进基础教育数字化转型，推进高等教育和职业教育数字化转型，推进教师队伍数字化转型，提升教育治理数字化水平	教育数字化
		2023. 05	《湖北省数字经济促进办法》	数字基础设施建设，数字产业化，产业数字化，数据资源开发利用保护，数字技术创新，保障和监督	数字经济
		2023. 05	《湖北省数字经济高质量发展若干政策措施》	加快新型基础设施建设，大力提升数字经济核心产业能级，推进数字经济与实体经济深度融合，大力开展关键技术创新及应用	数字经济
		2023. 04	《关于促进专精特新中小企业高质量发展若干措施》	建立梯度培育体系，支持提升创新能力，提升知识产权创造保护运用水平，加强质量品牌建设，促进融通发展，推动数字化转型	促进专精特新中小企业发展
		2023. 04	《省人民政府办公厅关于新时代进一步加强科学技术普及工作的实施意见》	落实全社会科普责任，统筹推进科普工作；优化科普顶层设计，推动科普工作系统布局；加强科普能力建设，打造新时代科普工作样板；推动科普创新发展，夯实高质量发展科学根基；强化科普工作价值引领，营造热爱科学、崇尚创新的社会氛围	科学技术普及
		2023. 02	《关于进一步加强科技激励的若干措施》	重点激励两类创新主体，精准激励三类科研人员，强化四项激励措施	科技激励

续 表

省、市		成文时间	文件名称	政策内容	关注重点
中游	湖南省	2023. 07	《湖南省推进以创新为支撑的高校师生创业就业三年行动方案（2023—2025 年）》	实施创业就业动能提升工程，实施创业就业主体培育工程，实施创业就业创新驱动工程，实施创业就业平台重塑工程，实施创业就业生态优化工程	高校师生创业就业
		2022. 07	《湖南省人民政府 国家知识产权局共建“三高四新”知识产权强省实施方案》	聚焦主动融入国家区域发展战略，以强基创优为重点，共同开创新时代知识产权强省建设新局面；聚焦打造国家重要先进制造业高地，以助力产业集群培育发展为重点，共同树立知识产权引领产业高质量发展新典范；聚焦打造具有核心竞争力的科技创新高地，以激发全域创新活力为重点，共同培育知识产权驱动创新发展新优势；聚焦打造内陆地区改革开放高地，以助力畅通国内国际双循环为重点，共同建设知识产权开放协作新平台	知识产权保护
		2022. 07	《深入推进中国（湖南）自由贸易试验区改革创新的若干措施》	促进贸易投资创新发展，加快开放通道建设，激发改革创新要素活力，切实推动改革创新落地落实	自由贸易试验区改革创新发展
		2022. 04	《湖南省人民政府办公厅关于加快发展外贸新业态新模式的实施意见》	推进跨境电商创新发展，积极开展市场采购贸易，稳步探索对非本币结算贸易，加快自贸试验区贸易业态创新，推进海外仓服务体系建设，提升平台通道外贸支撑能力	发展外贸新业态新模式
		2021. 12	《关于做好 2022 年湖南省“专精特新”中小企业领军人才培训工作的通知》	举办湖南省“专精特新”中小企业领军人才专题培训班，强化效果转化，开展配套服务	“专精特新”中小企业领军人才培训

续 表

省、市		成文时间	文件名称	政策内容	关注重点
中游	湖南省	2021.11	《关于推进商贸流通高质量创新发展的业务指导意见》	城市商业体系建设，乡镇商业体系建设，创新金融手段降低融资成本，加强行业统计监测和标准化建设	商贸流通高质量创新发展
下游	上海市	2023.10	《上海市推动人工智能大模型创新发展若干措施（2023—2025年）》	着力支持大模型创新能力，提升创新要素供给能级，推进大模型创新应用，营造一流创新环境	人工智能
		2023.09	《上海市人力资源服务业创新发展行动方案（2023—2025年）》	壮大市场规模，提升产业专业化水准；深化创新赋能，促进产业数字化转型；持续扩大开放，提升产业国际化水平；提升产业效应，推动产业品牌化建设	人力资源服务业创新
		2023.07	《上海市科技成果转化创新改革试点实施方案》	聚焦科技成果产权制度改革，聚焦科技成果全链条管理，聚焦市场政府双向支撑的合规保障。赋予科研人员职务科技成果所有权，赋予科研人员职务科技成果长期使用权，建立职务科技成果单列管理制度，建立专业高效的科技成果运营机制	科技成果转化
		2023.06	《上海市高质量孵化器培育实施方案》	通过实施“硬科技”孵化提升、孵化人才培育、金融赋能助力等五大行动，培育一批产业领域聚焦、专业能力凸显、孵化成效显著的高质量孵化器，孵化更多面向全球的本土硬科技企业	人才培育，企业孵化
		2023.01	《上海市加强集成创新持续优化营商环境行动方案》	深化重点领域对标改革，提升营商环境竞争力；优化企业全生命周期服务和监管，提升市场主体满意度；支持重点区域创新引领，提升营商环境影响力	营商环境

续 表

省、市		成文时间	文件名称	政策内容	关注重点
下游	江苏省	2023.11	《省政府关于加快培育发展未来产业的指导意见》	优先发展 10 个成长型未来产业，突出产业创新策源，强化场景应用牵引；加大关键要素支撑；深化产业开放合作，创新未来产业治理	发展未来产业
		2023.06	《南京市建设科创金融改革试验区实施方案》	完善科创金融服务体系，创新科创金融产品服务，用足用好多层次资本市场，加强科创金融改革协同，推动科技赋能金融，优化科创金融生态	科创金融改革试验区建设
		2023.05	《省政府关于全面推进农村金融创新发展的意见》	推动商业性金融组织重心下沉、服务农村，构建政策性金融组织支农服务体系，突出重点领域创新完善农村金融服务体系，改善农村金融基础设施，营造农村金融良好生态环境	农村金融
		2023.05	《省政府办公厅关于加强和优化科创金融供给服务科技自立自强的意见》	完善科创金融组织体系，丰富科创金融产品服务，优化科创金融生态环境，强化科创金融政策支持，扎实做好金融风险防控，健全科创金融保障机制	科创金融供给
		2023.02	《关于推动战略性新兴产业融合集群发展的实施方案》	打造 5 个具有国际竞争力的战略性新兴产业集群，建设 10 个国内领先的战略性新兴产业集群，培育 10 个引领突破的未来产业集群	新兴产业融合集群
		2023.01	《江苏省专精特新企业培育三年行动计划（2023—2025 年）》	实施优质企业梯度培育工程、创新能级提升工程、协作配套强链工程、质量品牌创优工程、高价值专利培育工程	“专精特新”企业培育

续 表

省、市		成文时间	文件名称	政策内容	关注重点
下游	浙江省	2023.09	《浙江省消费品工业“浙里智造供全球”行动方案（2023—2025年）》	实施数字化转型筑基行动，实施全链路伙伴赋能行动，实施高质量供给领跑行动，实施创新生态提质行动，实施全球资源链接行动	消费品工业数字化转型
		2023.09	《浙江省人民政府办公厅关于优化调整就业创业政策措施全力促发展惠民生的通知》	稳定和扩大就业岗位，鼓励创业带动就业，拓宽高校毕业生等青年就业渠道	创业带动就业
		2023.09	《浙江省推动新能源制造业高质量发展实施意见（2023—2025年）》	推进产业链现代化，推进企业培大育强，推进创新体系建设和能力提升，推进市场应用提档	能源制造业高质量发展
		2023.08	《浙江省数字技术工程师培育项目实施方案》	紧贴数字经济发展对数字技术人才的需求，培育一批有良好科学素养、精于实操应用、能够解决复杂问题的高水平数字技术工程师。到2030年年末，围绕人工智能、物联网、大数据、云计算、数字化管理、智能制造、工业互联网、虚拟现实、区块链、集成电路等数字技术工程应用领域，培育数字技术工程师1万人以上	数字技术工程师培育
		2023.07	《浙江省财政厅　浙江省农业农村厅关于健全完善财政金融协同支农长效机制的实施意见》	完善政策性农业信贷担保服务体系，推动政策性农业保险高质量发展，优化提升农业农村投融资环境，深化财政金融协同支农数字化改革	支农机制
		2023.03	《浙江省支持重大科创平台建设实施细则》	推进“315”科技创新体系建设工程，提高科技创新体系效能，加快构建“全过程全链条全周期”重大科创平台建设支持机制，全力打造高能级重大科创平台	科创平台建设

续 表

省、市		成文时间	文件名称	政策内容	关注重点
下游	安徽省	2023.10	《打造通用人工智能产业创新和应用高地若干政策》	强化智能算力供给，保障高质量数据供给，建立技术支撑体系，加快全时全域场景应用，加速汇聚市场主体，加大招才引智力度，构建良好产业生态，强化宣传培训	人工智能产业
		2023.09	《安徽省加快供应链创新应用行动计划（2023—2025年）》	深入推进供应链双招双引，聚焦重点提升供应链资源配置能力，打造重要供应链枢纽，承办全国性供应链展会，积极推动数字赋能，培育壮大供应链经营主体，强化供应链人才技术支撑，完善供应链配套体系	供应链创新
		2023.09	《安徽省加快供应链创新应用若干政策举措》	支持重点领域加快发展，支持重点供应链枢纽建设，支持供应链平台化数字化，支持供应链企业做大做强，支持供应链配套体系建设，支持供应链双招双引	供应链创新
		2023.04	《安徽省产业创新研究院建设行动实施方案（试行）》	加强产业创新共性服务，承担重大科研攻关任务，促进科技成果转移转化，加速高端人才引育集聚，深化科技对外开放合作	创新研究院建设
		2022.12	《发挥科技服务业作用积极推进创业安徽建设若干政策》	优化研发设计服务，搭建公共技术服务桥梁，发挥优质工业互联网作用，加强创业孵化器建设，强化科技战略咨询，优化科技金融服务，支持高层次创业团队，提升科技服务业企业创业能力，强化科技服务业人力资源支撑，加强创业安徽服务保障	科技服务业
		2022.11	《安徽省人民政府办公厅关于加快发展高水平新型研发机构的实施意见》	加大投入力度，加强人才激励培养，强化创新资源统筹支持，创新财政经费管理方式，营造良好环境	发展研发机构

参考文献

［1］白宇，曲源．坚定不移深化改革开放——论学习贯彻党的二十届二中全会精神［N/OL］．人民日报,(2023-03-06)［2023-09-23］．http：//opinion. people. com. cn/n1/2023/0306/c1003-32637376. html.

［2］曹昆，黄策舆．制度创新继往开来——从十八大到十九大③［N/OL］．人民日报，(2017-10-17)［2023-09-23］．http：//opinion. people. com. cn/n1/2017/1017/c1003-29590575. html.

［3］陈诗一，祁毓．实现碳达峰、碳中和目标的技术路线、制度创新与体制保障［J］. 广东社会科学，2022（2）：15-23，286.

［4］戴年红．创新生态视角下我国产学研协同创新机制优化研究［J］. 产业创新研究，2023（10）：187-189.

［5］冯云廷，计利群．技术创新与城市经济增长波动——基于我国15个副省级城市面板数据的实证研究［J］. 工业技术经济，2020，39（1）：41-49.

［6］符国涛．实事求是　勇于创新［EB/OL］．(2019-12-11)［2023-09-23］．https：//www. sohu. com/a/359737939_622985.

［7］韩珂．产学研协同创新生态系统影响因素研究［J］. 郑州轻工业大学学报（社会科学版），2021，22（5）：82-89.

［8］胡根华，刘梦娇，张雪健．中国高新技术产业高质量发展水平测度与时空演进特征分析［J］. 统计与决策，2023，39（17）：106-110.

［9］黄凯南．主观博弈论与制度内生演化［J］. 经济研究，2010，45（4）：134-146.

［10］蒋灵多，陆毅，张国峰．自由贸易试验区建设与中国出口行为

[J]. 中国工业经济，2021（8）：75-93.

[11] 金环，于立宏，徐扬. 绿色金融创新政策与企业生产率差异——来自中国上市公司的证据 [J]. 经济评论，2022（5）：83-99.

[12] 鞠晴江，王川红，方一平. 基于环境责任的企业绿色技术创新战略研究 [J]. 科技管理研究，2008，28（12）：9-12.

[13] 康子冉. 新时期关键核心技术环节产学研协同创新的障碍与突破机制 [J]. 科学管理研究，2021，39（6）：2-7.

[14] 李宏伟. 以有效市场和有为政府推动全国统一大市场建设 [N/OL]. 经济参考报，(2022-09-20) [2023-09-23]. http：//www.jjckb.cn/2022-09/20/c_1310664094.htm.

[15] 李娟，唐粼，姚星. 四川自贸试验区制度创新差异化路径研究 [J]. 国际贸易，2018（10）：58-62.

[16] 李雨欣. 高质量发展进程中吉林省营商环境优化问题研究 [D]. 长春：中共吉林省委党校（吉林省行政学院），2023.

[17] 刘洋. 河北省政府制度创新对产业转型升级影响的实证研究 [D]. 秦皇岛：燕山大学，2016.

[18] 刘自敏，李娟，申颢. 绿色金融政策与城市经济高质量发展——来自绿色金融改革创新试验区的证据 [J]. 金融理论与实践，2023（5）：38-52.

[19] 吕洪燕，孙喜峰，齐秀辉. 制度创新与企业全要素生产率——来自中国自由贸易试验区的证据 [J]. 软科学，2020，34（10）：76-83.

[20] 孟斌斌，马春燕，陈力，等. 国防高新技术培育经济新动能机理研究——基于技术创新—产业演化—高质量发展的视角 [J]. 产业经济评论，2022（4）：26-45.

[21] 糜志雄，张斌. 产学研协同创新的现状、问题与对策 [J]. 宏观经济管理，2019（10）：46-51，58.

[22] 潘扬，杨瑾，吕月珍，等. 基于专利视角的高新技术企业技术创新特点分析 [J]. 科技通报，2023，39（7）：109-115.

[23] 裴耀琳，郭金花. 基于双重异质性的产学研协同创新关系及影响因素

研究——来自合作发明专利的经验证据［J］. 创新科技，2022，22（10）：27-40.

［24］斯丽娟，姚小强. 绿色金融改革创新与区域产业结构生态化——来自绿色金融改革创新试验区的准自然实验［J］. 学习与探索，2022（4）：129-138.

［25］施文全，司聪. 苏州高新技术企业发展现状及对策研究［J］. 企业科技与发展，2021（6）：9-11，17.

［26］石琳娜，陈劲. 基于知识协同的产学研协同创新稳定性研究［J］. 科学学与科学技术管理，2023，44（9）：67-81.

［27］孙海仁. 青海省民营经济高质量发展的制度创新研究［D］. 西宁：青海师范大学，2023.

［28］万晓琪. 建设服务型政府视角下昆明市政府制度创新路径选择［D］. 昆明：云南大学，2014.

［29］王爱俭，方云龙，于博. 中国自由贸易试验区建设与区域经济增长：传导路径与动力机制比较［J］. 财贸经济，2020，41（8）：127-144.

［30］王京生. 培育强大完善的创新市场，为创新造海［N/OL］. 深圳特区报，（2020-12-22）［2023-09-23］. https：//www. gov. cn/xinwen/2020-12/22/content_ 5572220. htm.

［31］王琳. 权力清单力避"'有为政府'重回'全能政府'"［EB/OL］. 凤凰网 · 政能亮（2022-01-06）［2023-09-23］. https：//www. gov. cn/zhengce/2022-01/06/content_5666752. htm.

［32］王明益，陈林，张中意，等. 自由贸易试验区的协同创新网络效应：空间断点与地理识别［J］. 世界经济，2023，46（3）：94-124.

［33］王曙光，王子宇. 技术进步与高新技术产业发展：多向度分析与路径选择［J］. 中国特色社会主义研究，2018（6）：42-49.

［34］王焰，张向前. 科技创新促进先进制造业基地发展研究——以泉州市为例［J］. 科技和产业，2020，20（8）：44-49，64.

［35］文书洋，刘浩，王慧. 绿色金融、绿色创新与经济高质量发展［J］. 金融研究，2022（8）：1-17.

［36］项后军，何康，于洋. 自贸区设立、贸易发展与资本流动——基于

上海自贸区的研究［J］. 金融研究，2016（10）：48-63.

［37］谢旭升，严思屏．绿色金融驱动经济高质量发展的空间溢出效应及路径机制研究［J］. 武汉金融，2021（10）：22-34.

［38］徐海燕，丁洁莹．我国高新技术企业发展的区域差异化探析［J］. 价值工程，2022，41（7）：19-21.

［39］徐晔，蔡奇翰．高新技术企业认定对企业创新及财务绩效的影响——基于断点回归方法［J］. 复旦学报（社会科学版），2019，61（6）：139-150.

［40］许丹．中国农村公共文化服务制度创新动力分析——基于理性选择制度主义的考察［J］. 行政论坛，2021，28（2）：90-98.

［41］杨丹，周萍萍，周祎庆．绿色创新、环境规制影响产业高质量发展机制研究——基于调节效应和门槛效应的分析［J］. 经济问题探索，2020（11）：121-131.

［42］杨蔚．怎样理解高质量发展？［EB/OL］．（2023-03-07）［2023-09-23］. https：//theory. gmw. cn/2023-03/07/content_ 36413145. htm.

［43］宇文利．让整个制度系统得到充分优化（大势所趋）［N/OL］. 人民日报，（2020-01-31）［2023-09-23］. http：//opinion. people. com. cn/n1/2020/0131/c1003-31565441. html.

［44］郁培丽，王臻佳，黄训江．以制度创新促进人力资本与民营企业互动，助力产业数字化转型［J］. 辽宁经济，2022（4）：33-36.

［45］袁峰，许凌珠，邵祥理．对外开放、科技创新与经济高质量发展耦合协调研究［J］. 沈阳工业大学学报（社会科学版），2022，15（2）：167-178.

［46］张凡，罗义，宋春晓，等．基于 fsQCA 方法的高新技术企业高质量发展路径——以陕西省为例［J］. 系统管理学报，2023，32（4）：796-811.

［47］张红霞，葛倩倩，卢超．自由贸易试验区、制度创新与地区经济高质量增长［J］. 统计与决策，2022，38（1）：90-94.

［48］张柳钦，李建生，孙伟增．制度创新、营商环境与城市创业活力——来自中国自由贸易试验区的证据［J］. 数量经济技术经济研究，2023，40（10）：93-114.

［49］张雪花，张万，李宝娟，等．环保产业高新技术企业认定对其创新水平的影响评价［J］．天津工业大学学报，2023，42（3）：81-88.

［50］支宇鹏，黄立群，陈乔．自由贸易试验区建设与地区产业结构转型升级——基于中国 286 个城市面板数据的实证分析［J］．南方经济，2021（4）：37-54.

［51］钟章奇，何凌云．演化经济视角下技术创新扩散驱动的区域产业结构演化：一个新的理论分析框架［J］．经济问题探索，2020（4）：161-172.

［52］ACEMOGLU D，JOHNSON S，ROBINSON J A．Chapter 6 institutions as a fundamental cause of long-run growth［J］．Handbook of Economic Growth，2005，1（PartA）：385-472.

［53］CHEN H，YUAN B，CUI Q．Does the pilot free trade zone policy attract the entering of foreign-invested enterprises? The evidence from China［J］．Applied Economics Letters，2020，28（14）：1162-1168.

［54］DENG L，LIAO M Q，LUO R，et al. Does corporate social responsibility reduce share price premium? Evidence from China's A-and H-shares［J］．Pacific-Basin Finance Journal，2021，67：101569.

［55］DONG R，FISMAN R，WANG Y X，et al. Air pollution，affect，and forecasting bias：Evidence from Chinese financial analysts［J］．Journal of Financial Economics，2021，139（3）：971-984.

［56］FU C. Does loosening the "Negative List" stimulate FDI inflows and foreign trade? A case study of the Shanghai Pilot Free Trade Zone，2013 - 2018［J］．The Journal of International Policy Solutions，2019（21）45-53.

［57］JIANG Y F，WANG H Y，LIU Z K. The impact of the free trade zone on green total factor productivity——Evidence from the Shanghai Pilot Free Trade Zone［J］．Energy Policy，2021（148）：112000.

［58］LI J，MASSA M，ZHANG H，et al. Air pollution，behavioral bias，and the disposition effect in China［J］．Journal of Financial Economics，2021，142（2）：641-673.

[59] NELSON R. Bringing institutions into evolutionary growth theory [J]. Journal of Evolutionary Economics, 2002 (12): 17-28.

[60] NORTH D C. Economic performance through time [J]. American Economic Review, 1994, 84 (3), 359-368.

[61] WANG J . Cross-border investment and financing reforms in Shanghai Pilot Free Trade Zone [J]. Journal of Financial Risk Management, 2016, 5 (2): 94-100.

[62] WU X T, YOU J X, YU X Y, et al. Leveling up your green mojo: The benefits of beneficent investment [J]. Working Paper, SAIF, 2022.